神の和の神学へ向けて

■

三位一体から三間一和の神論へ

■

宮平望
MIYAHIRA, Nozomu

■

新教出版社

私に神学を教えてくれた最初の人、父
　　宮平　光庸
に本書を捧げる

目　次

凡　例 ………………………………………………………………………… 8
前　書 ………………………………………………………………………… 9
序　章 ………………………………………………………………………… 11
　第一節　目　的 …………………………………………………………… 11
　第二節　視　野 …………………………………………………………… 12
　第三節　方　法 …………………………………………………………… 15

第一部　三位一体論
三つの位格と一つの実体

第一章　テルトゥリアヌスの三位一体論と「所有」概念 …… 20
　第一節　プラクセアス ……………………………………………………… 21
　第二節　キリスト教の伝統 ………………………………………………… 22
　　（a）各位格の一体性と区別 …………………………………………… 24
　　（b）発出と子をもうけること ………………………………………… 27
　第三節　ストア哲学 ………………………………………………………… 29
　　（a）所有と存在 ………………………………………………………… 29
　　（b）所有とストア哲学の物体的実在概念 …………………………… 31
　第四節　三位一体の神と人間 ……………………………………………… 34
　　（a）神の像 ……………………………………………………………… 34
　　（b）人間による御子の所有 …………………………………………… 36
　第五節　テルトゥリアヌスの三位一体論 ………………………………… 40

　　　　（a）経　綸 ………………………………………………………… 40
　　　　（b）教会の伝統 …………………………………………………… 42
　　　　（c）ストア哲学的キリスト教神学者テルトゥリアヌス ……… 44

第二章　アウグスティヌスの三位一体論と「存在」概念 …… 49

　　第一節　神概念の誤謬 ………………………………………………… 50
　　第二節　キリスト教の伝統 …………………………………………… 51
　　　　（a）神の存在 ……………………………………………………… 51
　　　　（b）御子の存在 …………………………………………………… 53
　　　　（c）交わりとしての聖霊 ………………………………………… 55
　　　　（d）三位の一体性 ………………………………………………… 59
　　第三節　三位一体の痕跡 ……………………………………………… 61
　　　　（a）人間の知性における痕跡 …………………………………… 61
　　　　（b）外的人間における痕跡 ……………………………………… 63
　　第四節　プラトン主義哲学 …………………………………………… 67
　　　　（a）存在とプラトン主義哲学の非物体的神存在概念 ………… 67
　　　　（b）プラトン主義哲学の想起論 ………………………………… 70
　　第五節　三位一体の神と人間 ………………………………………… 72
　　　　（a）神の像 ………………………………………………………… 72
　　　　（b）人間の神への参与 …………………………………………… 75
　　第六節　アウグスティヌスの三位一体論 …………………………… 77
　　　　（a）事柄そのもの ………………………………………………… 78
　　　　（b）三位一体の神と人間の共同体 ……………………………… 79
　　　　（c）プラトン主義哲学的キリスト教神学者アウグスティヌス ……… 82

第三章　バルトの三位一体論と「生成」概念 ………………… 87

　　第一節　二つの異端 …………………………………………………… 87
　　第二節　福音主義信仰 ………………………………………………… 89
　　　　（a）信仰の類比 …………………………………………………… 89

（b）生成の概念 …………………………………………………… 90
　　（c）啓示における三位一体の神 ………………………………… 94
　　（d）生成における三位一体の神 ………………………………… 97
　第三節　ヘーゲル哲学 …………………………………………………102
　　（a）バルト神学とヘーゲル哲学の類似点 ………………………103
　　（b）三位一体論に関するバルト神学とヘーゲル哲学の類似点 …104
　第四節　三位一体の神と人間 …………………………………………108
　　（a）人間に賦与される自由 ………………………………………108
　　（b）神の子への生成 ………………………………………………110
　第五節　バルトの三位一体論 …………………………………………111
　　（a）三位一体の神の自由 …………………………………………112
　　（b）三位一体の神の啓示の具体性 ………………………………113
　　（c）ヘーゲル哲学的キリスト教神学者バルト …………………115

第二部　三間一和論
三つの間と一つの和

第四章　神の和の神学の風土的基盤 ……………………………………124
　第一節　日本の自然風土 ………………………………………………124
　　（a）日本の地理的位置 ……………………………………………125
　　（b）日本の気候 ……………………………………………………127
　　（c）稲　作 …………………………………………………………128
　第二節　日本の精神風土（一）人間の間 ……………………………130
　　（a）和辻哲郎における人間の「間柄」 …………………………131
　　（b）木村敏における「人と人との間」 …………………………136
　　（c）浜口恵俊における「間人主義」 ……………………………140
　第三節　日本の精神風土（二）人間の和 ……………………………143
　　（a）「和」の国、日本 ……………………………………………143
　　（b）「和」の語源 …………………………………………………145

　　　　（ｃ）十七条憲法における「和」………………………………………147
　　　　（ｄ）「和」の特徴………………………………………………………150
　　　　（ｅ）「間」と「和」の神学的用途…………………………………152

第五章　神の和の神学の神学的基盤……………………………………158

　　第一節　キリストと文化と風土　………………………………………158
　　　　（ａ）キリストと文化…………………………………………………159
　　　　（ｂ）キリストと風土…………………………………………………161
　　第二節　受肉論……………………………………………………………162
　　　　（ａ）肉における言葉、キリスト……………………………………163
　　　　（ｂ）人と人との間のキリスト………………………………………171
　　第三節　神の間……………………………………………………………176
　　　　（ａ）神の関係性………………………………………………………176
　　　　（ｂ）神の間……………………………………………………………184
　　第四節　神の和……………………………………………………………193
　　　　（ａ）神の和……………………………………………………………195
　　　　（ｂ）神の間と和………………………………………………………205

第六章　神の和の神学の聖書的基盤……………………………………209

　　第一節　神と神との間の和………………………………………………211
　　　　（ａ）神と神との間……………………………………………………211
　　　　（ｂ）神と神との間の和………………………………………………214
　　第二節　神と人間との間の和……………………………………………241
　　　　（ａ）神と人間との間…………………………………………………242
　　　　（ｂ）神と人間との間の和……………………………………………248
　　第三節　人と人との間の和………………………………………………265
　　　　（ａ）人と人との間……………………………………………………266
　　　　（ｂ）人と人との間の和………………………………………………268

結　章 …………………………………………………………283

年　表 …………………………………………………………287

文献表　一 ……………………………………………………288

文献表　二 ……………………………………………………308

後　書 …………………………………………………………313

凡　例

1. cf. は「参照せよ」、p. は「頁」、also は「また」、chap. は「章」を表す。
2. f. 及び ff. は「以下」を表し、引用ないし参照頁が前者は二頁、後者は三頁以上にわたることを表す。
3. ed. は「編集者」を、tr. は「翻訳者」を表す。et al. は「他」を表す。
4. ibid. は同注内で「同書」を表し、passim は参照箇所が引用書の至る所にあることを示す。
5. 洋書における著者名のファーストネイムとミドルネイムは、若干の例を除いて、イニシャルで記す。
6. 著作名は、混乱しうる場合を除き、副題、出版社、出版年、シリーズ名等を省略し、本題のみを引用する。著作のフルタイトルなどは、巻末の文献表においてまとめて列記する。

前　書

　本書が 1997 年に出版されてから、多くの方々から論評をいただいた。主な書評は次の通りであり、深く感謝申し上げたい。

- 小原克博『福音と世界 1998/1 特集 礼拝』（新教出版社，1998/1）54-56 頁
- 峰島旭雄『比較思想研究 第 24 号 1997』（比較思想学会，1998/3）102 頁
- 小野寺功『宗教研究 第 72 巻 318 第 3 輯』（日本宗教学会，1998/12）130-136 頁
- 小田垣雅也『日本の神学 39 神学年報 2000』（教文館，2000/10）112-118 頁
- 今井尚生『西南学院大学 国際文化論集 第 15 巻 第 2 号』（西南学院大学学術研究所，2001/2）299-304 頁

　また、下記の方々は神の和の神学やその関連事項を研究対象としたり、引用するなど、様々な形で活用してくださった方々の一部である。これも特に記して、本書の意義をさらに検討しようとする読者に資することを願う。

- 古屋安雄「座談会　学界の過去と学会の未来」日本基督教学会編『日本の神学 41 神学年報 2002』（教文館，2002/9）281 頁
- Stanley J. Grenz, *Rediscovering The Triune God The Trinity in Contemporary Theology*, (Minneapolis, MN: Fortress Press, 2004) pp.2,225.
- 阿部仲麻呂『信仰の美學』（春風社，2005/2）433,569,580,581 頁

- Veli-Matti Kärkkäinen, *The Trinity Global Perspectives*, (Louisville, KY: Westminster John Knox Press, 2007) p.314.
- M. Kurasawa, 'Japanese Theology,' Veli-Matti Kärkkäinen, 'Trinity, Triune God,' William A. Dyrness and Veli-Matti Kärkkäinen (eds.), *Global Dictionary of Theology A Resource for the Worldwide Church*, (Downers Grove, IL: IVP Academic, 2008) pp.432-434, 910, 912.
- 松田和憲『現代日本の「宣教の神学」研究　宣教の神学　パラダイム転換を目指して』(関東学院大学出版会, 2010/7) 589-600頁
- Veli-Matti Kärkkäinen, *Trinity and Revelation A Constructive Christian Theology for the Pluralistic World Volume 2*, (Grand Rapids, MI: Wm. B. Eerdmans Publishing Co., 2014) p.303.

　さらに、かつて本書の初版を出してくださったすぐ書房と、今回、再版を出してくださることになった新教出版社にも、心から感謝申し上げたい。なお、この再版は、巻末注を脚注に組み直し、形式的な語句の修正などを施しただけであり、内容上の改変はないことを付記しておきたい。

二〇一六年一一月
宮平　望

序　章

第一節　目　的

　　キリスト教は第三の千年期を超えて、新しい方向へ進みつつある。概略的に言えば、古代の東方教会のギリシャ教父は、古代のキリスト教における三位一体論やキリスト論などの教義の形成に甚大な貢献をし[1]、アウグスティヌス以後は、西方教会が幾世紀もの間、神学的にも政治的にも支配的となり、宗教改革を通して西洋社会に永続的な影響を与えた。しかし、二十世紀後半のヨーロッパや北アメリカのキリスト教は、世俗主義の波が押し寄せるとともに弱体化し[2]、これとは対照的にアフリカ、ラテンアメリカ、アジアの教会は驚くべき成長を遂げている。アジアの諸国の中で日本は、戦後多くの宣教師の来日、日本語聖書の広範囲にわたる浸透、キリスト教書籍の充実、種々の神学書の訳出といった恩恵を享受してきた。しかし、日本の教会は特に韓国の教会や中国の地下教会と比較して停滞している[3]。日本では依然として、多くの人にとって西洋の宣教師のもたらしたキリスト教は、西洋のものなのである。他方で、キリスト教はそれほど敬遠されてもいない。例えば、若いカップルは、キリスト教徒でなくても教会で何の躊躇もなく結婚式を挙げる。こうしたカップルは、自分の葬式は仏教で執り行われても、同様に何の疑問も抱かないであろう。ある意味で、キリスト教は日本においてファッションという形態を取って残っていると言えるであろう。言うまでもなく、この種のキリスト教は、キリスト

1　Cf. Prestige, G. L., *God in Patristic Thought*, p.xi.

2　Cf. Barrett, D. B.(ed.), *World Christian Encyclopedia*, pp.3f.

3　Cf. Barrett, D. B.(ed.), *World Christian Encyclopedia*, pp.230ff.,419ff.,440ff.

への徹底的な献身のゆえに、多くのキリスト者を殉教へと至らせた往時のキリスト教とは程遠い。

　本書を執筆する最初の動機は、なぜキリスト教は日本で深く根付かないのかという疑問に由来する。日本人の知性ないし感情は、本質的にキリスト教に敵対するものなのか。キリスト教は、単に日本人に誤解されているのか。興味深いことに、今日、日本の家庭の半数は聖書を持っているが、日本の人口の三パーセントだけが自分はキリスト者であると見なしている。[4] この不均衡は何を意味しているのか。これらの疑問を念頭に置き、本書は伝統的に三位一体論と呼ばれている教理を取り扱う。教理史的に最も重要な教理の一つであるにもかかわらず、この教理は位格や実体といった神学用語とともに、多くの日本人にとって不可解であろうし、誤解さえ招きかねない。そしてもしそうなら、日本人が深く、真にこの教理を理解するために、これを日本の視点から再構築し、日本人の思考方法に合った用語を利用して、解説する必要がある。もし、三位一体論が古代のギリシャ・ローマ文化の影響下に形成されず日本で形成されたとしたら、神の三位性と一体性を表す用語はどのようなものが利用されたであろうか。そこでこれらを思索するにあたり、実際に三位一体論に関する著作を著した神学者たちが、それぞれの文化とどのような相互作用を経たかについて検討し、次に日本人の人間論や共同体論を参考にしつつ、日本の風土において三位一体論を再表明してみたい。

第二節　視　野

　『神の和の神学へ向けて』という本題が示すように、本書はそれ自体、神の和の神学の導入であり、組織的に種々の教理を取り扱った神学書とは異なる。むしろ、ここにおいて紹介されるものは、著者が日本のキリスト者として、どのように神の和の神学の構築を試みたのかという過程である。

4　Cf. Barrett, D. B.(ed.), *World Christian Encyclopedia*, pp.419f.

その過程において、本書の視野はキリスト教神学の一つの教理、三位一体論に限定されている。三位一体論に焦点を絞った日本の神学を提示するということは、もちろんこの神学が専ら日本の文化的状況のみを基盤とすることを意味しない。神学は、キリスト教の知識と知恵の歴史的な蓄積の上に成立する学問であるから、東方や西方のキリスト教の伝統の検討も、日本の神学の構築にとって必須である。

　したがって前半では、三人の代表的な神学者、テルトゥリアヌス、アウグスティヌス、バルトによって書かれた三位一体論の著作に焦点を当てた事例研究を行う。これは、三位一体論の歴史的形成と発展についての概説を行うより、むしろ特定の事例研究を行うことによって、神学と文化の関係を具体的かつ鮮明に浮かび上がらせるためである。三位一体論を論じるにあたり、これらの神学者は欠かすことのできない人物である。テルトゥリアヌスは三位一体論に関する最初の組織的著作『プラクセアス反論』において、ラテン語の「三一性（trinitas）」という語をキリスト教神学の歴史上初めて書き記し、アウグスティヌスは、古代の三位一体論に関する最も影響力のある著作『三位一体論』を著し、後代に決定的な影響を与えた。バルトは三位一体論の重視されない時期にあって、それを彼の『教会教義学』の冒頭に掲げ、キリスト教の諸教理を再配列した。[5]

5　中世のトマス・アキナスや宗教改革者ジョン・カルヴァンなどの神学者も教理史上無視できない人物であるが、三位一体論に関しては、概してアウグスティヌスと同一線上にある。「トマス・アキナスの『三位一体論に関する論文』は、概してアウグスティヌスの種々の概念の欠陥の微妙な修正や訂正というより、むしろそれらを洗練された形で再表明したものである。同様にして、『キリスト教綱要』においてカルヴァンは、アウグスティヌスの三位一体論を概して直接的に反復した聖書解釈を提示することで満足し、この点に関し西洋の伝統の中で一つの定着した合意点を示している。もし、カルヴァンが何らかの点でアウグスティヌスから距離を置くならば、それはアウグスティヌスの『心理学的類比論』との関連においてである」（McGrath, A. E., *Christian Theology*, p.260.）。なお、カルヴァンの三位一体論の革新的特徴については、cf. 宮平望「カルヴァンの三位一体論―『キリスト教綱要』を中心として」『基督教研究　第53巻第1号　1991/12』18－42頁。

そして、この前半の研究自体もまた、後半への導入である。これら三つの事例研究を行うことによって、それらの神学者たちは、自己の置かれた状況にあって三位一体の神を表現する際に、文化的に深い影響を受けた概念を利用していることが明確になるであろう。同様にして、日本の三位一体論も日本にあって十分に、深く理解するためには、文化的に土着している用語や概念を利用することが必要であろう。前半は、「三位一体論　三つの位格と一つの実体」との題が付けられているが、それはテルトゥリアヌスが最初に「位格（persona）」や「実体（substantia）」といった用語を三位一体論に導入し、それらがアウグスティヌスに引き継がれ、バルトが神の主権性や存在形態などの概念に基づいて再解釈したことに基づいている。

後半は日本文化の紹介で始まる。そこでは、日本の人間論や共同体における和の概念を検討するために、今世紀の日本の代表的な思想家の著作が取り上げられる。こうした日本文化の一部を神学に利用することによって、日本人が三にして一である神の関係志向的、和合的性質を一層深く理解することが可能になるであろう。このような神の性質を指摘するにあたり、我々は孤立した状況に置かれてはいない。関係志向型の思考方法は、古代東方教会のギリシャ教父によって展開された三位一体論の中にその類型が見られ、本書ではその代表的なものとしてナジアンゾスのグレゴリオスの『神学演説集』を取り上げる。和合志向型の思考方法は、西方教会のノヴァティアヌスの『三位一体論』において顕著な形で見られ、御父と御子の和の関係などについて展開されている。しかし、日本人の理解する人間論や和の概念が、どのようにして神学的に神論と関係付けられるかを提示するためには、両者の接触点として受肉論を取り上げる必要がある。神が人間の肉をまとった受肉において、人間は神との関係を持つ決定的な契機が与えられるからである。その受肉について考察するにあたり、アタナシオスの古典的名作『受肉論』を検討する。特定の文化的状況において起こったキリストの受肉に基づいて、人間は誰でもどのような文化的背景を持とうとキリストに結び付き、キリストを通して神に結び付けられる機会を得るのである。後半は、日本の人間論、和の概念、また神の関係性や和合性

という観点から神論を構築することを考慮して、「三間一和論　三つの間と一つの和」と題した。

　本書における神の和の神学の課題は、神と神との間の和、神と人間との間の和、及び人と人との間の和である。そしてその核心部分は、既存の神学や教理に基づいて構築できるものである。しかし最後に、それらをさらに発展させるために、ヨハネによる福音書を研究し、日本の文化的諸概念がいかにキリスト教の神学的考察によって変革されうるかを検討する。テルトゥリアヌス、アウグスティヌス、バルトにとって三位一体の神を解説する際のそれぞれの特定の文化的諸概念が、ある意味で道具的役割を果たしていたに過ぎず、最終的には聖書やキリスト教の伝統的な信条によって内容的な変革を経なければならなかったように、日本の文化的諸概念も決定的な形で変革されなければならない。この変革によって神学は特定の文化の悪弊を矯正し、神と人間に奉仕する方策を提示し、その文化に貢献する機会を持つのである。

第三節　方　法

　本書は、三位一体論を再構築するにあたり、三つの観点、すなわち教理史的、聖書的、比較文化的観点を重視している。

　第一に、本書は三位一体論の教理史的再構築を意図している。一方で、前半において、キリスト教の教理史において主要な役割を果たしている三人の神学者の三位一体論を検討し、彼らがそれぞれの文化的背景の中でどのようにそれを形成したかという方法論を明確にすることによって、後半の議論のための方法論研究を行う。他方で、日本の人間論の関係志向型の思考方法や共同体における和の概念が、キリスト教の教理史における正統的な三位一体論の中にその思考方法における類型を持っていることを示すことによって、日本の思考枠組みが神学において活用可能であることを示す。

　第二に、本書において、聖書による三位一体論の再構築は中心的重要性

をもっている。前記の三人の神学者が、それぞれの属した文化に多分に啓蒙されつつも、同時に聖書の釈義や信仰基準やニカイア・コンスタンティノポリス信条などの神学的定式の解釈に基づいて、各自の三位一体論に関する見解を非常に注意深くまとめ上げたように、自分自身の文化的視点から神学を再構築する者は、神学の基本的源泉である聖書に絶えず立ち返る必要がある。基本的にすべての神学的知識と知恵は、聖書に由来するのである。したがって、本書では三位一体論の形成時に広範囲に利用されたヨハネによる福音書を取り上げる。この福音書は、御父、御子、聖霊の相互関係について深遠な洞察を提示してくれる書である。ここで、日本の人間論や和の概念が、御父、御子、聖霊なる神の間の相互関係やそこで保持されている和を解明するために導入されると同時に、他方で、この視点が聖書と齟齬を来すようであれば、聖書の釈義によって修正されなければならない。つまり、文化は神学の形成のために情報を与える（inform）が、それ以上に聖書の釈義によって変革（transform）されなければならないのである。

　第三に、本書は、古代の西方文化におけるテルトゥリアヌスやアウグスティヌスの三位一体論形成や、現代の西洋文化におけるバルトの三位一体論形成の方法論が、現代の日本文化において三位一体論を再構築しようとする者に対して一つの範例を与えうることに注目し、それぞれの文化の特徴の違いを認識し、それがいかに活用可能かということを考察する点で比較文化的視点をもっている。これらの三人の神学者たちが、それぞれストア哲学、プラトン主義哲学、ヘーゲル哲学の思考枠組みを三位一体の神の解明に利用していたように、日本文化において三位一体論を解説する者が日本の文化的思考枠組みを利用することは、もし、その三人の神学者たちが正統的と言われうるなら、同様にして正統的であると言いうるであろう。事実、これは正統的であるだけでなく必要でさえある。マッコーリーによれば、「神学が明確に理解されうるものとなるためには、神学の企てられる文化圏の言語を利用しなければならない。実際に、誰一人として、自分

自身の属する精神的、知的環境を逃れることはできない」[6]。もし、日本の神学が日本文化の中で生きる人々に理解されうるものとなることを望むならば、同様にして日本文化の中で土着した用語や概念を活用しなければならないであろう。

マッコーリーはさらに続けてこう述べる。「最終的な神学というものは存在しない。神学は何度も何度も企てられる必要がある。神学の形成は文化的に条件付けられており、したがって、文化的形態の変遷とともに、再解釈が必要とされるのである」[7]。これは本書にとって、神の和の神学もまた文化的に条件付けられており、したがってある一定の限定を伴うことを意味する。しかし、この限定を伴う神学が、ある一定の限定された地域に住む人々に奉仕する地域神学であるなら、それは必ずしも不利とはならない。種々の地域神学が、御父、御子、聖霊なる神の広さと深さを証しすることができるなら、それは確かに優れて有意義なことなのである。

---

[6] Macquarrie, J., *Principles of Christian Theology*, p.13. Cf. Niebuhr, H. R., *Christ and Culture*, pp.26,52,80; Tillich, P., *Theology of Culture*, p.42.

[7] Macquarrie, J., *Principles of Christian Theology*, p.14. この原則は、神学概念一般についても該当する。「歴史上、どのような概念も決して最終的、決定的でない」(Moltmann, J., *The Trinity and the Kingdom of God*, p.xiii.)。

第一部　三位一体論

三つの位格と一つの実体

第一章　テルトゥリアヌスの三位一体論と「所有」概念

　本章の目的は、テルトゥリアヌス（Quintus Septimius Florens Tertullianus, 一六〇年頃―二四〇年頃）の『プラクセアス反論（Adversus Praxean）』（以下引用は AP と略す）に焦点を合わせ、彼の三位一体論と「所有」概念の意義を問う点にある。「アウグスティヌスを除けば西方の最も重要で、かつ独創的な神学者」[8]と言われる彼は、三位一体に相当する「三一性（trinitas）」というラテン語を西方で最初に書面において使用し、三位一体論と取り組んだ後代の神学者に、特に『プラクセアス反論』を通して甚大な影響を及ぼしたという点で、西方初期キリスト教の三位一体論史において中心的位置を占めている。[9]

　テルトゥリアヌスの著作は弁証的、論争的、教育的著作の三種に分類しうるが、『プラクセアス反論』は第二の範疇に属する。『プラクセアス反論』を「おそらく二一三年に著した」時、彼はすでにモンタヌス運動に参

8　Quasten, J., *Patrology Vol.II*, p.247.
9　彼が「三一性（trinitas）」というラテン語を新造したかという問題は未解決である。彼がキリスト教史上それを書面において最初に使用したという事実は、必ずしも彼がそれを新造したということにはならない。エヴァンズが述べるように、たとえテルトゥリアヌスが書面においてその神学用語を最初に使用したとしても、その用語を使用し、論じる時の彼の筆の早さは、すでに彼はその用語を聞いて知っており、それがラテン語圏の教会に広く膾炙していたことを示唆している。つまり、彼はその用語の発明者ではなく、むしろ継承者である（Evans, E.[ed.], *Tertullian's Treatise Against Praxeas*, p.2.）。また、そうした用語が存在しているということは、その指し示す内実がすでに存在していることも意味する。すなわち、trinitas という用語が利用される前に、三位一体の概念がすでに存在していたのであり、三位一体の意味する内実と用語は当時の教会の共通財産であったと言える。テルトゥリアヌスの多大な貢献は、それらの組織的な議論ないし解説方法にある（Cf. *ibid.*, p.5.）。

与していたが、特にその運動の影響を受けた特有の見解は、概して教育的著作に顕著であることを考慮すれば[10]、彼が三位一体論を論じるにあたり援用した源泉として特に留意する必要のあるものは[11]、キリスト教の伝統とストア哲学である[12]。

したがって、テルトゥリアヌスが批判したプラクセアスの見解、キリスト教の伝統である聖書や信仰基準に基づく反論、「所有する（habere）」という用語の使用の背後にあるストア哲学的思考方法、三位一体の神と人間の関係を吟味し、テルトゥリアヌスの主張を明示しよう。

第一節　プラクセアス[13]

『プラクセアス反論』は、題から分かるようにプラクセアスを反駁するために著された。

テルトゥリアヌスによると、彼の論旨は以下の通りである（AP, 1, 2）[14]。

10　Evans, E.(ed.), *Tertullian's Treatise Against Praxeas*, p.18. Cf. Quasten, J., *Patrology Vol.II*, p.284.

11　Evans, E.(ed.), *Tertullian's Treatise Against Praxeas*, p.5. Cf. *ibid.*, p.59.

12　教育的背景として旧新約聖書、ローマ法、哲学（プラトン主義とストア哲学）、初期の教父が挙げられる（Morgan, J., *The Importance of Tertullian in the Development of Christian Dogma*, Chap.1.）。プラトン主義の非物体的イデア観に異議を唱え、ローマ法から用語を援用した点を考慮すると、彼に対する最も重要な影響はキリスト教の伝統とストア哲学とまとめることができるであろう。

13　ここでは、プラクセアスが実際に誰であったのかについて論じる必要はない。ここでの関心は、むしろこの人物のどういう見解がテルトゥリアヌスによって反論されたかにある。プラクセアスについては、cf. Simonetti, M., "Praxeas," Berardino, A. D.(ed.), *Encyclopedia of the Early Church Vol.II*, p.706. Cf. also Barnes, T. D., *Tertullian*, pp.278f.

14　Cf. Bender, W., *Die Lehre über den Heiligen Geist bei Tertullian*, pp.11ff. 本章におけるテルトゥリアヌスの著作からの引用は、Evans, E.(ed.), *Tertullian's Treatise Against Praxeas* におけるテキストと英訳、主要語句については土岐正策訳『キリスト教教父著作集13　テルトゥリアヌス1　プラクセアス反論

（1）唯一の主、全能者、世界の創造者がいる。
（2）父御自身が乙女マリアの中に下り、父御自身が彼女から生まれた。要するに、父御自身はイエス・キリストである。
（3）したがって、父御自身が十字架上で苦しんだ。

プラクセアスの数学的存在論にとって第一の論点は極めて重要であったので、「御父、御子、聖霊は、同一の一者であると言わなければ、唯一の神を信じることは不可能であると彼は考えている」（AP, 2）。こうした見解に対しテルトゥリアヌスは、プラクセアスは「聖霊を追い出し、御父を十字架に架けてしまった」（AP, 1）と言う。テルトゥリアヌスは、父難説的単一支配論——御父が苦しみ（父難説）、唯一同一の主のみがいると主張する点で（単一支配論）——に反対するだけではなく、プラクセアスが自分にとって必須の名、聖霊を明示していないと訴える。どのようにしてテルトゥリアヌスは、反論したのか。

第二節　キリスト教の伝統

テルトゥリアヌスにとって、聖霊は重要な役割を果たしている神である。「聖霊を認識し、擁護する」（AP, 1）ことによって、彼は異端的見解を信奉することを避けられたと考える。ここで、彼は聖霊の認識論的役割の仕組みについて詳述せずに、ただ聖霊は人をすべての真理に確実に導くと力説する（AP, 2,30）。聖霊のこの役割は、ヨハネによる福音書一六章一三節

パッリウムについて』（教文館，1987）の邦訳にも負う。
15　キリスト教徒に対するユダヤ教徒の唯一神論を放棄したという非難と、グノーシス主義者による旧約聖書の神と新約聖書のイエスの対照的取り扱いに対抗して、アジアの神学者（プラクセアスを含む）は神の唯一性を強調していた。したがって、テルトゥリアヌスの課題は、神の唯一性を毀損することなく、区別を証明することであった（Daniélou, J., *The Origins of Latin Christianity*, pp.362f. Cf. Prestige, G. L., *God in Patristic Thought*, p.99.）。

からの引用であるが[16]、彼の関心は聖霊の本質そのものにではなく、むしろ聖霊が人を導く先の真理にある。彼が「信仰基準（regula fidei）」と呼ぶこの真理は「福音の初めから伝わるもの」（AP, 2）であり[17]、それは三位一体論的に構成されている。この信仰基準のうち、プラクセアスの見解との比較で重要な点は以下の点である（AP, 2）[18]。

(1) 私たちは、唯一の神を信じる。
(2) 唯一の神は、配剤（dispensatio）、経綸（oikonomia）のもとに、御自身から出た御子を持つ。
(3) この御子は、御父より乙女の中に送られ、彼女から神かつ人として生まれた。
(4) 聖書によれば、御子は受難し、死に、葬られた。
(5) 御子は御父より、御父、御子、聖霊を信じる人の信仰を聖別する助け主なる聖霊を送る。

プラクセアスの見解との相違は明白である。テルトゥリアヌスは、受難したのは御子であり、聖霊が聖別者としての役割を果たしていると強調する。彼は第一の前提を固守するがプラクセアスと異なり、信仰基準に基づき神の唯一性と三位格の存在をここで明示し、続いて神と御父、御子、聖霊に別々の用語を適用し、次に御父と御子、御子と聖霊の関係を示す概念を使用して説明を展開する。

16　Evans, E.(ed.), *Tertullian's Treatise Against Praxeas*, p.131.n.3. バルトが述べているように、当時教会が十分に認識していなかった聖霊の役割の強調は、テルトゥリアヌスに対するモンタヌス運動の影響とは無縁と言えないが（Barth, K., *Church Dogmatics I/1*, p.467.)、『プラクセアス反論』において聖霊はさほど特異な存在として提示されてはいない。

17　彼は信仰基準を所与の真理ととり、明確な批判をしていない（Cf. Norris, R. A., *God and World in Early Christian Theology*, p.89.）。

18　Cf. Bender, W., *Die Lehre über den Heiligen Geist bei Tertullian*, pp.13ff.

（a）各位格の一体性と区別

　テルトゥリアヌスはまず、唯一の神と御父、御子、聖霊のそれぞれに対して別の用語を適用する。「三とは本質（status）ではなく相対的位置（gradus）においてであり、実体（substantia）ではなく形相（forma）においてであり、力（potestas）ではなく具体的存在（species）においてである。しかし、この三は一つの実体、本質、力である（AP, 2）。[19] これらの用語で彼は何を意味したのか。エヴァンズは、彼の著作を包括的に研究した結果、status と gradus はそれぞれ「永遠の存在」と「相対的位置」を、substantia と forma は「単一の個的存在」と三が区別される各「側面」を、potestas と species は三によって共有され、行使される「力」と、創造、贖罪、聖化の「機能的働き」であると説くが、[20] この定義によると、テルトゥリアヌスは相対的、機能的な側面に過ぎない三よりも一に重きを置いているよ

---

[19] 彼にしばしば帰せられている「三つの位格における一つの実体（una substantia in tribus personis」）という定式は『プラクセアス反論』には実際にはないが、確かに彼の意図を表している（Evans, E.[ed.], *Tertullian's Treatise Against Praxeas*, p.38.）。AP, 2 では、彼は「実体（substantia）」を「形相（forma）」と対にしている。persona が位格を表す用語として用いられている例として、cf. AP, 6,7,11.

[20] Evans, E.(ed.), *Tertullian's Treatise Against Praxeas*, pp.39ff. エヴァンズは、これらの用語をアリストテレスの範疇論の観点から解釈するが、特に「実体（substantia）」と「位格（persona）」については、種々の解釈がある。ハルナックは法的概念とみなす一方（Harnack, A. v., *History of Dogma Vol.4*, p.122. Cf. Bethune-Baker, J. F., *An Introduction to the Early History of Christian Doctrine*, pp.138f.; Morgan, J., *The Importance of Tertullian in the Development of Christian Dogma*, pp.52ff.; Roberts, R. E., *The Theology of Tertullian*, p.30; Shortt, C. De. L., *The Influence of Philosophy on the Mind of Tertullian*, p.50.）、ウルフソンは哲学的用法を強調し（Wolfson, H. A., *The Philosophy of the Church Fathers*, pp.326,332. Cf. Prestige, G. L., *God in Patristic Thought*, p.221.）、ダニエルは日常語的用法に留意する（Daniélou, J., *The Origins of Latin Christianity*, pp.345ff.）。このように解釈の差はあるものの、バーンズの次のコメントに異議を挟む者は殆どいないであろう。「法的用法が疑いなくテルトゥリアヌスの神学に影響を与えた。……しかし、彼はそれを意図的に再変容し、自分の新しい目的に応じて適合させた」（Barnes, T. D., *Tertullian*, p.27.）。

うに思える。しかし、実際彼は、位格の区別を例証し、強調している。これらの用語の真意を彼自身が用いた例を挙げて考察しよう。

potestas と species については、テルトゥリアヌスは当時の具体的な政治的状況に照らしてその意図を例証している。エヴァンズ自身も「彼はセベルスとその同僚のことが念頭にあったのであろう。彼らの下で帝国の権力は統一を保ち、三者が帝国を保持していたものの、帝国は一つであった」[21]と示唆している通り、potestas と species は帝国及びその権力とそれぞれの為政者を示す。つまり、帝国の権力は三者によって共有されても、分裂しない。テルトゥリアヌスによれば、「君主は単一支配を自分の望む為政者を通して統治しても、単一支配は分裂しない」ように、御父が「御父自身の実体の共有者（consortes substantiae patris）」である御子、聖霊を持っていたとしても、神の一体性は分離しないのである（AP, 2）。また、帝国をゆだねた君主とゆだねられた為政者は、同一人物であると支配権の委譲は不可能であるから、必然的に別人であるのと同様、御父と御子の間にも区別がある。因に、彼がここで聖霊に言及しないのは、この議論がコリントの信徒への手紙一の一五章二四節以下に基づいているからである（AP, 4）。

この説明は一体性と区別を例証しているが、テルトゥリアヌスが実際に提示したことは、支配権が神性に該当するゆえに「御父が神性の唯一の源泉である」[22]ということになり、——ニカイア信条から見た後知恵であるが——同等性を明確にしにくくなる難点がある。つまり、為政者は君主の単なる従属的補佐とも理解することが可能である。したがって、この点を彼は、後に見るように自然現象における同一実体の三形態や子をもうけることの例証で補っているようである。

potestas と species という用語は当時の政治的状況に基づく例証であるが、テルトゥリアヌスは御父、御子、聖霊の区別を示す gradus や forma や species の内実をさらに解明するために、極めて独創的な解説を施した。

21　Evans, E.(ed.), *Tertullian's Treatise Against Praxeas*, p.56.
22　Prestige, G. L., *God in Patristic Thought*, p.99.

これによって彼は、後代の三位一体論解釈の先鞭を付けたのである。つまり、預言書の記事を吟味し、そこから「語る者と語られる者と語る相手（qui loquitur et de quo loquitur et ad quem loquitur）は同一人物とは見なしえないという規則（praescriptio）」（AP, 11）を引き出す。一例を挙げると、「イザヤを通して（per Esaiam）、〈聖霊が〉御父に（ad patrem）御子について（de filio）語る。『主よ（Domine）、……私たちは彼について（de illo）宣言しました』」（AP, 11）[23]。〈聖霊が〉は編集者による挿入であるが、「イザヤを通して」という表現が示すように聖霊が預言書の語る主体と見なされていた点を考慮すると、明らかに「語る者と語られる者と語る相手」はそれぞれ聖霊と御子と御父に該当する[24]。この場合――どれがどれに該当するかは引用される聖句によるので――、聖霊と御子と御父の間には、語る者と語られる者と語る相手の間の区別と同様、明確な区別が認められる。彼は三者に関する預言書の句を再構築し、それを三位一体の三部定式に変換したのである。こうして、次のように後代の特に西洋の神学者たちに裨益した。

　古代におけるこの定式の継承は、アウグスティヌスに顕著に見られる。「愛を見るなら、実際三位一体を見ているのである」[25]と語った彼は、愛は三位一体の類比であると見なし、後に修正を加えるものの、愛を「自分に由来する者を愛する者と自分の存在の元なる方を愛する者と愛そのもの」[26]、すなわち、「愛する者と愛される者と愛そのもの」の三部に分析した[27]。さらに現代に至ってバルトは、三位一体自体を神の啓示の類比とみ

23　Cf. イザヤ書五三章（Evans, E.[ed.], *Tertullian's Treatise Against Praxeas*, p.144.n.8.）。

24　Evans, E.(ed.), *Tertullian's Treatise Against Praxeas*, p.253.

25　Augustine, *The Trinity*, VIII,viii,12. ここでは、マケンナの英訳にも負っている。詳細は次章を参照。

26　Augustine, *The Trinity*, VI,v,7.

27　Augustine, *The Trinity*, VIII,x,14; IX,ii,2.

なし、それを「啓示する者と啓示される者と啓示」に修正した[29]。この三人の神学者の間には、御父、御子、聖霊のどれがその定式のどの要素に該当するかについて差異が認められるが、概して、図のように三要素は主語と述語（ないし内容）と目的語である点で一致している。

	主　語	目的語	述語／内容
テルトゥリアヌス	語る者	語る相手	語られる者
アウグスティヌス	愛する者	愛される者	愛そのもの
バルト	啓示する者	啓示される者	啓　示

　逆に言うと、西洋神学の主要な三位一体論解釈はこの分析的構成の轍に導かれて進んできたほど、テルトゥリアヌスの影響が甚大であったのである。しかし、この解釈を重視する系譜には、特に神と人間の関係を考察する際、一見重大な弱点が潜んでいるように思われる。この三要素を一文に結び付けると明らかになるように——例えば「愛する者が愛される者を愛する」——、綿密に自己完結した構造が浮かび上がるからである。しかし、実際これらの神学者は、こうした定式を超えて三位一体の神と人間の関係に関してそれぞれの見解を展開している。テルトゥリアヌスはどう対処したか。後に見ることにしよう。

（b）発出と子をもうけること

　第二に、テルトゥリアヌスは三位格の関係を表す際、「発出（procedere）」という概念を、特に御父と御子の関係の場合には「子をもうける（generare）」という概念を利用する（AP, 2,5,7,8,9,11）。

　彼は発出について語る時、その意味を限定する。それは、「脱出した者はその源泉から分裂し、それを認知しない」（AP, 8）というバレンティヌスの「脱出（prolatio）」の概念と異なるからである。テルトゥリアヌスは、御父と御子の密接な関係をヨハネによる福音書から引証するだけではなく、

28　Barth, K., *Church Dogmatics I/1*, pp.333ff. Cf. *ibid.*, pp.299,314,361,363,371.

29　Barth, K., *Church Dogmatics I/1*, p.299. Cf. *ibid.*, pp.314,361,363,371.

彼の論敵の一つであるユダヤ教の神の唯一性を象徴するメノラーを逆利用して、下図のように自然現象における三部構成から発出を例証した。[30]

御父（第一）	御子（第二）	聖霊（第三）
根	芽	実
水源地	川	灌漑用水
太陽	光線	明かり

　ここでテルトゥリアヌスは、バレンティヌスに対して自然現象に依拠しつつ、第二のものは第一から分離されず、第三のものは第二のものから分離されないように、御子は御父から、聖霊は御子から分離されないことを例証しようとしたのである。同時に続けて、「すべてあるものから発出するものは必然的に発出の元とは別のものである」（AP, 8）、つまり、発出したものとその元の間に区別があると述べ、プラクセアスの見解とも距離を置く。このことを彼は前述の用語を用いて、「三位一体は、相対的な位置（gradus）によって父から発出するが、経綸の本質（status）は守られる」（AP, 8）と説明する。こうした自然現象に依存した解説はどれほど区別を強調しても、様態論的色合いが残る。彼は「御子は御父の実体に由来し（de substantia patris）」、「聖霊は御子を通して御父から来る（a patre per filium）」（AP, 4）と述べており、これは事実上、第三のものは第二を通して第一より来ると述べているのと同じであるから、ここで時間的に見ると第一要素が第二を通して、さらに第三に移るからである。しかし、二つの制限付きで、彼の論理は重要な意義を持っていることが分かる。

　第一に、上記のどの要素も部分的・時間的変容と見ると様態論とこの見

30　ゼルバベル神殿の時代以降広まった七本の枝からなる燭台（メノラー）は、神の唯一性とユダヤ民族の一致を示すものであった。メノラーは、元来明かりを灯した命の木を意味し、燃える柴の記事（出エジプト記三章）に由来するこの木と光の組み合わせから、彼は根、芽、実の例証を、燭台の枝先から注ぎ出す油（ゼカリヤ書四章一二節）から、水源地と川と灌漑用水の例証を思いついたのであろう。これらについては、cf. Ford, J. M., "The Ray, the Root and the River A Note on the Jewish Origin of Trinitarian Images," *Studia Patristica Vol.XI Part II*, pp.158-165.

解の差は縮まるが、全体的・永遠的視点から見るとこの例証は示唆に富むことが分かる。第一要素は第二、第三に変容する一方、第一、第二要素自身は次の要素への変容の後も同時に存在し続ける点に留意すると、これらの三要素はその機能的存在として区別されるが、全体として見ると同一の実体から成り立っていることは明白である。特にこの点は、太陽と水源地の例証に顕著である。

第二に、三位一体論の解釈に際して、「言葉の響きよりも、事実の意味に専念していただきたい」(AP, 3) という彼の忠告が斟酌されるべきである。彼は事柄の事実を重要視しており、利用される例証は彼にとって三位一体の事実に対し副次的なものに過ぎない。こうして、彼は聖書に引証されている御父と御子に関する事実そのものに迫る。その一つは、子をもうけることである (AP, 2,7,9,11)。この引証は次の二点で有効である。一方で、父ともうけられた子に明白な区別があるように、御父と御子の区別を示すことができる (AP, 9)。他方その二者は、「神の御子は神である」(AP, 17) ゆえに同質である。彼は神の御子が神である理由について詳述していないが、人間の子が人間であるのと同様、神の御子は神であると考えたことは、容易に推測しうる。

第三節　ストア哲学

さらにテルトゥリアヌスは、御父と御子の関係を解説するにあたり、独創的な方法を提示する。特に、彼の強調する二つの動詞に着目して考察しよう。

(a) 所有と存在

第三に、彼は二つの基本動詞「所有する、持つ (habere)」と「存在する、ある (esse)」を導入し、御父と御子の区別を解明する (AP, 10,15,18,22,26)。御父と御子が同一の神であるととる単一支配論的見解に対して、もし、神が御父と御子の両方であるなら、神は御子を持たないゆ

えに御父であることをやめるし、逆に御父を持たないゆえに御子であることをやめることになると彼は述べる。つまり、「父は父であるために子を持つ必要があり、子が子であるために父を持つ必要がある。この『持つ』ということと『ある』ということは別のことである」(AP, 10)[31]。この規則は、こうした関係を超えて普遍的に適用されえない。「相互の関係によって生成する者は、決して自分自身との関係によってそのように生成することはできない (qui ex alterutro fiunt a semetipsis sibi fieri nullo modo possunt)」(AP, 10) という彼の前提によると、その規則の適用は相互関係にある者に限られる。したがって、御父と御子はその規則に適切に適用されるのである。その論理の要素は次のようにまとめられる。

（1）AがBを持つということは、AはBと異なるということである。
（2）Aであるということは、Aの持つものによって決定される。

言い換えると、御父の「存在（esse）」は父の持つ御子によって決まり、御子とは異なる。またこの逆も真である。要するに、御父と御子は相互所有関係において区別されるのである。それでは、この「所有」という概念で彼は何を意図したのか。この点を明らかにするために、まず所有されるものの性質、御子の性質から考察しよう。

御父が御子、または「理性（ratio）」（御子が生まれる前の、御子に対する呼称）を持つという表現は『プラクセアス反論』の中に多い（AP, 1,2,3,5）。次の例で彼は、御父と御子である理性の区別を示すために、上記の方法を利用している。「すべてのものの以前に、神は一人であった。……しかしその時でさえ一人ではなかった。御自身と共に理性を持っていた。それを御自身の中に持っていた。もちろんそれは、御自身のものである。というのは神は理性的であり、理性は主として神の中にいるからで

31　この議論は、アウグスティヌスによって後に繰り返される。Cf. Augustine, *The Trinity*, V,v,6.

ある。こうして神にすべてのものは由来する」（AP, 5）。天地創造以前に、御父なる神は御自身と「共に」、御自身の「中に」理性を持っていた。彼はここで、御父が理性そのものであるとは言わない。それは彼の定義によると明らかに、御父が理性である御子と同一であることを意味するからである。一方で彼は、御父は理性を持つと述べることによって、御父は理性、すなわち、御子ではないと指摘し、他方で、理性は御自身のものであると述べ、御父と理性なる御子の密接な関係を強調しているのである。

　理性という用語は非人格的に響くが、彼は理性を御子として人格的にとらえる。彼にとって理性とは、ギリシャ人がロゴスと呼ぶもので、「言葉（sermo）」と言われるものである。彼の指摘によると、ヨハネによる福音書の序文から明らかなように、この言葉は最初から「神と共に（apud deum）」あったものである（AP, 5）[32]。さらに、それを創造時における神の最初の宣言、「光あれ」と結び付け、「言葉はまたそれ自体、表出と添加、すなわち音と声を受容する」（AP, 7）と解釈する。したがって、御父と御子の所有関係は、御父と何か抽象的存在や機能との関係ではなく、御父と声のある人格との関係なのである[33]。このように、御父なる神は御子をもうける父として、御子をもうける前後においても、人格的かつ密接な関係を理性、つまり、御子と保っているのである。この関係は一者によって保たれうるものではなく、明らかに人格のある二者の関係である。

（ｂ）所有とストア哲学の物体的実在概念

　このようなテルトゥリアヌスの所有概念の背後に、どのような思考方法が存在するのであろうか。彼が「持つ」という表現を使う時[34]、所有され

---

[32] 言葉は理性に基づき、その点理性は時間的に先立つゆえに、古いことをより真正と考える彼は言葉よりも理性という語を好むが、この区別は彼自身にとっても重要ではない。神は言葉を発していなくても、それを御自身の中に持っていたからである（AP, 5）。

[33] Evans, E.(ed.), *Tertullian's Treatise Against Praxeas*, p.212.

[34] ここでは御父と御子の所有関係を解明するために、「所有、持つ」という

るものは空虚な抽象的存在ではなく、御子の「声のある人格」のような物体的なものである。もし、非物体的なものであったら、持つ主体と持たれる客体の区別は必然的に曖昧になり、同一視されるであろう。さらに、もし二つが同一なら、彼の定義によるとその関係は相互所有関係ではなく、「ある（esse）」で表現されるはずである。

　所有されるものは何か物体的なものでなければならないという考えは、確かに御子については該当したが、これは御父や聖霊にも該当するであろうか。御父や、そして特に聖霊は、地上で肉をまとった御子と比較すると、一見非物体的に感じられるからである。しかし彼は、「神は霊であるが、神が物体（corpus）であることを誰が否定しようか。というのは、霊はそれ特有の種類形態をした物体（corpus）なのである」（AP, 7）と主張する。ここで彼は、三位一体のどの位格にも共通する用語として「霊」を用いている。[35]彼にとって御子と同様、御父と聖霊は神のみに見える独特の種類形態をした物体なのである（AP, 7）。つまり、神は実体であり、御子は御父の実体に由来し、聖霊は御父から御子を通して来るのであり（AP, 4）、「空虚空隙なものは何も神から出て来ない」（AP, 7）。それゆえ、三位格はすべて神特有の物体的実在なのである。

　それでは、なぜ彼は神を物体的実在概念と結び付けるのか。その理由は、彼の支持するストア哲学の物体的実在概念と大いに関係がある。[36]つまり、

概念とストア哲学的物体的実在概念について考察するが、テルトゥリアヌスに対するストア哲学の影響は、ストア哲学の物理学に限られない。例えば、「言葉の響きよりも、事実の意味に専念していただきたい」（AP, 3）という彼の言葉は、ストア哲学の記号論の背景がある。つまり、記号である音ないし響きは、それの言及する目的と、レクトン、つまり、その記号の意味するものと密接に関係している（Cf. Mates, B., *Stoic Logic*, p.11; Ayers, R. H., *Language, Logic, and Reason in the Church Fathers*, p.11.）。ここで「言葉の響き」と「事実の意味」は、それぞれ「記号」と「レクトン」に対応している。

35　Cf. Evans, E.(ed.), *Tertullian's Treatise Against Praxeas*, p.314. Cf. also Bender, W., *Die Lehre über den Heiligen Geist bei Tertullian*, pp.56f. 霊を物体的に理解することに関しては、cf. Prestige, G. L., *God in Patristic Thought*, p.17.

36　テルトゥリアヌスとストア哲学の関係については、cf. Colish, M. L., *The

彼は自分の論議を「存在していなくはないもので、非物体的なものはない（nihil est incorporale nisi quod non est）」という前提に基づかせている[37]。すなわち、非物体性は非実在性を意味するのである。彼にとって、神、特に御子、聖霊の実在は、三位一体の神が父難説的単一支配論に陥らないために至極重要なものであった。もし、御子が非物体的で実在しないのなら、十字架上で苦難を受けたのは、御父であったということになってしまう。またもし、聖霊が同様にして実在しないのなら、人間を真理へ導くものがなくなってしまうのである。したがって、彼は御父も御子も聖霊も、彼の言う意味での物体的実在であるということを強調する必要があったのであ

Stoic Tradition Vol.2, pp.9-29.「ストア哲学の教えの中で、テルトゥリアヌスがキリスト教と結び付けることによって修正した最も重要なものは、ロゴス、神の物体性、人間の魂、クラシス、つまりストア哲学の混合の概念、ヘゲモニコン、つまり魂を統率する原理に関する教理である」（*ibid.*, p.21. Cf. *ibid.*, 22.）。ここでは、神の物体性に焦点を当てる（Cf. Otto, S., "*Natura*" und "*disposition*," pp.27.38f.）。テルトゥリアヌスの神の物体性の理解は、霊の物体性の理解と密接に結び付いている（AP, 7）。彼は「聖書の権威に従って、神が『霊』であることを主張する。しかし、『霊』とは彼にとってストア哲学の説く『霊』でもあり、それは生きた知的なものであるが、本質的に物体である。このストア哲学の物体理解が、彼の三位一体論に影響を与えている」（Armstrong, A. H., *An Introduction to Ancient Philosophy*, p.168.）。『霊』と同様『ロゴス』も、ストア哲学においては、宇宙の合理的構造を示すものとして、言わば神である（Colish, M. L., *The Stoic Tradition Vol.2*, pp.23f. Cf. Polenz, M., *Die Stoa*, p.34.）。ロゴスはテルトゥリアヌスにとって、自分自身でも熟知していたように、聖書的であると同時に、ストア哲学的なのである（Colish, M. L., *The Stoic Tradition Vol.2*, p.22.）。ストア哲学のクラシスの概念は、キリストの神性と人性の関係を解明するためにテルトゥリアヌスによって利用されている（Colish, M. L., *The Stoic Tradition Vol.2*, p.23. Cf. Long, A. A., *Hellenistic Philosophy*, pp.159f.; Sandbach, F. H., *The Stoics*, pp.75f.; Zeller, E., *The Stoics, Epicureans and Sceptics*, pp.136f.）。

37 Tertullian, *On the Flesh of Christ, XI*, (*Tertullian, Ante-Nicene Christian Library Vo.XV*, p.188.) Cf. Berardino, A. D.(ed.), *Encyclopedia of the Early Church Vol.II*, p.796. Cf. also Tertullian, *On the Soul, VIII*:「非物体的なものは、いかなる方法によっても、保持されたり、保護されたりすることはできない」（Tertullian, *Ante-Nicene Christian Library Vo.XV*, p.424.）。

る。テルトゥリアヌスのこの緻密な論理は、次のように簡略化できるであろう。もし、持たれるものが物体的なものであるなら、それは持つ主体と同化しないし、明確な区別が認識される。つまり、Aが物体的なBを持つということは、AはBではないということと同じであり、Aが非物体的なBを持つということは、AはBであるということと同じなのである。そして、物体的な実在概念を前提にすると、Aが物体的なBを「持つ」ということは、AはBで「ある」ことはないということと同じであるから、この関係は、「持つ」という所有関係であり、「ある」という存在論的な同一概念ではないということである。彼が、御父は御子を持つとか、御子は御父を持つと言う時、同時に御子もしくは御父は物体的であると言わないなら、御父と御子は同一であるという、彼自身の攻撃する父難説的単一支配論に陥ってしまうのである。このようにしてストア哲学の物体的実在概念は、テルトゥリアヌスによって、「持つ」と「ある」の区別を通して効果的に利用されたのである。

第四節　三位一体の神と人間

　前節までは、テルトゥリアヌスが三位格の性質や、御父と御子の所有関係をどのように理解したのかを検討してきたが、人間はこの三位一体の神にどのように関係するのであろうか。その前にまず、彼が神と人間をどのように理解しているかを検討しよう。

(a) 神の像

　テルトゥリアヌスは神を理性的なものと見なしている (AP, 5)。そして、二つの理由で人間も理性的なものととらえる。第一に、人間は「理性的な創造者」である「神の像、神の似像 (imago et similitudo dei)」に従って造られ、第二に、人間の魂は「その神の実体から (ex substantia ipsius)」造られたからである (AP, 5)。つまり、神の像と似像とは、創造主に由来する理性的性質を意味しているのである。彼は人間の性質については個人の

理性について語るが、神の性質としてはさらに「共同性（societas）」を付加する（AP, 18）。御子は地上ですべてのものを御父から任され、御父の名で——神としての全能性を意味する——働いたという点で、御父と御子は共同関係にあると言える。この神の共同性は御父と御子に限定されているが、「私と父は一つ（unum）である」という聖書の句を解釈し、それを敷延する。それによると、この「一つ」という語は「中性で書かれており、それは単数性（singularitas）ではなく、一体性（unitas）、類似性（similitudo）、結合（coniunctio）、御父が御子を愛する愛（dilectio）、御子が御父の意志に従う従順さ（obsequium）に関係がある」（AP, 22）。この愛と、そして特に従順の関係を見れば、御子は御父に片務的に従属しているようにもとれるが、彼はむしろ御父と御子の共同性において、「御子は御父に等しく（aequare）、御父に結合している」（AP, 22）と述べ、その同等性を強調する。「愛」も「従順」も、それぞれの立場における従属を表すものではないのである。それらは、御父と御子に固有の性格であり、こうした性格を通して二者は、一致を保持しているのである。

聖霊は、こうした御父と御子の共同性とどう関連するのか。彼はこれ

38　テルトゥリアヌスは、実際に「共同性（societas）」を人間の性質に関して用いるが、人間の相互関係においてではなく、人間の魂と肉体が相互に関係しているという意味で用いる（Cf. Tertullian, *On the Resurrection of the Flesh*, XV,〔Tertullian, *Ante-Nicene Christian Library Vo.XV*, pp.238f.〕）。

39　Cf. ヨハネによる福音書五章四三節（Evans, E.[ed.], *Tertullian's Treatise Against Praxeas*, p.155.n.2.）。

40　Cf. ヨハネによる福音書一〇章三〇節（Evans, E.[ed.], *Tertullian's Treatise Against Praxeas*, p.164.n.3.）。テルトゥリアヌスは、御父と御子を一つにするものは、御子によって地上でなされる御父の「業（opera）」であると考え（AP, 22）、その「業」は霊による業でもあり、「霊は、御自身の行為、つまり、力ある業、種々の『業（opera）』、しるしを行った」と述べる（AP, 27）。しかし、これは聖霊が御父と御子とを一つにすることを意味しない。御子における霊と肉の「交換（translatio）」という句にもあるように（AP, 27）、彼はここで、「霊」によって御子の神的性質を意味しているからである。後にアウグスティヌスは、聖霊を御父と御子の「言語に絶する交わり」と呼んだ（Augustine, *The Trinity*, V,xi,12.）。

については、その共同性に聖霊を加えて、「三者は一つ（unum）であって、一人（unus）ではない」（AP, 25）とだけ述べ、その考察を特に進展させてはいない。また、神の像における人間が神のこの共同性にどのように参与するのかという点についても黙々としている。これは、彼が「神の像」とか「神の似像」と述べる時、個人的な性質を持つ理性という観点からのみ考慮し、魂の起源を創造主なる神、すなわち御父——ここでは、創造主としての御子、聖霊は強調されていないので——に遡及し（霊魂分生説）、神の保つ共同的関係から導き出さないからである。このようにして、人間は関係性という観点より、理性という観点から考察されているのである。しかし、これは人間が神の共同性から、あらゆる側面で遮断されていることを意味しない。人間が神を享受する可能性は残されているのである。

（b）人間による御子の所有

この可能性は、地上において肉をまとった御子によってのみ開かれる。『プラクセアス反論』の終わりに彼は、「御子を持たない者は命を持たない。……御子を御子以外の方と信じる者は御子を持たない」（AP, 31）[41]と結論する。つまり、逆に言うと、御子を持つ者は命を持つ。どのようにして御子を持つことが可能であると、テルトゥリアヌスは考えたのか。この問題を解明するためには、人間を命へ導く御子の性質をまず最初に検討する必要がある。

第一に、御子は神の御子として神の実体に属する。その実体は人間とは極めて疎遠なものなので、神のみに見えるものである（AP, 7）。にもかかわらず彼は、私たちが神の実体に属する「キリストは神の御子であると告白する」（AP, 31）必要性を強調する。これは彼によれば、「告白すべきことを私たちから話す神の霊（spiritus dei ..., qui et loquitur de nobis quae sunt confessionis）」（AP, 29）[42]によって可能になる。ここで、神の霊とは御子の

41　Cf. ヨハネの手紙一の五章一二節（Evans, E.[ed.], *Tertullian's Treatise Against Praxeas*, p.179.n.7.）。
42　ここは、原文に従い直訳した。

神的性質のことであり[43]、人間の中にあって人間の告白を助けていると考えられていることを考慮すると、この「私たちから（de nobis）」とは、私たちが告白を行うと同時に、神の霊が「私たちの中から」その告白を助けているという意味である[44]。

　しかし第二に、彼は御子が受肉において人間に見えるようになったことを認める（AP, 27）。受肉によって御子が「人間の実体（substantia）、すなわち肉と魂」をまとったからである（AP, 16）。この受肉によって、御子と人間が所有関係に入る共通基盤が敷設されるのである。その際、御子は神としての実体を捨てず、「神であり人である一人の位格のうちで、混同（confusus）されずに結合（coniunctus）された……双方の実体」（AP, 27）を保つ。言い換えると、「イエスは人としては肉から、神としては霊から成って」（AP, 27）おり、ここでは双方が相互に実体を毀損したり、貶めたりすることなく共存しているのである。

　このように、一方で御子の二実体性が強調されるが、他方その境界も明確に敷かれる。「神的なものは不死であり、……人間的なものは死を免れない」（AP, 29）。つまり、御子は「神において死んだのではなく、人間の実体において死んだのである」（AP, 29）。御子の神としての不死性が御父の不受苦性に劣らないという点で[45]、御子と御父の同等性を保つためだけではなく、単一支配的父難説と同様、御父は受難した御子に同情的に苦し

43　テルトゥリアヌスが「霊（spiritus）」と言う時、次の三通りがある。第一に、第三の位格として。この場合「助け手」、「聖霊」とも呼ばれる。第二に、どの位格にも共通する神としての性質として。これは、ヨハネによる福音書四章二四節の「神は霊である」に基づく。第三に、御子の人性に対する神性を強調する表現として。この場合、「神の霊」とも呼ばれる。つまり、「イエスは、人間の肉と神の霊から成り立っている」（AP, 27）。Cf. AP, 21:「彼は神の霊を通して神の御子であるように、肉を通して人の子である」。

44　したがって、de nobis を concerning us とするエヴァンズの英訳は、不正確である（Evans, E.[ed.], *Tertullian's Treatise Against Praxeas*, p.178.）。霊は、「私たちについて（concerning us）」語るのではなく、私たち人間の中から私たちの告白すべきことを語るのである。

45　Hall., S. G. *Doctrine and Practice in the Early Church*, pp.72f.

んだとする見解を含む同情的父難説に対して、御子も共有する神の実体に属する御父の不受苦性を保護するためにも、その区別はテルトゥリアヌスにとって必要不可欠であった。

　もし、御子における神的実体と人間的実体の間に区別がなかったら、御父と同じ神的実体に属する御子が受難したという事実は、御子のみならず御父の神的実体をも毀損してしまうからである。御父の不受苦性を強調するために、彼はさらに続けて主張する。御子の受難において御父は、「御子からは分離されるが、神からは分離されない（separatur a filio, non a deo）」（AP, 29）[46]。特に強調されているこの「神からは分離されない」は何を意味するのか。この文の脈絡は、御父の不受苦性と人的実体における御子の受難性からの御父の乖離である。御父が神としての不死の御子から分離されていなくても、問題は生じない。したがって、御子が十字架上で受難した時、御父は人としての「御子からは分離される」が、「神」としての御子「からは分離されない」[47]と述べたかったのであろう。つまり、御父が受難しないために受難した御子から分離される必要があったのである。このことは、彼がこの解説の後に提示した、川が汚染したとしても川の水源は汚染されないのと同様に、第二のものが汚染しても第一のものは汚染しないという例証と合致する（AP, 29）。

　しかし、この例証は重大な問題を抱えているように思われる。彼自身は言及していないが、御子を通して来る聖霊に、御子の受難が影響を与えると考えられるからである。そこで、彼は御子の受難を聖霊に流すのではなく、その苦難を人間に移動させる。彼の説明によると、御子の苦難は神の霊によって人間へと移されるのである（AP, 29）。この神の霊は神の実体として、受難によっても「苦しむことはなく」、「私たちに苦しむ力を与える」（AP, 29）。つまり、御子の神的性質が人的実体における御自身の苦難

46　ここは、原文に従い直訳した。

47　したがって、separatur a filio, non a deo を The difference begins from the Son not from the Father とするエヴァンズは、真意をとらえていない（Evans, E.[ed.], *Tertullian's Treatise Against Praxeas*, p.177.）。

を人間に適用させ、その結果、聖霊は苦難を免れたのである。このように、御子の受難は神的実体の共有するものではなく、神の霊により人的実体の人間に分与される。それでは人間は、どのようにしてその苦しむ力が与えられるのか。「私たちの中の神の霊がなければ、私たちは神のために苦しむことはできない」（AP, 29）と述べられているように、再び神の霊の役割が力説される。神の霊によってのみ人間は、キリストは神の御子であると告白することができるのと同様に、神の霊によってのみ人間は、御子の苦難を共有し、御子との関係を保つのである。したがって、人間が御子を持つと言う時、具体的にそれは御子の苦難にあずかるという意味である。[48]

さらに、テルトゥリアヌスは人間の御父との交わりに触れる。神的性質と人的性質のある御子の名に対する信仰により、「御父との交わりも私たちものとなる（communio sit nobis cum patre）」（AP, 28）[49]。彼はこの御父との交わりについて詳述しないが、人間と実体の異なる御父ではあるが、御子が御父と共通の実体に属するゆえに、御子を通して人間は御父との交わりに入ることができると考えたのであろう。このようにして、人間は、真理に導く聖霊、受難した御子、その御子を通して御父と交わりの関係に入るのである。彼が、聖霊の導きに基づき、人間が御子を持つなら命を持つと考える時、それは人間は御子の苦難にもあずかり、それを通して御父との交わりに入ることを意味したのである。これが命の具体的意味である。

---

48 テルトゥリアヌスにとって、行動、苦難、機能、願望などは、物体的なものではなく、物体の偶有性である（Tertullian, *Against Hermogenes, XXXVI*, [Tertullian, *Ante-Nicene Christian Library Vol.XV*, pp.106f.]）。つまり、受難は物体なくして存在しない偶有性であるため、人間は御子の人間としての物体、即ち受肉した御子を所有せずに御子の苦難を所有しえない。Cf. Stead, C., "Divine Substance in Tertullian," *The Journal of Theological Studies New Series Vol.14*, pp.56f.

49 ここは、原文に従い直訳した。

第五節　テルトゥリアヌスの三位一体論

　種々の問題を包摂するテルトゥリアヌスの三位一体論は、後の西方、西洋の教会に多くの点で裨益した。それゆえ、ハルナックが述べたように、『プラクセアス反論』は「アウグスティヌス以前に、西方の神学が生んだ最も重要な著作」と言えよう[50]。その特徴を次の三点に絞り、最後にまとめよう。

（a）経　綸

　まず第一に、テルトゥリアヌスは「一体を三位一体に配置し、御父、御子、聖霊の三として提示する経綸」を強調する（AP, 2）。経綸の二つのモデルは、前述の帝国の支配権と自然現象である[51]。三というのは「相違（diversitas）や分割（divisio）や分離（separatio）」においてではなく、「配分（distributio）や区別（distinctio）や秩序（dispositio）」においてである（AP, 9,11,12,19,21,23,27）。特に御父と御子の区別は、二つの関連した事柄、主語と述語を区別する「持つ」という概念だけではなく、「子をもうける」、「命令する」、「戴冠する」、「塗油する」という概念も用いて解明される。すなわち、子をもうける者ともうけられた者（AP, 9）、天地を創造せよと命令する者と命令される者（AP, 12）、栄誉と栄光をもって戴冠す[52]

50　Harnack, A. v., *History of Dogma Vol.4*, p.57.

51　Hall., S. G. *Doctrine and Practice in the Early Church*, p.71. プレスティージの指摘する通り、「それ自体から三位一体を導き出す一体性は、三位一体性によって破壊されず、管理される（administretur）」（AP, 3）とテルトゥリアヌスが言う時の、「管理される（administretur）」は、ギリシャ語の oikonomeō に相当する語句である（Prestige, G. L., *God in Patristic Thought*, p.102.）。この意味でも、三位一体の神の経綸（economy）を解説する際の例として、テルトゥリアヌスが帝国の支配権の「管理」の例を挙げることは適切である。

52　神がすべてのものをキリストを通して造られる時、神とキリストは「別（alius）」である（AP, 12）。

る者と戴冠される者（AP, 16）、塗油されたキリストと塗油する御父（AP, 28）[53]はそれぞれ「別（alius）」であり、「同一ではない」（AP, 21）。この意味で「第三の位格である」（AP, 12）聖霊も御父から送られると御子によって約束された「別の（alius）」方である（AP, 25）[54]。したがって、このような経綸の強調によって、彼は神及び主の名は御父、御子、聖霊のすべてに適用されると認識し、人間を真理へ導き、後に見るように洗礼において人間に命を授ける聖霊の働きを強調したことにもよって、「聖霊論を顕著に導入した最初」[55]の神学者と呼ばれるに至った。

　第二に、経綸の強調は三位一体の序列化、つまり三位格の数的順序、特に御父の究極性をも導き出した。彼は、父難説に陥らないために経綸を力説したが、同時に信仰基準の第一の点である神の一体性（AP, 2）を守るため、その振り子が逆方向の三神論に振れ過ぎないように留意する必要もあった。それで彼は三位格の序列化解釈へと進んだ。それは、聖霊と御子を御父に「付加（adhaerere）」（AP, 12）したものと理解し、神の序列と共に一体性を確保しようとするものである。序列の概念には、必然的に起源である第一者の存在が認められる。それを彼は、前述の例証から明らかな

53　テルトゥリアヌスは、十字架上での御子の叫びに言及して、叫ぶ者とその叫びの聞き手の違いを強調する。「もし、苦しんだのが御父であるのなら、どの神に対して、彼は叫んだのであろうか」（AP, 30）。

54　Cf. ヨハネによる福音書一四章一六節（Evans, E.[ed.], *Tertullian's Treatise Against Praxeas*, p.169.n.2.）。テルトゥリアヌスは、しばしば「固有性（proprietas）」や「固有（proprius）」という用語を二通りに用いる点も留意すべきである。一方で、彼は三位一体の一つの位格を他の二つの位格から区別する時に、この用語を用いる（Cf. Hilberath, B. J., *Der Personbegriff der Trinitätstheologie in Rückfrage von Karl Rahner zu Tertullians Adversus Praxean*, p.246.）。例えば、御父と御子は「その固有性において（in sua proprietate）」区別される（AP, 25. Cf. AP, 8,11,24,31）。他方で、神と人間の区別をする時にも用いる。神と人間は、「その固有性において（in sua proprietate）」区別される（AP, 27）。こうした用法は、後にアウグスティヌスが発展させた。

55　Morgan, J., *The Importance of Tertullian in the Development of Christian Dogma*, pp.115f.

ように御父に定める。彼の体系では、「御父は実体全体」（AP, 9）であり、「御父の実体に由来する」（AP, 4）御子は「その全体から出た部分（derivatio totius et portio）」（AP, 9）であり、聖霊は「御父から御子を通って」（AP, 4）出るものである。つまり、御子と聖霊は、御父なる神に合体している「部分」なのである。明らかに、彼は御父を第一位格として序列の先頭に位置付けるが、さらにそれ以上に、序列を超越した究極的存在としてもとらえている。

確かに一方で、「父の後で子は名付けられ」、「子の命名以前の前提となるべき最初の人として定義される時、父は子なくしても名付けられる」（AP, 18）ように、御父は三位一体の中で第一位格として位置付けられる。しかし他方、彼は父の究極性を強調し、次のような理由で「御父は……第一（位格）と見なされえない」（AP, 19）とまで言う。御子は言葉として最初から存在していたからその意味で第一であり、御子をもうけた御父は生まれないから最初がない。つまり、御父は最初以前の存在として数的に序列化されえないのである（AP, 19）。御父は数的秩序を超越した究極点である。経綸の強調はこのようにして御父の究極性に帰着した。エヴァンズが述べているように、「テルトゥリアヌスは御父の優先性という観念から少なくとも思考の上では抜け切れなかった。また時間の順序とも手を切ることができなかった」。

（ｂ）教会の伝統

56　ここは、原文に従い直訳した。

57　ここは、原文に従い直訳した。

58　『プラクセアス反論』においてテルトゥリアヌスは、御子や聖霊の無時間性を御父の無時間性ほど強調しない。後にアウグスティヌスは、これらを十分に発展させた（Cf. Augustine, *The Trinity*, IV,xxi,30; XV,xxvi,47）。テルトゥリアヌスについてハルナックは、この『プラクセアス反論』において「テルトゥリアヌスは、単一支配論に反対しているにもかかわらず、その影響を強く受けている」と分析している（Harnack, A. v., *History of Dogma Vol.4*, p.57.）。

59　Evans, E.(ed.), *Tertullian's Treatise Against Praxeas*, p.211.

テルトゥリアヌスは、御父の究極性を強調したにもかかわらず、三位一体論に関して彼の主要な関心事は「事実そのものの意味」（AP, 3）である。御父、御子、聖霊が等しく神であるということは、神にとって事実であった。この点を解明するため、彼は三位一体の神に関する三種類の名称、すなわち三位格の名（単数形）と三位格の名（複数形）と御父－御子－聖霊の名に言及する。神は「固有の名（複数形）と位格（複数形）において知られ」（AP, 31）、「私たちは、……助け主の弟子として……実際に……三つ（御父、御子、聖霊）を明記する」（AP, 13）。このように一方で、神には御父、御子、聖霊の三つの名があり、他方で、その複数形の名は、「御父、御子、聖霊の名前（単数形）における唯一の神」（AP, 2）とあるように単数形でも扱われる。なぜ両方用いられるのか。まず彼は、名前の複数性を強調することで、御父、御子、聖霊の名前（単数形）ではなく、位格の区別を曖昧にする「御父－御子－聖霊」（AP, 12）という単数名を否定しようとしたのである。次に、キリスト教の事実であり実践である「御父、御子、聖霊の名（単数形）において」という御子御自身による洗礼定式に訴え、三位一体の一体性（単数形の名）と位格の区別（御父、御子、聖霊の三つ）を擁護したのである。彼はこの定式を、御子は「御父、御子、聖霊に向かって洗礼を授けるように命じられたのであり、どれか一つに向かってではない。というのは、私たちは一度ではなく、各位格におけるそれぞれの名前にしたがって（複数形 ad singula nomina）三度洗礼が施される」からであると解釈する（AP, 26）。ここで、再び彼が複数形の名

60　Cf. AP, 4: 御父と御子は「御父と御子という名前において（in nominibus patris et filii）」二者でなければならない。

61　テルトゥリアヌスが『プラクセアス反論』を著した頃、洗礼の三重定式の教理は確立していた。Cf. Evans, E.(ed.), *Tertullian's Homily on Baptism*, p.XXIX.

62　ここで singula nomina が複数形になっていることから、バルトは「テルトゥリアヌスは『プラクセアス反論』二六章で singula nomina と語るが、御父、御子、聖霊の名（onoma）はマタイによる福音書二八章一九節では同一（単数）である」（Barth, *Church Dogmatics I/1*, p.349.）と指摘するが、テルトゥリアヌスは解釈の後にこう説明しただけであり、実際最初に単数形で in nomine

を用いるのは、三位格の区別の強調のみならず、三度浸礼するという教会の事実、実践を反映したものと考えられる。エヴァンズが述べている通り、「明らかにアフリカの教会では、受洗者の信仰告白に引き続き、三度浸礼することになっていた」。[63]

この伝統的な事実、実践において、テルトゥリアヌスは三位一体の神と人間との重要な関係を見出した。洗礼は「私たちの以前の無知を洗い流し、私たちを自由にし、永遠の命に導くゆえに、私たちの水の聖礼典」と呼ばれ、[64]天地創造時に聖霊は水の上を漂っていたため、水は「聖霊の座」と呼ばれる。[65]この同じ霊が受洗者の水の上にもいて、その人を聖める。[66]このように、聖霊は人間を真理に導くだけではなく、洗礼において人間を聖化し、永遠の命に導く働きをしているという点で、三位一体の神と人間の関係は、三位一体の名において施される洗礼時に漂う聖霊の働きによって確立されると言える。[67]このように、三位一体の神と人間の関係に関するテルトゥリアヌスの理解は、根本的に教会の伝統に依存していると言えよう。[68]

(c) ストア哲学的キリスト教神学者テルトゥリアヌス

最後に、テルトゥリアヌスの三位一体論解釈の方法論についてまとめて

---

  patris et filii et spiritus sancti（AP, 2）と明示している点を考慮していない。
63 Evans, E.(ed.), *Tertullian's Treatise Against Praxeas*, p.315.
64 Tertullian, *On Baptism, I*, (Tertullian, *Ante-Nicene Christian Library Vol.XI*, p.231.).
65 Tertullian, *On Baptism, III*, (Tertullian, *Ante-Nicene Christian Library Vol.XI*, p.233.). Cf. Bender, W., *Die Lehre über den Heiligen Geist bei Tertullian*, pp.123ff.
66 Tertullian, *On Baptism, IV*, (Tertullian, *Ante-Nicene Christian Library Vol.XI*, p.235.).
67 Tertullian, *On Baptism, VI*, (Tertullian, *Ante-Nicene Christian Library Vol.XI*, pp.238f.).
68 テルトゥリアヌスの著作は、教義学的著作のみならず、教会の実際的諸問題を扱った著作もある点にここで留意すべきである（Cf. Hall., S. G. *Doctrine and Practice in the Early Church*, p.67.）。

おこう。彼は文法的解釈を十分に活用する。前述の通り、二つの物が相互所有関係にある時、それらは同一ではない。「持つ」、「生む」、「命令する」、「戴冠する」などの他動詞を用いて、主語と目的語、主体と客体の二者、つまり御父と御子の区別を明確にしたのである。この方法は、御父と御子の二者の関係を叙述する際には確かに適切な方法である。しかし、この弱点は、これらの動詞、つまり述語自体を第三要素として再解釈しない限り、第三者は安置されにくい点にある。[69] つまり、事実アウグスティヌスやバルトがしたように、述語を第三要素として用いるなら、枠組みは三部構成定式となる。しかし、アウグスティヌスが「御父が御子を愛する」という枠組みで「愛する」という述語を聖霊と対応させたように、テルトゥリアヌスが「御父は御子を持つ」という枠組みの「持つ」という述語自体を再解釈し、第三位格の聖霊に当てはめても、聖霊を「所有」ないし「持つ」と呼ぶことは明らかに不適切で、聖書的根拠にも欠ける。他の用語を彼は使えたかもしれないが、彼のストア哲学的思考方法にとって所有概念は必須のものであった。この意味で、アウグスティヌスやバルトの用語選択は適切なものであったと言えよう。

したがって、テルトゥリアヌスは「御父は御子を持つ」という定式はそのままにして、預言書を研究しつつ、別の定式、「語る者と語られる者と語る相手」に依拠した。[70] これは、アウグスティヌスやバルトと違って、主語、述語、目的語に文法的に正確にはまっていないが、それでも現代に至るまでその発想が生き残っているという点で、彼の業績は決して過少評価されえないであろう。

このようにテルトゥリアヌスは、三位一体論に関する萌芽的かつ入念な見解を温めていた。アウグスティヌスやバルトの三位一体論をある意

---

69 ここで述語は、目的語を除いた動詞部分を意味する。
70 テルトゥリアヌスは、聖霊を「所有」ないし「所有する」と呼べないから、別の三位一体の定式を作ったと述べていないが、御父は御子を所有する（AP, 11）という二重の定式の後に、聖霊が御子について御父に語る（AP, 12）という三位一体の定式を提示している点は、重要である。

味で先取りしていたのは、その文法的分析においてだけではなく、「所有（habere）」や「存在（esse）」と同様、実際に「生成（fieri）」の概念を提示していた点においても言える。テルトゥリアヌスにおけるこれらの三つの概念についてまとめておこう。

(1) habere. 彼のこの用語の用法は詳しく見たが、所有の概念を示す別の方法として彼は「esse + 所有格」を挙げる。例えば、「これら（神の言葉、神の霊、いと高き方の力）は、それらが属する（cuius）方とは別である。これらはその方から由来したものであり、その方のもの（ipsius）である」（AP, 27）。ここで、神の言葉とは神性における御子であり、前述したように、神の霊も同様である。しかし、「いと高き方の力」とは、聖霊を示す（ルカによる福音書一章三五節）。つまり、「これら（言葉、霊、力）」である御子と聖霊は、その所有者である「神」、「いと高き方」なる御父とは異なることがここで強調されているのである。テルトゥリアヌスは、これを「あるものに属する（所有されている）もので、あるものと同一なものはない（nulla res alicuius ipsa est cuius est）」とまとめている（AP, 26）[71]。この原則は、彼にとって、御父、御子、聖霊の区別を曖昧にする異端的見解を論駁するうえで、極めて重要なものであった。ここで彼は、御父と御子の区別だけではなく、聖霊をも区別された位格として叙述している点は、注目に値する。

(2) fieri. この用語は二通りに用いられている。まず受肉の脈絡で、「それ（言葉）は肉になった（fieri）」（AP, 27, passim）と用いられる。さらに、ある位格がそれ自身の位格になる（fieri）という時の生成の概念を提示するためにも用いられる（ここではこの後者に注目する）。「相互の関係によって生成する（fieri）者は、決して自分自身との関係によってそのように生成する（fieri）ことはできない」（AP, 10）と

---

[71] Cf. Tertullian, *Ante-Nicene Christian Library Vol.XV*, p.393.

いう彼の公式にある通りである。御父を例に取ると、御子との関係において生成する御父は、決して御父御自身との関係によってそのように生成することはできない。これは何を意味するのか。彼にとって、生成に関して二つの原則がある。まず、神は神以外の者に生成することはできない。「神は永遠者として不変であり、不変容であり、変化は最初にあった存在を破壊する。他のものに変容するすべてのものはかつての存在をやめ、存在していなかった存在を始めることになる」（AP, 27）からである。次に、神のどの位格も他の位格に生成することはできない。例えば、御父は御子に生成することはできない。これはまさしく、父難説としてテルトゥリアヌス自身が攻撃したものである。さらに、彼によれば神は「存在（esse）」をやめることもできない（AP, 27）。では一体、神もしくは三位格のそれぞれは何に生成するのか。三位一体の神は御自身以外のものに生成せず、しかも生成自体はするとなれば、神はほかならぬ神御自身に生成するのである。上述の文にしたがって言うと、御父は御子との関係において御父御自身になり、御子は御父との関係において御子御自身になるのである。

(3) esse. 彼はこの概念自体を単独で定義するよりむしろ、所有や生成の概念（前述したように、特に所有の概念）と関連付けて定義する。この理由は彼がギリシャ語を熟知していた事実と関係があると考えられる[72]。ギリシャ語では、存在の概念を表す三つの方法がある。それらは、huparchō と ginomai と eimi であり、これらはそれぞれ「所有」と「生成」と「存在」の概念と呼応する[73]。したがって、彼は所有や生成の概念を援用し、三位一体の神の存在について解明しようとしたと推測しうるのである。

72　Cf. Quasten, J., *Patrology Vol.II*, pp.242,249. Cf. also Prestige, *God in Patristic Thought*, p.97.

73　Cf. Liddell, H. G. & Scott, R., Jones, H. S. & McKenzie, R.(eds.), *A Greek-English Lexicon New Edition*, pp.349,1853; Bauer, W., *A Greek-English Lexicon of the New Testament and Other Early Christian Literature*, pp.159,845f.

これらの方法論の潜在的価値は、アウグスティヌスやバルトの三位一体論を後に検討する際に一層明白になるであろう。そして、これらはテルトゥリアヌスにとって三位一体の神を明示する際の道具に過ぎず、三位一体の神の事実、教会の伝統、信仰基準、洗礼定式こそが、彼の論述を支持する主要因であるという点を留意しておくことは重要なことである。ストア哲学の援用も、異端的見解を反駁するためであった。つまり、それを道具としてキリスト教の伝統を擁護しようとしたのである。したがって、彼は根本的には哲学者というよりも、自己の文化的思考枠組みをキリスト教の擁護、宣揚のために巧みに利用したストア哲学的キリスト教神学者と言えるであろう。

第二章　アウグスティヌスの三位一体論と「存在」概念

　本章では、アウグスティヌス（Aurelius Augustinus、三五四年－四三〇年）の『三位一体論（De Trinitate）』（以下引用は DT と略す）を中心に、彼の三位一体論と「存在」概念を吟味する。「西洋のキリスト教神学は、アウグスティヌスに対して付けられた一連の脚注である」[74]とまで言われる彼の業績の中でも、「四〇〇年頃書き始められ、四一六年に擱筆した」[75]『三位一体論』は三位一体論史において傑出している。彼は、初期キリスト教の他の神学者と同様、教会から神学的、制度的に逸脱する者と不和であったが、当時の敵対者たちは三位一体論自体に関して特に異議を唱えなかったため、『三位一体論』はアリウス主義者を除けば[76]、特定の見解を論駁するというよりは、「同胞の信仰を強める」[77]ために著された[78]。その著で彼は三位一体論をどう展開したか。特に、神概念の誤謬、キリスト教の伝統、その伝統を超えた三位一体論理解、彼の三位一体論に潜むその他の思想、神と

74　Williams, D. D., "The Significance of St. Augustine Today," Battenhouse, R. W.(ed.), *A Companion to the Study of St. Augustine*, p.4.

75　McKenna, S., "Introduction," Saint Augustine, *The Trinity*, p.vii.『三位一体論』のテキストとしては、Sancti Avrelii Avgvstini, *De Trinitate Libri XV* を利用し、引用に際しては Saint Augustine, *The Trinity*, tr. by McKenna, S. の英訳、主要語句については中沢宣夫訳『アウグスティヌス　三位一体論』（東京大学出版会, 1975）にも負う。他の英訳を参考にした場合は、その訳書名を記す。

76　McKenna, S., "Introduction," Saint Augustine, *The Trinity*, p.viii.

77　Cf. Schindler, A., *Wort und Analogie in Augustins Trinitätslehre*, pp.1ff.; Schmaus, M., *Die Psychologische Trinitätslehre des Heiligen Augustins*, pp.110ff.

78　McKenna, S., "Introduction," Saint Augustine, *The Trinity*, p.ix. Cf. Burnaby, J., "Introduction," *Augustine: Later Works*, p.19; Campenhausen, H. v., *The Fathers of the Latin Church*, p.228; Schmaus, M., *Die Psychologische Trinitätslehre des Heiligen Augustins*, p.7.

人間の関係に焦点を合わせ、三位一体論のもう一つの側面を考察し、全体像をまとめよう。

第一節　神概念の誤謬

『三位一体論』は神概念の誤謬に対する三つの警告で始まる（DT, I,i,1）[79]。

(1) 非物体的神を物体的に考える誤謬。例、神を白いとか赤いと想像する。
(2) 神を人間の魂のような精神的なものと考える誤謬。例、神は「記憶（recordari）」、「忘却（obliuisci）」をすると考える。
(3) 上記以外の誤謬。例、神は御自身を子としてもうけたと考える。

アウグスティヌスが明確にしたことは、人間の通常の思考範疇である時空と神との関係である。物体的なものは時空に関して可変であり、精神的なものは時間に関してのみ可変であり、神は時空の両方に関して不変であると『書簡一八』[80]で述べているように、神は時空の範疇に拘束されないゆえに、物体的、精神的性質は神に属さない[81]。また、第三の誤謬は、「存在する（esse）ために自分自身を子としてもうけるものは何もない」（DT, I,i,1）ため、神にも物体的、精神的なものにも充当しない。ここで彼は、物体的、精神的、神的なすべてのものを包括する概念として esse を提示する[82]。しかし彼は、神の esse とその他の esse に明確な一線を画する。ど

79　Cf. Schindler, A., *Wort und Analogie in Augustins Trinitätslehre*, p.122.
80　Augustine, *Letter XVIII*,（Augustine, *A Select Library of the Nicene and Post-Nicene Fathers of the Christian Church First Series Vol.I*, p.236.）. Cf. Bourke, V. J., *Augustine's View of Reality*, pp.3f.; Schmaus, M., *Die Psychologische Trinitätslehre des Heiligen Augustins*, p.93.
81　Cf. DT, V,i,2; V,viii,9.
82　Cf. Augustine, *The City of God*, XII,2:「神は言われた。……私は、あるという者である。というのは、神は最高の本質（summa essentia）、つまり、最高

のようにして彼は、神の esse を理解したのか。

第二節　キリスト教の伝統

　神の esse を検討する前に、アウグスティヌスが聖書と彼以前の三位一体論の著作（DT, I,iv,7）[83]に基づいて継承した神学的前提に触れておこう。彼が神の思索を深め、神概念を発展させる時、踏み台となる前提は以下の点である（DT, I,iv,7）[84]。

（1）御父、御子、聖霊は不分割の同等性において、同一実体からなる神的一体をなしている。したがって、それらは三ではなく、一なる神である。
（2）御父は御子をもうけた。したがって、御父である者は、御子ではない。
（3）聖霊は御父でも御子でもなく、御父と御子の霊である。聖霊御自身はまた、御父と御子に等しく、三位一体の一体性に属する。
（4）御父、御子、聖霊は不分割のため、不可分に働く。

　彼はこうした見解を、神の存在が時空の範疇に拘束されないことを念頭に置き、さらに続けて確証する。

（a）神の存在

のかたちで存在する（summe esse）からである。……神は存在（esse）を無から創造したものに賦与した」。Cf. also Anderson, J. F., *St. Augustine and Being*, pp.6,64; Bourke, V. J., *Augustine's View of Reality*, p.6; Burnaby, J., *Amor Dei*, p.37; Schmaus, M., *Die Psychologische Trinitätslehre des Heiligen Augustins*, p.83.

83　Cf. Grabowski, S. J., *The All-Present God*, pp.1ff.; Schmaus, M., *Die Psychologische Trinitätslehre des Heiligen Augustins*, pp.70f.

84　Kelly, J. N. D., *Early Christian Doctrines*, p.272.

「大抵のキリスト教神学者と同様、アウグスティヌスは神を存在ととらえる。キリスト教思想全史を貫流する有名な出エジプト記三章一四節の句を、彼は文字通り受け取る」[85]とジルソンが述べているように、彼は神概念を「私はあるというものである（Ego sum qui sum）」、「私はあるというものが私をあなたがたに遣わした」から引き出す（DT, I,i,2）[86]。この神の存在の意味を、彼はさらに聖句釈義に基づき、限定、敷衍する。

第一に、神以外の存在はすべて「偶有性を持ち、それ自身変化する」が、神の存在は偶有性を持たないので（DT, V,ii,3; V,iv,5; V,iv,6）[87]、神の属性の一つは不変性である[88]。変化するものは「それ以前の存在（quod fuerat）」を保持できない点で、神の不変性とは異なるのである[89]。この神の不変性は、具体的に不死を意味する。不死は生から死への決定的変化を被らないから

---

85 Gilson, E., *History of Christian Philosophy in the Middle Ages*, p.70. Cf. Anderson, J. F., *St. Augustine and Being*, p.5; Gilson, E., *The Christian Philosophy of Saint Augustine*, pp.21f.; Portalié, E., *A Guide to the Thought of Saint Augustine*, p.127.

86 「神は……実体（susbstantia）である。おそらく、本質（essentia）がもっと適切な用語であろう。これをギリシャ人は、ウーシア（ousia）と呼ぶ。知恵が賢いことからそう呼ばれ、知識は知ることからそう呼ばれるように、本質（essentia）は存在（esse）することからそう呼ばれる」（DT, V,ii,3）。

87 「偶有性（accidentia）」の定義は、cf. DT, V,iv,5：「偶有性という用語は、ある種の変化を通して失われるものに対してのみ、通常適用される」。被造物が偶有性を持つのは、神によって無から創造されたためである（Anderson, J. F., *St. Augustine and Being*, p.22.）。

88 Cf. ヤコブの手紙一章一七節、詩編一〇二編二七、二八節（Cf. also DT, I,i,2; III,ii,8）。以下、アウグスティヌスが参照したと思われる聖句箇所に関しては、Saint Augustine, *The Trinity*, tr. by McKenna, S. の脚注を参照した。不変の神に関しては、cf. DT, I,i,1：「不変の実体、それが神である」。Cf. also Anderson, J. F., *St. Augustine and Being*, Chap.II, pp.61f.; Dahl, A., *Augustin und Plotin*, pp.20ff.; Grabowski, S. J., *The All-Present God*, pp.119ff.; Schmaus, M., *Die Psychologische Trinitätslehre des Heiligen Augustins*, pp.90ff.

89 Cf. Augutine, *A Select Library of the Nicene and Post-Nicene Fathers of the Christian Church First Series Vol.III*, p.88. Cf. also DT, VII,v,10：「神のみが本質と呼ばれうる。というのは、神は不変であるため、神のみが真実に存在するからである」。

である（DT, I,i,2; I,vi,10; II,viii,14; II,ix,15; XV,v,7）。[90]

　第二に、「真の不死、真の不朽、真の不変は、永遠そのものである」（DT, IV,xviii,24）とあるように、時間の経過に関係なく同じ存在を保つゆえに、神の不変性は永遠性に繋がる。[91] したがって、ジルソンが簡潔に述べるように、「永遠性と不変性は常にアウグスティヌスの教理における神の二つの属性」であり、「神が何よりもまず永遠と不変であると説く教理では、主な形而上学的問題は生成と存在、変化と不変、つまり、時間と永遠の関係である」。[92] この問題は特に、特定の時と所で生起した受肉を論じる時に前面へ出て来る。生まれ、死んだ御子もまた不変、永遠と言いうるのか。もしそうなら、どのような意味でなのか。

（b）御子の存在

　神理解の第三の誤謬に対しアウグスティヌスは、御父は御自身を子としてもうけず、御子をもうける、また、それゆえに御父は御子ではないと宣言する。[93] しかし、彼によるとこの宣言はアリウス派により援用された。したがって、御父が御自身を子としてもうけることのない性質と御子の子としてもうけられる性質とは異なるため、御父と御子は実体において異なると主張するアリウス派に対し（DT, V,iii,4; V,vi,7; VI,i,1）、二つの方法で、御子の存在と御父なる神の存在の同等性を強調する必要があった。

　第一に、彼は御子が僕と神の形をまとっていることを指摘する。「御子が受容した僕の形（serui forma quam accepit）」（DT, II,i,2）[94] によると、御子

90　Cf. テモテへの手紙一の六章一六節。

91　Cf. Anderson, J. F., *St. Augustine and Being*, p.15:「アウグスティヌスの『永遠』とは、時間の観点から考察された不変性である」。Cf. also Bourke, V. J., *Augustine's View of Reality*, p.3; Schindler, A., *Wort und Analogie in Augustins Trinitätslehre*, p.149.

92　Gilson, E., *History of Christian Philosophy in the Middle Ages*, p.71.

93　Cf. Schmaus, M., *Die Psychologische Trinitätslehre des Heiligen Augustins*, pp.128ff.

94　Cf. フィリピの信徒への手紙二章七節（DT, I,vii,14; I,x,21; I,xi,21; I,xiii,31;

は御父より小さく、時間に支配され、受肉は「乙女からある時間において (in tempore) 生起した」と言われる (DT, I,vi,9)[95][96]。しかし、この時間的な出来事は御子の神としての永遠性を排除しない (DT, II,v,9)。「御子がそこにおいて存在する神の形 (dei forma in qua est)」(DT, II,i,2) によれば、創造者としての神的身分のゆえに御子は常に御父に等しく[97]、永遠性を宿し、御子は「すべての時代と時間的出来事に先立って」(DT, I,xii,24)[98]もうけられたとも言いうる。御子においては、このように時間的性質と永遠的性質が相互に排除せず、共在している (DT, II,v,9)[99]。アリウス派が御子の誕生に基づき御父と御子の異質性を主張するのに対し、アウグスティヌスは神の形において御子は御父に等しいと論じ、この点をさらに「生まれるということは、御子にとって御父から来る (a patre esse) ことである」(DT, IV,xx,29)、つまり、まさしく御子は御父から生まれるゆえに、御子と御父の存在は等しいという解釈で補強する[100]。したがって、「御子は神であるだけでなく、御父と同一実体である (eadem cum patre substantia)」と言いうるのである (DT, I,vi,9)。さらに、御子と御父の同等性と同一実体性は御子による不変性と永遠性の属性の保有に繋がる。「御子の命は御父の命と同様不変であり」(DT, II,i,3)、死すべき肉の体を取ったからとい

II,xi,20; VII,iii,5)。

95 彼は、さらに続けてこう言う。僕の形において御子は「御父や聖霊より小さいだけではなく、自分よりも小さい」(DT, II,i,2)。Cf. DT, I,vii,14; I,xi,22; I,xiii,29.

96 Cf. DT, IV,xx,28: 御子は「時間において (ex tempore)」送られる。

97 Cf. ヨハネによる福音書一章三節 (DT, I,vi,9; I,vi,12; I,vii,14; I,xi,22; VII,i,1)。彼はここで、言葉と御子を同一視する (DT, II,v,9)。

98 神の形と僕の形は、それぞれ神の「性質 (natura)」、神の「状態 (habitus)」とも言われる (DT, I,vii,14)。

99 Cf. Schmaus, M., *Die Psychologische Trinitätslehre des Heiligen Augustins*, p.164.

100 Cf. DT, II,i,3:「御子自身は、御父からの存在である (esse ... de patre)」。そして、「御父からの存在である (esse de patre) とは、御父から生まれる (nasci de patre) ということである」。Cf. also Schmaus, M., *Die Psychologische Trinitätslehre des Heiligen Augustins*, p.165.

って、御自身の不死性を失ったことにはならない（DT, II,ix,15）。これは御子の永遠性についても当てはまる（DT, I,vi,10; I,vii,13; I,viii,15; I,xii,26; IV,xx,27）。

　第二に、彼は関係概念を導入する（DT, V,vi,7）[101]。御父と御子の特徴は各々、子としてもうけられないことと子としてもうけられることであるが（DT, V,vi,7）、アリウス派はそれらの特徴は実体により定義されるとするのに対し、アウグスティヌスは御父と御子という名称は「相互の関係によって（ad aliquid）」言われるものであるから、その特徴は実体に対して述べられたものではないと反論する（DT, V,v,6）[102]。つまり、「御父は御子を持つ（est ei filius）ゆえに御父と呼ばれ、御子は御父を持つ（habet patrem）ゆえに御子と呼ばれる。したがって、これらの用語は実体によって言われるのではない」（DT, V,v,6）[103]。この関係概念の導入によって彼は、「子としてもうけられることと子としてもうけられないこととは異なるが、それは実体における差異を示すものではない」（DT, V,vii,8）と主張する。

　御父と御子の共有する性質は、その両者の関係にも影響を与える。御父であることと御子であることが、永遠、不変の性質である（DT, V,v,6）[104]なら、彼らの「関係（relatiuum）」もまた「変化せず」（DT, V,v,6）永遠なのである[105]。この帰結は、アウグスティヌスにとって当然のことと見なされている。この「関係」の背後に、聖霊が存在しているからである。

（c）交わりとしての聖霊

101　Cf. Schmaus, M., *Die Psychologische Trinitätslehre des Heiligen Augustins*, pp.136ff.
102　Cf. DT, V,vii,8; VII,i,2.
103　Cf. DT, VII,i,1.
104　Cf. DT, V,v,6:「御子は常に（永遠に）生まれ、決して生まれ始めることがないという意味で、……一方が常に御父であり、他方が常に御子なのである」。
105　Cf. Dahl, A., *Augustin und Plotin*, p.12; Schindler, A., *Wort und Analogie in Augustins Trinitätslehre*, p.150; Schmaus, M., *Die Psychologische Trinitätslehre des Heiligen Augustins*, p.140.

アウグスティヌスは、聖書には聖霊なしの二位一体の定式が多いことを認識しているが、御父と御子の間の平和の明白な存在は、両者を結び付けているもの、すなわち、聖霊を暗示していると考える[106]。その聖霊は、どのような役割を果たしているのか。

第一に、聖霊は御父と御子からも発出した真の神である[107]。御子が「私は聖霊を御父から遣わす」[108]と語った時、御父で「神性全体（deitas）」を意味したと彼は指摘する（DT, IV,xx,29）[109]。聖霊は御父の神性を共有する真の神なのである。また、復活後御子が弟子の顔に吹きかけ、「聖霊を受けよ」[110]と言われた事実から、「聖霊が御父のみならず御子からも発出する（procedere）」と解釈する（DT, IV,xx,29）[111]。

第二に、この二重の由来により、「聖霊は……御父と御子の賜物である」（DT, V,xi,12）[112]。与える者と与えられる者がいる時、そこには関係が存在するから（DT, V,xi,12）[113]、聖霊は御父と御子の賜物であると同時に、御父及び御子と関係を保っている。しかし、ここで二つの賜物があるのではない。聖霊は唯一の賜物として、与える者である御父と御子との相互関係、「交わり（communio）」を保っているのである（DT, V,xi,12）[114]。

106　Cf. DT, VI,ix,10:「二つのものが偉大な調和（pax）によって一つとなるなら、その二つのうちの片方が述べられる時にはいつでも、その調和自体も、たとえ述べられていなくても、理解されなければならない」。

107　Schmaus, M., *Die Psychologische Trinitätslehre des Heiligen Augustins*, pp.131ff.

108　Cf. ヨハネによる福音書一五章二六節。

109　したがって、彼は後に、聖霊は「原理的には（principaliter）」御父なる神から出ると強調する（DT, XV,xvii,29）。

110　Cf. ヨハネによる福音書二〇章二二節。Cf. also DT, IV,xx,29。

111　Cf. DT, XV,xxvi,45.

112　Cf. 使徒言行録八章二〇節。Cf. also Schmaus, M., *Die Psychologische Trinitätslehre des Heiligen Augustins*, pp.391ff.

113　Cf. Schmaus, M., *Die Psychologische Trinitätslehre des Heiligen Augustins*, p.395.

114　御父と御子の絆としての聖霊という概念に関して、アウグスティヌスはプラトン主義哲学の影響を強く受けているヴィクトリヌスから示唆を得てい

　さらに、アウグスティヌスは御子をもうけることに関する問題に戻り、御子をもうける者と御子としてもうけられる者の間の交わりから、具体的に愛を引き出す。「聖霊を通して御父と御子はつながれ、彼を通して御子としてもうけられる者は御子をもうける者に愛され、さらに御子をもうける者を愛する」（DT, VI,v,7）。聖霊は両方の霊として「共通の愛（caritas）であり、その愛により御父と御子は相互に愛する」（DT, XV,xvii,27）。ここに神に関する三つの要素、「自分に由来する者を愛する者（unus diligens eum qui de illo est）と自分の由来する者を愛する者（unus diligens eum de quo est）と愛そのもの（ipsa dilectio）」が登場する（DT, VI,v,7）。つまり、「愛する者（amans）と愛される者（quod amatur）と愛（amor）」である（DT, VIII,x,14）。この定式において、御父と御子は「愛する者」と「愛される者」に、聖霊は「愛」に相当するが、これは重大な問題を抱えている。愛する者と愛される者は、確かに実際の愛の行為者と言いうるが、愛自体は第三の実際の行為者である必要はない。むしろ、愛は行為者に内在する

　　る（Burnaby, J., *Amor Dei*, p.173.）。

115　Cf. Schmaus, M., *Die Psychologische Trinitätslehre des Heiligen Augustins*, pp.225ff., pp.369ff.

116　「アウグスティヌスは、『愛の絆（vinculum or nexus amoris）』という用語を用いていない。……愛は絆であるとは、言われていない。多くの箇所でアウグスティヌスは、聖霊を愛の絆と同一視していない」という点は重要であり、「愛する者と愛される者の間に実際に絆がなくても、絆を持ちたいという願望さえあれば愛は存在すると彼は想定していたのであろう」と考えられるからである（Osborne, C. O., "The Nexus Amoris in Augustine's Trinity," *Studia Patristica Vol.XXII*, pp.309-314.）。Cf. DT, VIII,x,14: 愛とは「二つのもの、愛する者と愛される者を結び付け、また結び付けようと望む一種の命である」。Cf. also DT, XV,xix,37.

道具的な観念とも理解しうるゆえに、愛は愛する者や愛される者とは異なった存在論的性質を担っていると考えうるからである。[117] この類比から理解すると、聖霊の立場は危険に晒されるのである。しかし、彼はヨハネの手紙一の四章一六節に基づき、「この交わりそのものは、より適切には愛（caritas）と呼ばれる。そして、これは再び実体である。神は実体であり、『神は愛である』と書かれている通りである」と述べ、御父や御子との同一実体であることを断言する（DT, VI,v,7）。このように、二重由来とこの句に基づき、聖霊も神的実体であると彼は確定する。[118]

　第三に、聖霊が神的実体なら、「聖霊の実体は、御父や御子の実体と同様、永遠、不変である」（DT, IV,xxi,30）[119] とある通り、聖霊は神的属性である不変性と永遠性をも担う。また、この三者の永遠的性質は、御子を永遠にもうけることと聖霊の永遠的発出の根拠となる。したがって、「時間のない（sine tempore）」所で生起したことなのであるから、「御子が生まれた時、聖霊はすでに発出していたかどうか」という質問は意味をなさない（DT, XV,xxvi,47）[120]。これらは時間的前後という概念で考察できないのである（DT, XV,xxvi,47）[121]。このように、聖霊も神としての充全な性質を持つことが分かると、御父と御子の関係は不変、永遠であることの理由がより鮮明になる。つまり、その関係を支持しているのは聖霊であり、聖霊の

117　Cf. Farrer, A., *Saving Faith*, p.129; Moltmann, J., *The Trinity and the Kingdom of God*, p.142.

118　「存在（esse）」とは、一般的には「実体（substantia）」であり（DT, V,viii,9）、厳密には「本質（essentia）」である（DT, III,xi,21）。しかし、これらの用語以前は、ラテン語を用いた古代の人は「性質（natura）」と言った（DT, VII,vi,11）。これらは、ギリシャ語の ousia に当たる（DT, V,viii,9）。ともかく、彼はこれらをほぼ無差別に用いた（Cf. DT, I,ii,4; II,xviii,35; V,ix,10; VII,iv,7; XV,xix,37）。

119　Cf. DT, I,vi,10; I,vi,13.

120　Cf. DT, XV,xxvi,45：「神である崇高の三位一体においては、時間の間隔というものがない」。

121　Cf. DT, V,xv,16.

「交わり自体が実体的で永遠である」ためである（DT, VI,v,7）[122]。御父と御子の関係の永遠の性質は、その交わりを取り持つ聖霊の永遠性に直結しているのである。

(d) 三位の一体性

では次に、いかなる意味でこれらの三位格は一体であるのか。

まず、アウグスティヌスは、三位一体の神の属性は時空に関係なく、存在論的に一つであることを強調する[123]。三位一体の愛の関係で例証したように、「子をもうける者と子としてもうけられる者は一つ（unum）であるのと同様、遣わす者と遣わされる者は一つである」（DT, IV,xx,29）という時、この「一つ」は道徳的一致を示しうるが、神の性質は時空を超越する点を考慮すると、三位一体とは「三つの物体（corpus）でも結合物でもない」（DT, VIII,ii,3）[124]と述べているように、より形而上学的な一致を示唆している。したがって、「この三位一体においては、二つないし三つの位格は一つの位格よりも大きくない」（DT, VIII,i,2）し、「これらの三つ位格を合わせても、一つの位格と等しい」（DT, VII,vi,11）[125]。この意味で、「三位一体は唯一の真の神であり、御父と御子と聖霊は同一実体ないし本質（substantia uel essentia）である」（DT, I,ii,4）[126]。

122　Cf. DT, XV,xxvii,50:「（御父と御子の）両方の霊は、御父と御子の間の同じ実体からなる交わりである」。

123　Cf. Schmaus, M., *Die Psychologische Trinitätslehre des Heiligen Augustins*, p.101.

124　これは、神の偉大さ、善、全能、光、賢さなどの属性に関しても言える（DT, V,viii,9; VII,iii,6; VII,iv,9）。

125　Cf. DT, IV,xxi,31; VII,vi,12; VIII,Pre.,1; VIII,ii,3; XV,xxiii,43.

126　DT, IV,xxi,30 で彼は、これらの点を簡潔にまとめている。さらに、この一体性の聖書的根拠を創世記一八章一節－一三節（「アブラハムは確かに三人の人に語りかけたが、単数形で主と呼んでいる」[DT, II,xii,21]）、ローマの信徒への手紙一一章三六節（「神から」、「神を通して」、「神において」と三人の行為者がいるが、単数形で「彼に栄光が永遠にあれ。アーメン」と言われている［DT, I,vi,12; II,xv,25; V,viii,9; VI,v,7; VI,x,12; XIV,xii,16］）、テモテへの手紙

さらに、外界に対しても、「三位一体は神のすべての業において、不可分に働く」（DT, I,v,8）[127]。神のこの形而上学的一体性は、被造物における一見可分に見えるすべての業の基盤を成している。「御父の声、御子の肉、聖霊の鳩」は一見各々三位格に割り振れそうであるが、それらは三位一体全体による業なのである（DT, IV,xxi,30）。「それ自体不可分の三位一体は、可視の形を通して別々の状態で現れうる」（DT, IV,xxi,30）[128]。逆の見方をすると、時空を超越した存在として三位一体は、時空下にある被造物を通して不可分の状態で認知することはできない。このため、「ある位格の名が呼ばれる時、その他の（二つの）位格もそこにいると理解されるのである」（DT, I,x,21）[129]。

三位の一体性は被造物を通して不可分の状態で認知できないが、その理解を深める可能性はなお開かれている[130]。

一の六章一四節——一六節（神は単数形で讃えられている［DT, I,vi,10］）に求めている。

127　Cf. Schmaus, M., "Die Spannung von Metaphysik und Heilsgeschichte in der Trinitätslehre Augustins," *Studia Patristica Vol.VI Part IV*, p.510.

128　Cf. DT, I,vi,12; I,viii,15; II,i,3（この三つは御父と御子の不可分の業について述べている。）; II,v,9; II,x,18; IV,xxi,30.

129　Cf. DT, I,xii,25:「この三位一体のそれぞれ一つ（の位格）について言われることは、同様にして、そのすべて（の位格）についても言われるのである。これは、同一なる実体の不可分の働きのためである」。彼の一体性の強調によりハルナックは、「アウグスティヌスは、巧妙な異なる種々の概念の助けを借りて、ただ様態論者になりたくないというだけの理由で、様態論を乗り越えた」（Harnack, A. v, *History of Dogma Vol.4*, p.131.n.）と主張する。しかし、ウルフソンが論じるように、「これは裏付けのない想定である。……アウグスティヌスにとって三つの位格はそれぞれ神であり、三つの金の像の類比で示したように、それぞれ実在の個人である」（Wolfson, H. A., *The Philosophy of the Church Fathers*, pp.358f.）。このことは、本章冒頭に記した彼の神学的前提からも明白である。『三位一体論』はアリウス主義者に対して、神の一体性を擁護しようとしている点も忘れてはならないであろう。

130　Cf. Schmaus, M., *Die Psychologische Trinitätslehre des Heiligen Augustins*, p.185.

第三節　三位一体の痕跡

　アウグスティヌスは、その可能性を探るために人間の内的事柄に注意を向ける。その「内的事柄のうちに神がいる」（DT, VIII,vii,11）からであり、また人間は「被造物のなかに三位一体の痕跡（uestigium）を認める」（DT, VI,x,12）ことが可能であり、そこに三位一体を認識する鍵が潜んでいるからである。彼は死すべき人間が、内的事柄を通して神を認識する時に用いられる手段を「類比（similitudo）」と言う（DT, V,viii,9）[131]。類比による説明がなければ、人間の弱い知性には三位一体は深遠過ぎて理解できないのである。[132]

（a）人間の知性における痕跡

　まず、三位一体の痕跡は、人間の知性、すなわち、知性と知識と愛に見られる。[133]先程の「愛する者と愛される者と愛」という類比には、実は三位性に関する欠落点がある。「誰かが自分自身を愛するなら、愛される者と愛する者は同一であるため、愛と愛される者の二人しかいない」ためである（DT, IX,ii,2）[134]。したがって、アウグスティヌスは「人間の実体の言

131　Cf. DT, II,xviii,35.

132　Cf. DT, IX,ii,2:「私たちの知性の弱さによって私たちは、おそらく、（三位一体の）似像を（三位一体の神御自身よりも）一層身近な形で、容易に見つめる」。

133　Cf. Morgan, J., *The Psychological Teaching of St. Augustine*, pp.234ff.; Schmaus, M, *Die Psychologische Trinitätslehre des Heiligen Augustins*, pp.210ff.; Sullivan, J. E., *The Image of God*, pp.100f.「知性（mens）」の定義については、cf. DT, X,v,7:「知性とは、判断を下すための合理的な理解（rationalis intellegentia quae seruatur ut iudicet）のこと」。また、cf. Burnaby, J., "Introduction," *Augustine: Later Works*, p.34; Schmaus, M., *Die Psychologische Trinitätslehre des Heiligen Augustins*, p.221.

134　Cf. Schmaus, M., *Die Psychologische Trinitätslehre des Heiligen Augustins*, p.227; Sullivan, J. E., *The Image of God*, p.117.

わば頭であり、人間の中心的部分である知性（mens）」における類比に向かう（DT, VI,ix,10）。彼によると、「知性がそれ自身を愛する時、二つのこと、知性と愛（amor）が明らかになる」（DT, IX,ii,2）。しかし、「知性はそれ自身を知ることなく愛することはできない」（DT, IX,iii,3）[135]ので、ここに知性と愛と知識の「三つ組（tria）」が見られる」（DT, IX,iv,4）[136]。知性が物体でも神でもなく知性そのものとしてそれ自身に愛され、知られるに値する程度に、それ自身を愛し、知る時、知性はそれ自身を知るのと同程度にそれ自身を愛すると言う意味において、この三つは等しい（DT, IX,iv,4）。また「知性はそれ自身を愛し、知り、この三つは知性が他の何物にも愛されず、知られないように存在している」ためこの三つは一体である（DT, IX,iv,7）[137]。

さらに、アウグスティヌスは、知識の生まれることと愛の発出をも指摘する。言葉という形において知識は、知る主体と知られる客体から生まれる（DT, IX,xii,18）[138]。しかし、愛は生まれるとは言えない。愛とは「（知ろうと）求める気持ちの中に潜む願望であり、求める人から発出する」（DT, IX,xii,18）ものであり、「知性から生まれた私たちの言葉と知性とを結び付ける」（DT, IX,viii,13）ためである[139]。明らかに彼はここで、知識である生まれた「言葉」と御子、知性から発出して言葉と知性を結び付ける愛と聖霊の機能的類比を示している。この意味で、この類比は三位一体の痕跡を首尾よく表しているが、類比できていない点はその無時間的性質である。人間の知性においては、知りたいという願望は知識の生起に先立つからである（DT, IX,xii,18）。

135　Cf. Schmaus, M., *Die Psychologische Trinitätslehre des Heiligen Augustins*, p.230. 知性が、それ自身を知るように要求されている理由については、cf. DT, X,v,7.

136　Cf. Schmaus, M., *Die Psychologische Trinitätslehre des Heiligen Augustins*, pp.235ff.

137　Cf. Sullivan, J. E., *The Image of God*, pp.118ff.

138　Cf. Sullivan, J. E., *The Image of God*, pp.121f.

139　Cf. Sullivan, J. E., *The Image of God*, pp.122f.

この欠落点を補填するため、彼は知性における別の痕跡、すなわち記憶と理解と意志に言及する（DT, X,xi,17）[140]。彼は、意志により利用される記憶と理解に焦点を当てる。「私が知っているものを私は記憶している。したがって、私は私の理解全容を記憶している。……しかし、知らないことは記憶していない。……したがって、理解しうるどんなものでも私が理解していないのなら、私はそれらを記憶してもいないことになる」（DT, X,xi,18）と述べているように、知性における記憶は理解と深く関連している。特に、それ自身の記憶と理解においては一層そうであるため、「時間において一方が他方に先立つとは言えない」ほどである（DT, X,xii,19）。ここでは、記憶と理解における時間的優先性を決定する困難さと、御子の誕生と聖霊の発出の時間的序列化の不可能な点が類比されている。一方で、彼は三位一体の無時間的性質の合理性を擁護するために、被造物においても記憶と理解のように、時間的順序において先行性を決定し難い事柄があることを指摘し、他方、その無時間的性質の不可解さを認めるゆえに、再び「知性が時間において学ぶ主題、時間において生起する主題」に戻る（DT, X,xii,19）。

（b）外的人間における痕跡

アウグスティヌスは、内的、精神的事柄をより容易に理解するため、「外的、物体的物事から類比の例を取り」、体に感覚を持つ外的人間における三位一体の痕跡の解明を試みる（DT, XI,i,1）[141]。その際まず、物体を見る時にその外的人間において生起することを取り上げる（DT, XI,ii,2）。

物を見る時、三つのもの、「見られる物体の形（species corporis）、視像（uisio）または、形成された感覚であり、感覚に刻印された像（imago）、

---

140 これらの三つは、若者の才能と性格に関して洞察を得る時に、参照される性質である（DT, X,xi,17）。Cf. Schmaus, M., *Die Psychologische Trinitätslehre des Heiligen Augustins*, pp.264ff.; Sullivan, J. E., *The Image of God*, pp.124ff.

141 Cf. Schmaus, M., *Die Psychologische Trinitätslehre des Heiligen Augustins*, pp.201ff.; Sullivan, J. E., *The Image of God*, pp.94ff.

感覚を感覚しうるものに向け、そこに視像を固定する精神の意志（uoluntas animi）」（DT, XI,ii,5）[142]が認識される。見られる物体は「生きた存在の性質に属さず」、視像は「体（の感覚に）において生起するような形で」生きた存在の性質に属し、意志は精神に属するため、これら三つは同一実体ではない（DT, XI,ii,5）。三位一体との唯一の類似は、意志が物体と視像を結合する聖霊的な役目に限られている[143]。

次にアウグスティヌスは、外的人間における一層内的なものへ、人間の感覚により認知される物体的な物から、物体が取り去られても像が残る記憶へと注意を向ける（DT, XI,iii,6）[144]。ここで三つ組は、記憶の中の像、内的視像、意志となる[145]。この機構を解説する際、三段階からなる「想起（recordatio）」の概念が導入される[146]。

(1) 想起しようと欲するものは、私たちがすでに記憶したものであるため、記憶の中に保持されている（DT, XI,vii,12）[147]。
(2) 記憶が保持しているものから「精神の目（acies animi）」が形成され、不在の物が思い描かれる時、「類似の内的視像（intus similis uisio）」が現れる（DT, XI,iii,6）。
(3) 意志は想起の精神の目を記憶へ向ける役目を果たし（DT, XI,iii,6）、

142　Cf. DT, XI,ii,2.
143　Cf. DT, XI,iv,7.
144　この類比はより内的であるが、依然として外的人間に属している（DT, XII,i,1）。Cf. Sullivan, J. E., *The Image of God*, pp.97ff.
145　彼は、これらの三つを合わせて「思索（cogitatio）」と呼ぶ（DT, XI,iii,6）。
146　本章冒頭で述べたように、彼にとって、「想起する（recordari）」という性質を神に直接当てはめることは間違いである。想起は、ただ痕跡を示すために利用されているに過ぎない。
147　Cf. DT, X,iv,6:「私たちは、一般に、私たちから離れ去ったものを、知性に呼び戻そうとする。しかし、それは完全に抜け去ったものではない。それを呼び戻した時、私たちは、それが探しているものであると再認識（recognoscere）できる」。Cf. also Hölscher, L., *The Reality of the Mind*, p.71.

記憶の中の物体の像と、思い描いた視像とを結び付ける（DT, XI,iv,7）。

　ここから、アウグスティヌスは二つの考察を導く。第一に、想起する意志は「私たちが記憶したもの」と「想起した時、思索の眼差し（acies cogitantis）において生起した視像」とから発出する（DT, XI,vii,12）。「もし、完璧完全に忘却したのなら、想起の意志は起こらない」はずである（DT, XI,vii,12）。ここで、意志と聖霊の役割の類比は、発出と、第一と第二のものを結合する点において顕著である。この結合機能は、次の第二の考察を引き出す。「ここでもまた、確かな一体性が三つのものから導き出される。それらのものは、今回は性質の差異によって分離されえず、同一実体である。この全体は内的であり、一つの精神であるためである」（DT, XI,iv,7）。つまり、先程の類比では明らかに、見られる物体は精神外にあったが、記憶は精神そのものに属するゆえに、三つとも精神に属する同一実体なのである。したがって、アウグスティヌスは、「想起の数と同じだけ、この種の三つ組が存在するのである。この三つが見られない所では、そのどの一つも見られないのである」と言い、この三つの一体性を強調する（DT, XI,vii,12）[148]。以上の痕跡を、三位一体との類比と共に表にすると次のようになる。

	第一	第二	第三	三位一体との類比
人間の知性における痕跡	知性	知識	愛	同等性・一体性・産出・発出・結合の聖霊的機能
	記憶	理解	意志	無時間的性質
外的人間における痕跡	物体	視像	意志	結合の聖霊的機能
	像	内的視像	意志	発出・結合の聖霊的機能・同一実体性

148　ここは、原文に従い直訳した。

このように、アウグスティヌスは被造物における三つ組の痕跡に、神の三位一体との類似点を探ったが、特に彼の想起の概念をノヴァティアヌスやキプリアヌスが御父と御子の間の和や同信者の和を表すために用いた概念、「和（concordia）」と比較すると、その特徴がさらに鮮明になる。[149]語源が示す通り「想起（recordatio）」は、あるものを「再び（re）」「心（cor）」に呼び返す、思い起こすことを意味し、「和（concordia）」は、複数の人が「共通の（con, cum）」「心（cor）」を保持していることを示す。想起においては、後に詳しく見るように、意志が永遠の真理の形相に基づき、記憶の中に思い起こされた内的視像を判断することが生じ、和においては、複数の人が同じ判断を下すことが起こる。両概念ともある判断を下すことを意味するが、想起においては行為者は一人であるが、和においては複数の人が必要である。この意味で、アウグスティヌスの三位一体論は個人主義的解釈の色合いが強い。一人の人間の精神において三位一体の痕跡を求めるからである。[150]

	Recordatio	Concordia
語　源	Re + Cor	Cum + Cor
意　味	想　起	和
行　為	判　断	判　断
行為者の数	単　数	複　数

149　ノヴァティアヌスやキプリアヌスの和の概念について、第二部第五章を参照。

150　Cf. Hölscher, L., *The Reality of the Mind*, pp.193ff., 特に p.200:「想起の行為は、……知性自体が過去において経験したことを、その同一知性が現在再経験するということ以外では説明がつかない」。Cf. also Gunton, C., *The Promise of Trinitarian Theology*, pp.42ff.

第四節　プラトン主義哲学[151]

　アウグスティヌスによると、三位一体の神の存在は永遠不変であり、三位一体性の痕跡は被造物において認知しうるが、彼は前者の議論に関しては主として聖書を根拠にし、後者に関しては聖書から独立し思索する。では、その思索の底流に潜むもの何か。彼の思想に対する影響を調べるため、存在と想起の概念を再検討しよう。

(a) 存在とプラトン主義哲学の非物体的神存在概念

　ジルソンが「常にそれ自身と同一で、永遠不変の実体そのもの (ousia) と考えるプロティノス的存在概念を、アウグスティヌスは御父なる神に当てはめた」[152]と述べるように、永遠不変の神的存在という概念はアウグスティヌスに特有のものではない。この意味で、彼の神概念は聖書とプラトン主義の共通概念に由来する。彼がプラトン主義の影響を受けた理由は、物体的神概念を持つマニ教哲学に対する知的不信にある[153]。その彼に神理解の別の枠組みを提示し、神は全く永遠不変で種々の範疇に拘束されない存在であるとの理解を助けたのがプラトン主義哲学である[154]。それゆえ、彼

151　ここでは、プラトン主義哲学の中に、プラトン自身の教え、中期プラトン主義、新プラトン主義を含め、広義にとる。

152　Gilson, E., *History of Christian Philosophy in the Middle Ages*, p.71. Cf. Dahl, A., *Augustin und Plotin*, pp.57ff.

153　Cf. Battenhouse, R. W., "The Life of St. Augustine," Battenhouse, R. W.(ed.), *A Companion to the Study of St. Augustine*, pp.27ff.; Berardino, A. D., *Patrology Vol.IV*, pp.345ff.,405ff.; Portali , E., *A Guide to the Thought of Saint Augustine*, pp.10ff.

154　Cf. Burnaby, J., *Amor Dei*, pp.29f.; Campenhausen, H. v., *The Fathers of the Latin Church*, pp.195f.,226; Chadwick, H., *Augustine*, p.23; Harnack, A. v., *History of Dogma Vol.5*, pp.110f.; Portali , E., *A Guide to the Thought of Saint Augustine*, p.99; Schmaus, E., *Die Psychologische Trinitätslehre des Heiligen Augustins*, p.85; Wassmer, T. A., "The Trinitarian Theology of Augustine and His Debt to Plotinus," *Scottish Journal of Theology* Vol.14 No.3, p.248.

は『三位一体論』の冒頭で、物体的な神理解を最初の誤謬に挙げる。

　彼のこのような理解は、存在の概念と、彼がテルトゥリアヌスの議論に従って、御父と御子の関係を語る時に用いる「所有する、持つ（habere）」という概念との関連の明確化に役立つ。テルトゥリアヌスにおいては、第一章で見たように、御父が御子を持つということは、前者は後者ではないことが強調される。両方共に神特有の仕方で物体的であり並立しているからである。しかし、アウグスティヌスの非物体的神理解によると、確かに「御父は御子を持つ」（DT, V,v,6）が、非物体的性質のため彼らは並立せず、存在論的に一つである。もっともこれは、御父は御子であることを意味しない。テルトゥリアヌスは、物体的概念としての所有概念を強調する結果、三位一体の神の序列化を避けられなかったが、アウグスティヌスによる「持つ」という概念の非物体的用法は、時空範疇から自由で、後に見るように、その属性の概念も包含する意味を持つ「存在（esse）」や「本質（essentia）」という用語の強調を招いた（DT, VII,v,10）。[155]

　プラトンは、不変、永遠、超越的イデア領域を、時間的、現象的感覚物体からなる領域と対比させる。アウグスティヌスは、神と人間をこの二元論的体系に位置付ける。神はイデアの領域に属し、人間は感覚物体の領域に属する。この体系では、神は「最高で不変の善（summum et incommutabile bonum）」（DT, III,ii,8）、三位一体の神は「最高善の神（summus summeque bonus deus）」と呼ばれる（DT, III,Pre.,1）。そして、この最高の善の性質は神御自身である神の存在と不可分である。[156] この善の性質をさらに具体的に言い換えると、神にとって存在することと幸いなること、善であること、偉大であること、正しいこと、強いこと、真実なこと、賢明なこととは同一である（DT, V,viii,9; V,x,11; VI,iv,6; VI,v,7; VI,vii,8; VII,i,1; VII,i,2; VII,ii,3; VII,iii,6; VII,iv,9; VIII,i,2; XV,v,8; XV,vi,9; XV,vii,12）。[157]

155　先に見たように、彼は「実体（substantia）」を法的含蓄を持った用語としてではなく、「本質（essentia）」の一般語として用いる（DT, III,x,21）。

156　Cf. Hodgson, L., *The Doctrine of the Trinity*, p.151.n.1.

157　Cf. DT, VIII,Pre.,1. Cf. also Bourke, V. J., *Augustine's View of Reality*, p.7.

どのような属性であろうと、最高の性質が神の属性であり、この意味で神が存在するということは、神が御自身にほかならないことである（DT, VI,vii,8）[158]。

神が最高の性質をまとっているということは、アウグスティヌスが「神の形（forma）によれば、御父が持つものはすべて彼（御子）のものである」（DT, I,xii,23）[159]と語るように、父なる神だけではなく子なる神にも当てはまる。例えば、「御父は御自身の内に命を持っておられるように、子にも御自身の内に命を持つようにしてくださった」という聖句[160]を解釈して、「御父はすでに存在していて（exsistere）まだ持って（habere）いない者に、御子が彼自身の内に持つようにと、命を与えたのではない。彼は存在する（esse）という事実によって、彼は命である（uita esse）ためである」（DT, I,xii,26）と語っているように、御子が存在することと命であることと命を持つこととは、同じことである。彼はこの原則を一般化し、御子の存在と所有に関する定式を提示する。「受肉前の神の子に関しては、彼が存在していることと彼が所有しているものは同一である（quod est id quod habet）」（DT, I,xii,26）[161]。このように、命という属性に関して、所有の概念は、存在の概念に包含されているのである。アウグスティヌスの体系にお

---

158 この意味でもまた、彼は「実体（substantia）」より「本質（essentia）」を好む。前者は属性を持った主体を表すが、彼の説く神はその属性と同一であるためである（Kelly, J. N. D., *Early Christian Doctrines*, p.272. Cf. Anderson, J. F., *St. Augustine and Being*, pp.14f.,20; Campenhausen, H. v., *The Fathers of the Latin Church*, p.227; Dahl, A., *Augustin und Plotin*, p.18; Hill, W. J., *The Three-Personed God*, p.60; Pelikan, J., *The Mystery of Continuity*, p.60; TeSelle, E., *Augustine*, pp.296f.）。つまり、神は、神の所有しているものである（Burnaby, J., *Amor Dei*, pp.39,147. Cf. Grabowski, S. J., *The All-Present God*, p.225; Schmaus, *Die Psychologische Trinitätslehre des Heiligen Augustins*, p.86.）。

159 Cf. ヨハネによる福音書一六章一五節。

160 Cf. ヨハネによる福音書五章二六節。

161 Cf. DT, VI,x,11: 御父なる神を反映している御子の像において、「知ることと、生きることと、存在することとは、同一であり、これらすべては、一つである」。

第二章　アウグスティヌスの三位一体論と「存在」概念

いては、三位一体の神における存在の概念が中心的位置を占めるゆえに、他の概念がそれに吸収されるのである。

(b) プラトン主義哲学の想起論

　アウグスティヌスによれば、上記の最高の性質はイデアの領域に属さない人間には統合されない。「人間精神（animus）において存在することは、強くあること、思慮深いこと、正しいこと、節度のあることと同じではない。人間精神は、これらのどの徳も持たずに存在しうるからである」（DT, VI,iv,6）[162]。これは知識についても同様である。「私たちの場合、存在することは知ること、賢くあることと同じではない……。私たちは他から学んだことにおいて知識や知恵を持たなくても存在しうるのである」（DT, XV,xiii,22）[163]。しかし、これは人間が最高の性質を持った永遠の形相とは全く乖離し、それに関して無知であることを意味しない。プラトン主義哲学の体系では、イデアの領域に属する人間の魂が想起（anamnesis）によってイデアを知ることができる。イデアは、魂が肉を取る前に魂の中に植え付けられており、記憶を覚醒することで再び知ることができる。この体系に基づき、アウグスティヌスは、人間の魂は「朽ち果てる体（corpus）に束縛され、種々雑多のこの世的思いを背負わされている」と論じる（DT, VIII,ii,3）[164]。しかし、魂は精神的実体であり（DT, II,viii,14）、変化するものの、「最高不変の善、つまり、神とその知恵や意志」に参与することができる（DT, III,ii,8）。この点を支持するために彼は直接プラトンに言及し、「ある高貴な哲学者プラトンは、人間の魂（anima）は体を持つ前から生きており、学んだものとは新しく知ったものではなく、むしろ、記憶して

162　Cf. Augustine, *A Select Library of the Nicene and Post-Nicene Fathers of the Christian Church First Series Vol.III*, p.100. Cf. also DT, XV,v,8:「人間においては、義であり、善であっても、祝福されていない霊がありうるのである」。

163　Cf. DT, XV,xv,24.

164　Cf. DT, IV,xi,14:「魂（anima）は、地上の体によって、押し込められている」。

（reminisci）いて知っていたものであることを説得しようとしたのである」（DT, XII,xv,24）と述べる。したがって、前述の「他から学んだこと」（DT, XV,xiii,22）には、魂が体を持つ前から知っていたイデアを含むと言える[165]。それは想起により再度知られ、こうして人間は存在すると同時に知るのである。

このように一方で、プラトン主義哲学的想起論が彼の想起論において、特に、外的人間における記憶と内的視像と意志の類比を扱った箇所（DT, XI,iii/vii）において明らかに反映されている。つまり、この類比における記憶は、「魂が体の感覚を通して自分自身のうちに吸収した形相（species）」（DT, XI,iii,6）を保持しており、この形相が知性の目の形成を引き起こす時、不在のものが思い描かれ、類似の内的像が現れる（DT, XI,iii,6）。記憶の中に保持されている形相と類似の像は意志により結び合わされる。この結合の機能が「思索（cogitatio）」である（DT, XI,iii,6）[166]。他方、彼は同時に、照明論に言及し、イデアを知る機能を持つ魂の先在性を修正し、「思索」の意味を展開する（DT, IV,ii,4; VIII,ix,13; IX,vi,11; XII,xv,24）[167]。私たちは、ある特定のものを「たとえ不在であっても私たちの記憶に保持された像を通して」想起し、その特定のものは私たちが理性の目を通して認知した「永遠の真理の形相（forma）に基づいて」判断される（DT, IX,vi,11）[168]。この修正された体系では、私たちの意志が知性の中で想起された類似の像を判断する時の基準は、魂が肉を取る前に知っていたものではなく、「不朽で最も健全な理性の光（lux）を私の知性の眼差し（aspectus）に投げかける不動恒久の真理それ自体の形相」である（DT, IX,vi,11）。つまり、意

---

[165] この知識は、「知性の隠された場所（abditum mentis）」に秘められている（DT, XIV,vii,9）。

[166] Cf. Schindler, A., *Wort und Analogie in Augustins Trinitätslehre*, p.205.n.65.

[167] Cf. Berardino, A. D., *Patrology Vol.IV*, pp.405,413,420ff.; Chadwick, H., *Augustine*, p.22. 照明は「言葉への私たちの参与」（DT, IV,ii,4）と定義される。Cf. also DT, XII,xv,24.

[168] Cf. Bubacz, B., *St. Augustine's Theory of Knowledge*, pp.146ff.

志の結合機能はさらに具体的にはこの「形相」による判断の機能である。したがって、トラペが簡潔に「神の照明が私たちの判断の確かさを確立し、普遍性と必然性という性格をその判断に帰す。このようにアウグスティヌスは、照明論を主張するのである」[169]と指摘している通り、想起をする外的人間において、神の照明における判断が行われているのである。

　アウグスティヌスは、三位一体の神を存在の概念に、その痕跡を人間の想起に位置付け、その際、プラトン主義哲学的枠組みを利用する。プラトン主義哲学は、神の非物体的性質の理解だけではなく、外的人間の想起における三つ組の解説をも助けた。また、非物体的性質に由来する神の一者性と、一個人において生起する想起の理論の強調が導く個人主義的傾向は、彼の神の像の議論をも方向付けている。

第五節　三位一体の神と人間

　アウグスティヌスの三位一体論理解の個人主義的傾向は、神と人間の関係理解にどう影響しているのか。また、その関係を示すものとして上記の類比以外のものがあるのか。神の像と人間の神への参与を中心にそれらを考察しよう。

（a）神の像

　アウグスティヌスは、人間に三位一体の痕跡が認められることを、神の像であることから区別する[170]。人間が神の像と呼ばれるに値する条件は、神御自身の性質、非物体性と永遠性によって決定されるのである。

　まず、物体的である人間の集まりは三人であってもなくても、神の像

169　Berardino, A. D., *Patrology Vol.IV*, p.421. Cf. Bourke, V. J., *Augustine's Quest of Wisdom*, p.217; Bubacz, B., *St. Augustine's Theory of Knowledge*, Chap.6. passim, p.214.

170　Cf. O'Donovan, O., *The Problem of Self-Love in St. Augustine*, pp.82ff.; Schmaus, M., *Die Psychologische Trinitätslehre des Heiligen Augustins*, pp.195ff.

ではない。確かに「人間は三位一体の像に従って造られたため、『私たちの像に』と言われた」(DT, XII,vi,6)が、神は一人であることを示す後続の「彼の像に」という単数形の句によりその意味は制限されるため(DT, XII,vi,7)、三位一体の神の像は一人の「人の中に(in homine)」(DT, XII,vi,7)見出されるべきである(DT, XII,vii,9)[171]。この個人主義的傾向は、コリントの信徒への手紙一の一一章七節の解釈でさらに強調される。ここから彼は、女性と異なり「男性は女性と一つに結び合う時と同様、完全に自分自身だけで神の像である」と説く(DT, XII,vii,10)[172]。しかし、これは男性がそのすべての点で神の像であることを意味しない。物体的な肉をまとっているからである[173]。

そこで次に彼は、人間の一層内的、非物体的なものに神の像を求める。「人間が神の像に造られたのは、体のかたちではなく、理性的な知性」においてである(DT, XII,vii,12)。しかし、確かに非物体的な人間の知性

---

171 Cf. コリントの信徒への手紙一の一一章七節。三人の人間における神の像を否定する別の理由については、cf. DT, XII,vi,8.

172 しかし、この点は後に若干修正している(DT, XII,vii,12)。「女性は、男性と同様神の像である。それゆえ、アウグスティヌスは『男性と女性の精神には共通の性質が見られる』(DT, XII,viii,13)と主張する」(McGowan, R. J., "Augustine's Spiritual Equality: The Allegory of Man and Woman With Regard To Imago Dei," *Revue des études Augustiniennes XXXIII 2*, p.259. Cf. O'Donovan, O., *The Problem of Self-Love in St. Augustine*, p.85; Schmaus, *Die Psychologische Trinitätslehre des Heiligen Augustins*, p.200.)。したがって、マゴワンは、アウグスティヌスは神の最高の像を永遠なものを観想する理性的性質にのみ見出すので(DT, XII,iv,4)、彼のコリントの信徒への手紙一の一一章七節の解釈を隠喩ととらえる(McGowan, R. J., "Augustine's Spiritual Equality: The Allegory of Man and Woman With Regard To Imago Dei," *Revue des études Augustiniennes XXXIII 2*, pp.259ff.)。

173 Cf. McGowan, R. J., "Augustine's Spiritual Equality: The Allegory of Man and Woman With Regard To Imago Dei," *Revue des études Augustiniennes XXXIII 2*, p.256:「アウグスティヌスは、すべての人間は、性別に関係なく霊的に等しいと考える。彼にとって、霊は肉体に関しては何も、隠喩的に反映しないからである」。

は、記憶、理解、愛の三つ組の座であるが、「知性の三つ組は、知性がそれ自身を記憶し、理解し、愛するゆえに神の像であるのではない」(DT, XIV,xii,15)[174]。非物体的な知性の内に三位一体が見出せたとしても、それが神の永遠性に関連しなければ、神の像と呼ばれるに値しないのである(DT, XII,iv,4)[175]。

したがって最後に彼は、永遠の神を観想する人間の知性に神の像を定める(DT, XII,iv,4)[176]。理性的な知性が神の像であるのは(DT, XII,vii,12)[177]、知性がまさしく「神を知り、知ることができる」からである(DT, XIV,viii,11)[178]。そして、この知識に基づき、「知性はその像の由来する神を記憶し、理解し、愛することができるのである」(DT, XIV,xii,15)。これが、「神を礼拝すること」(DT, XIV,xii,15)でもあり、これにより知性は他のものを凌駕し、神の像と呼ばれるに値するのである(DT, XI,v,8; XIV,viii,11)。このように、アウグスティヌスは、神を観想する個人の知性を強調するという点で、神と人間の関係は知的、個人主義的に定位されている。しかし、彼は神の最高の像を「神を記憶し、理解し、愛すること」と動詞形で表し、それを「礼拝すること」と言い換えているように、彼の神の像理解は動的でもある[179]。このような動的な人間に対して、神は静的なままでいる

---

174 Cf. DT, XI,v,8; XIII,xx,26.

175 Cf. DT, XIV,ii,4.

176 Cf. DT, XII,vii,10. Cf. also Sullivan, J. E., *The Image of God*, pp.44ff.,pp.136ff.

177 Cf. DT, XV,i,1. 知性と魂の関係は、cf. DT, XV,vii,11:「魂の中で傑出している部分が知性である」。

178 Cf. DT, XII,vii,12: 理性的な知性が「神の知識の宿るところである」。この聖書的根拠については、cf. DT, XI,i,1（コロサイの信徒への手紙三章一〇節、コリントの信徒への手紙二の四章一六節）;DT, XII,vii,12（コロサイの信徒への手紙三章九節－一〇節）。

179 Principe, W. H., "The Dynamism of Augustine's Terms for Describing the Highest Trinitarian Image in the Human Person," *Studia Patristica Vol.XVII Part Three*, pp.1291-1299. アウグスティヌスの最後の祈りは、実にこの神の像の動的理解と呼応している。「あなたを覚え、理解し、愛したいのです」(DT, XV,xxviii,51)。

のではない。彼の参与という概念がこの点を明確にしている。

(b) 人間の神への参与

　アウグスティヌスは、神の偉大さについて、「神は偉大さに参与している者（particeps）ではなく、参与（participatio）によって偉大なのでもない。もしそうなら、偉大さは神より偉大であることになる」（DT, V,x,11）[180]と論じる。彼の理解では、参与される者は参与する者より偉大なのである[181]。したがって、三位格の場合、参与による関係は否定される。例えば、御父と御子の一体性は、聖霊において「平和の絆（uinculum pacis）によって[182]、参与ではなく神御自身の本質（essentia）によって、誰かのより優れた賜物ではなく神御自身の賜物（donum）によって」保たれている（DT, VI,v,7）。御父と御子の一体性は聖霊によって保たれているのであり、その聖霊は御父と御子の参与している者ではなく、同一の本質を成している。もし、御父と御子が聖霊に参与しているのなら、御父と御子は聖霊より小さい者となってしまうのである。しかし、神は人間より偉大であり、人間と神との関係は人間の神への参与という概念により表現しうる。例えば、人間の知性は神の照明に基づく永遠の真理に形相にしたがって判断を下すことを先に見たが[183]、神の照明に基づくとは、アウグスティヌスによれば「言葉、つまり人間の光である命の言葉に対する私たちの参与」を意味する（DT, IV,ii,4）。この命の言葉に対する私たちの参与とは、何を意味するのか、さらに具体的に考察しよう。

　まず、それは、人間が神の不死に参与することを意味する。これが可能になるのは、恵みによって「神の御子が私たちの死の参与者となった」

180　この原則は、他の属性、知恵、善、永遠、全能などについても当てはまる。Cf. DT, V,x,11; XIV,xii,15.
181　Cf. Bourke, V. J., *Augustine's View of Reality*, p.117.
182　Cf. エフェソの信徒への手紙四章三節。
183　Cf. 前節。

第二章　アウグスティヌスの三位一体論と「存在」概念

からである（DT, XIII,ix,12）[184]。神の御子は、本質上人間より小さくないが、人間の死を共有したのは、彼が「自分自身よりも小さい」（DT, II,i,2）僕の形を取ったからである[185]。具体的に、この不死への参与とは「キリストの復活への参与」（DT, IV,vi,10）であり、人間は御子の不死と復活を通して「彼の永遠の命の参与者となったのである」（DT, I,vi,10）[186]。

　神から存在を受けるだけでなく（DT, VIII,iv,6）、神の永遠の命に参与する人間が神格化することを、彼はここで意図しているのか。答えは一方で、否である。神においては、存在は最高の属性の所有と同一であるが、「私たちの参与する永遠の命と、それに参与して私たちが永遠に生きることとは別のことである」（DT, I,vi,10）[187]から、人間においては存在は神の属性に参与しており、それゆえその属性とは同一ではなく、むしろ依存しているため、人間の存在は神の存在から、性質上、明確に区別されるからである（DT, IV,ii,4）。しかし、その答えは他方で、然りでもある。神と人間の性質上の区別にもかかわらず、恵みによって不死などの神固有の属性が人間に賦与される限り、人間は神のようになるからである[188]。

　では、参与される神はどうなるのか。アウグスティヌスによれば、堕落にもかかわらず人間は神に参与できる点で、神の像を残している（DT, XIV,iv,6; XIV,viii,11）。その結果、人間は改革と刷新の道を歩むのである

184　Cf. DT, IV,ii,4: 御子は、「私たちの可死性の共有者となることによって、私たちを御自身の神性の共有者としたのである」。

185　この場合、御子はその原初の性質を失わない（DT, XIII,x,13）。Cf. DT, IV,viii,12.

186　これは、ヨハネによる福音書一七章三節の解釈による（DT, I,viii,17; I,xiii,30; I,xiii,31; IV,xviii,24; VI,ix,10; XIV,xix,25）。

187　Cf. Burnaby, J., *Amor Dei*, p.178.

188　Cf. Armstrong, A. H., *St. Augustine and Christian Platonism*, p.9; Bonner, G., "Augustine's Conception of Deification," *The Journal of Theological Studies New Series Vol.37*, pp.369-386; Bonner, G., *God's Decree and Man's Destiny*, I-pp.157f.,II-pp.291f.,III-pp.512f.; Sullivan, J. E., *The Image of God*, pp.55ff.

(DT, XIV,xvi,22)[189]。他方、神の存在は永遠の命を人間に賦与したにもかかわらず、何の変化も受けず、その「神の単純性（simplicitas）」[190]においては、「形成（formare）」も「改革（reformare）」もなく、ただ「形相（forma）」があるだけである（DT, XV,xvi,26）。そして、それ自身は永遠で不変の実体である。

このようにアウグスティヌスは、三位一体の神と人間の関係を扱う時も、神の存在の非物体性と永遠性を強調する。これにより神の像は個人主義的、動的色調を帯びたことを見たが、人間の神への参与を論じる時、人間のその動的な神の像に呼応する神の側の性質も提示されている点に留意すべきである。すなわち、一方で、神は不変の実体であるが、僕の形を取った御子において動的に人間界に介入し、人間の死に参与し、人間に不死を賦与し、改革の道を進ませる。このように、人間の動的側面を強調する神の像の教理と、神の御子における動的介入に基づく参与の教理は呼応関係にあると言えるであろう。

第六節　アウグスティヌスの三位一体論

アウグスティヌスは、神の存在と属性が御子をもうけることと発出により御子と聖霊にも共有され、参与を通して人間にも限定的に賦与されることを明示し、被造物における三位一体の痕跡のしくみを明確にした。これらの解説における彼の思考過程の練達さは、彼が神を言語的に分析可能な概念と見なしていたことを示唆しているのであろうか。最後に、彼の三位一体論のもう一つの側面に光を当て、その全体像を明示しよう。

189　彼の最後の祈りは、この点を明示している。「私を完全に改革するまでは、これらの賜物（神を覚え、知り、愛すること）を私に与えてください」（DT, XV,xxviii,51）。Cf. DT, XIV,xvi,22; XIV,xvii,23.
190　神が、人間の参与によっても不変であることについては、cf. DT, V,xvi,17; XIV,xiv,20.

(a) 事柄そのもの

アウグスティヌスは、神の三位一体性を種々の用語や概念を駆使して解説した。一方で、それは、彼の分析の厳密さと多様性を、他方で、その定義の困難さと神秘を明示している。この後者を彼は熟知していたので、「最高善なる神は、信仰の義によって全く清められ、養われた知性によって、事柄そのものから認知される」(DT, I,ii,4)[191]と『三位一体論』の冒頭で述べている。ここで強調されている「事柄そのもの」と「知性の清め」とは一体何なのか。

神を解説するために、人間の言語は不適切であることを彼が悟っていたことを考慮するなら (DT, V,ix,40)、事柄そのものとは、神御自身に関するそれ自体としか言い表しようのない神御自身の事実、現実、つまり神の本質と考えられる。いかに多種の概念や用語に依存しても、結局のところ人間は神をより一層知るためには神御自身に直面するしかないのである[192]。聖書を精査した後、彼は神の現実とは三位一体であるとの結論を提示する (DT, XV,xxiii,43)。しかし、三位一体は被造物における痕跡を通して、人間の感覚に知らすことができたが (DT, II,xviii,35)[193]、本質的に三位一体の神は、非物体性のゆえに目に見えず (DT, I,vi,11; II,ix,16; III,xi,21; III,xi,26; VIII,iv,6)、言語に絶する (DT, V,i,1; V,i,2; V,iii,4; V,ix,10; VII,i,2: VII,iv,7; XV,xxvii,48; XV,xxvii,50)。「神について考えられることは、語られることよりも真実で、神の存在 (esse) は考えられることよりも真実である」ためである (DT, VII,iv,7)[194]。事柄そのものである神は、人間の通常の言語を

191　Cf. DT, XV,i,1.「事柄そのもの (res ipsa)」は『三位一体論』で頻出する語ではないが、第一巻と最終巻の冒頭で明示され、彼が解説するのはこの事柄そのものであることを示唆している点で肝要な語と言える。

192　同様の見解は、テルトゥリアヌス『プラクセアス反論』にも見られる (AP, 3)。

193　この例として彼は、ペンテコステにおける聖霊による目に見える印を挙げる (DT, II,v,10)。

194　この言語に絶する性質は、聖霊による御父と御子との交わりに関しても言える (DT, V,xi,12)。

貧弱にする[195]。

したがって次に、彼は事柄そのものを認知するために、知性の清めの必要性を説く[196]。繰り返し彼は、人間の心、魂、知性が、信仰によって清められなければならないと説く（DT, I,ii,4; I,viii,17; I,xii,27; I,xiii,30; I,xiii,31; IV,xxi,31; VIII,iv,6; XIII,xx,25）。「言語に絶するものを言語に絶する方法で見るためには、魂の清めが必要なのである」（DT, I,i,3）。つまり、このように事柄そのものだけではなく、清められた知性による認知の仕方も言語に絶するものであり、この認知はそれを「私たちが顔と顔とを合わせて見る時、つまり、この命の後に完成される」のである（DT, IX,i,1）[197]。このように見ると、彼の三位一体論は既存の信仰という前提なしに神の三位一体性を証明する試行というより、むしろ、信仰と清められた知性に基づく解説ということができる。「私たちは（三位一体の神を）理解する前に、信じなればならないのである」（DT, VIII,v,8）[198]。

（b）三位一体の神と人間の共同体

アウグスティヌスは、神の像の理解において個人主義的見解を提示したが、三位一体を専ら個人的思索や観想に資するだけのものと考えていたのではない。特に、御父と御子の間の交わりである聖霊は、人間の共

195　Cf. DT, IV,xxi,30.
196　Cf. Schmaus, M., *Die Psychologische Trinitätslehre des Heiligen Augustins*, p.174.
197　彼は、人間が神を「顔と顔とを合わせて見る」ことを「観想（contemplatio）」と呼ぶ（DT, I,viii,17）。つまり、信仰は時間的観点から見た働きで、観想は永遠の観点から見た働きである（DT, IV,xviii,24）。Cf. DT, I,x,20; II,xvii,28; IV,xix,26; XII,iv,4; XII,vii,10; XII,xiv,22; XIII,xix,24; XV,iv,6; XV,xxv,45.
198　Cf. DT, VII,vi,12. この立場は殆どあらゆる教父に共通する（Cf. Berardino, A. D., *Patrology Vol.IV*, p.19. Cf. also Hill, E., "St. Augustine's *De Trinitate* The Doctrinal Significance of its Structure," *Revue des études Augustiniennes XIX 3-4*, p.280; Hodgson, L., *The Doctrine of the Trinity*, pp.147f.; Schindler, A., *Wort und Analogie in Augustins Trinitätslehre*, pp.172f.; Schmaus, M., *Die Psychologische Trinitätslehre des Heiligen Augustins*, pp.169ff.）。

同体の形成に関して意義深い役割を担っている。彼の重視した用語「固有（proprius）」や「共通（communis）」とそれらの派生語は、この役割を適切に表している。

　まず第一に、彼は、「固有」という用語を神に関して用いる（DT, I,i,2; II,xvii,32; V,x,11; VII,v,10）。時空の超越性など「固有の意味で（proprie）」神に属するものは、神以外の存在には属さない（DT, V,viii,9）。その語はまた、ある位格に固有なものは、他の位格には属さないという意味で、各位格（DT, I,vi,10; II,xv,26; IV,xxi,30; V,xi,12; VI,x,11）、御父（DT, I,vi,12; II,ix,15; IX,i,1）、御子（DT, II,x,19; III,xi,27; IX,i,1; XV,xvii,31）、聖霊（DT, I,viii,18; III,xi,27; IV,xx,29; V,xi,12: VII,iii,6: VII,iv,7; VIII,Pre.,1; IX,i,1; XV,xvii,29; XV,xvii,31; XV,xviii,32; XV,xix,37; XV,xxvi,45）についても用いられる。しかし、神に固有なもの、「神の属性としてふさわしく思えるあらゆるものは、一人の神である三位一体全体と、その三位一体における各位格についても当てはまる」（DT, XV,v,7）ため、三位格のそれぞれにも固有であり、したがって、それらは三位格に共通であるとも言いうる点と、各位格はその位格にのみ固有なもの、父であること、御子がもうけられること、聖霊の発出する点とを考慮すると、各位格は同時に、共通なものと固有なもの、同時に相反する概念を保持していることになる。このことは、「固有」や「共通」という用語の定義からも明白である。[199]

　交わりとしての聖霊という概念がこの議論に入ると、神の「事柄そのもの」はこれらの用語によっても明確に分析しえなくなる。聖霊は、御父と御子の間の交わりであるゆえに両方に共通であるが、聖霊は御父と御子の間の愛と固有の意味で呼ばれる（DT, XV,xix,37）。つまり、聖霊は愛の交わりとして二つの位格に共通であり、かつ愛は聖霊御自身に固有なのである。聖霊は、「共通の意味で（communiter）」言われることが「固有の意味で（proprie）」も言われるのである（DT, V,xi,12）。[200] 聖霊は共通のものと固

199　Cf. "communis," "proprius," Glare, P. G. W.(ed.), *Oxford Latin Dictionary*, pp.369,1495.

200　Cf. DT, XV,xix,37.

有のものではなく、同時に共通かつ固有なものを保持しているのである。
したがって、聖霊は「固有」や「共通」といった概念だけでは分析や定
義が困難で、その交わりの性質は言語に絶すると言われるのである（DT,
V,xi,12）。

　第二に、彼はこの議論を人間の共同体の形成の仕方に反映させる。「す
べてこれらのもの（聖霊の賜物）は同一なる霊の働きであり、御旨のまま
に各人に固有のものを分配する」（DT, XV,xix,34）[201]という聖句から、各人
は固有の賜物を配分されると同時に、賜物御自身である、他者とも共通な
る不可分の聖霊をも持つと解釈する（DT, XV,xix,34）。聖霊は各人に固有
の賜物を与える一方、御自身である共通の賜物を与えるため、ここにまた
言語に絶する交わりが人間の間にも存在する。この分配されるにもかかわ
らず不分割の賜物である聖霊こそがキリストに連なる構成員一人ひとりを
一つにし、共同体を形成するのである。

　具体的には、共同体の一体性を保持するものは、聖霊の交わりの愛に由
来する隣人愛である。この愛による共同体の形成は、まず「与えられたも
のは、与えた人と同様、与えられた人とも関係を持つ」（DT, V,xix,15）こ
とから生じる。人間は聖霊を受けることによってそこに関係が生じ、聖
霊は「御父と御子を結び付け、私たちを彼らに引き付ける」（DT, VII,iii,6）。
次に、人間はこの愛に刺激され、神と人間との間の愛の関係を人間の相互
関係に反映させて、隣人をも愛するようになる（DT, VI,v,7）[202]。したがって、
「私たちは神と隣人とを同一の愛から愛する」（DT, VIII,viii,12）[203]。人間が
神と隣人を愛するとは、人間が神御自身である愛を愛し、隣人を愛する時
の愛を愛することを意味するからである（DT, VIII,viii,12）。最後に、一つ
なる聖霊の働きにより、人間は「愛の炎によって一つの霊に融合される」
（DT, IV,ix,12）。神の三位はその実体と意志において一つであり、聖霊によ

201　Cf. コリントの信徒への手紙一の一二章一一節。
202　Cf. DT, XIV,xiv,18; XV,xviii,32; XV,xxvi,46.
203　Cf. Augustine, *A Select Library of the Nicene and Post-Nicene Fathers of the Christian Church First Series Vol.III*, p.124.

る「愛の共同体（dilectionis societas）」を保つが（DT, IV,ix,12）、人間は数的に一つになれないので、神の一体性に関して反映するものは意志ないし信仰の一体性である（DT, XIII,ii,5）。このように、三位一体、特に聖霊は、人間の一致が御父と御子の間の聖霊の交わりの愛に基づいているという意味で、人間の一致の形成に大きく関係している。この点を強調するために、彼はさらに聖霊を通して「神の愛が私たちの心に注ぎ込まれ、三位一体全体が私たちのうちに住む」（DT, XV,xviii,32）とまで言う。ここで人間は人間における一致だけではなく、三位一体にも包含された至高の一体性に達するのである。

　アウグスティヌスは、前述の個人主義的傾向にもかかわらず、このような共同体的理解をも示している。しかし、これらは矛盾していない。健全な共同体は無名人からなる塊ではなく、全体性へと吸収されないような個人的人格を持った構成員からなり、「その人々の人格間の関係から成長する」からである。[204] 彼はこの点を明確に表現していないが、彼の知的思考方法がこの二連の理解の背後に潜んでいる。

（ｃ）プラトン主義哲学的キリスト教神学者アウグスティヌス

　アウグスティヌスの三位一体論は基本的に聖書釈義に基づいているため、聖書の多様性が彼の見解にも反映されている。コリントの信徒への手紙一の一一章七節に基づき、神の像の個人主義的理解を示したかと思うと、同手紙一の一二章一一節に基づき、聖霊の共同体的愛に由来する人間の共同体的性質が説かれる。ここで特に重要なことは、個人主義的見解はキリスト教的唯一神論と順応し、プラトン主義哲学の枠組みにも当てはまるが、共同体的な神の像理解は、神に遡及して思考される時、キリスト教唯一神論を危険に晒すため、彼は神や人間の共同体的性質を支持するために、共同体的枠組みに依存できず、個人主義的理解の方向へ進んだ点である。[205]

204　Hölscher, L., *The Reality of the Mind*, p.205.
205　ノヴァティアヌスはストア哲学の宇宙観を利用し、三位一体の和の理解を進めたが、アウグスティヌスは御父と御子の関係概念——これは、アリ

では、どのような意味でプラトン主義哲学的枠組みは個人主義的なのか。第一に、アウグスティヌスは「存在」の概念が「所有」の概念を包括すると見なした。このプラトン主義哲学的思考方法によると、御父が御子を持つという時、それらは存在論的にその本質において一人なのである。この他、プロティノスによっても提唱された神の永遠の性質により、アウグスティヌスは永遠の観想に携わる個人の知性を神の像と見なした[206]。第二に、個人主義的傾向は、プラトン主義哲学の想起論に由来する人間の知性における想起論に見られる。テルトゥリアヌスの「語る者と語られる者と語る相手」（AP, 11）の三要素を、アウグスティヌスはヨハネの手紙一の四章一六節に基づき、「愛する者と愛される者と愛そのもの」（DT, VI,v,7）とした。しかし、「思考の主体であり客体でもあり、それ自身に二重性を保持する」[207]自己意識の知性（Nous）に関するプラトン主義哲学的理論に基づき、愛する者が自己を愛して三者性が消滅する場合を鑑み、アウグスティヌスは一体性と同様三位性を常に明示する代替モデル、外的人間の記憶、

　ストテレスの『範疇論』から、ナジアンゾスのグレゴリオスを通して導入された（Cf. Henry, P., *Saint Augustine on Personality*, pp.8,10f.; LaCugna, C. M., *God For Us*, pp.82,153; Schindler, A., *Wort und Analogie in Augustins Trinitätslehre*, p.151; Schmaus, M., *Die Psychologische Trinitätslehre des Heiligen Augustins*, p.136; TeSelle, E., *Augustine*, pp.49,296; Wolfson, H. A., *The Philosophy of the Church Fathers*, p.355.）──に言及するが、ここから彼は神の共同体的理解へは進まない。彼にとってこの関係とは実質上、聖霊の交わりのことであり、それゆえ、御父と御子と同様実体的概念である。したがって「関係性は、神の実体の中に位置付けられているのである」（LaCugna, C. M., *God For Us*, p.247.）。また、ラクーニャは、アウグスティヌスの実体的な関係概念の強調の根拠としてさらに、彼が抽象的な語である relatio を用いず、relativum, relative dictum, ad invicem, appelatio relative, ad alterum など具体的な用語を用いている点を挙げる（LaCugna, C. M., *God For Us*, p.90.）。

206　彼は、人間の知性のみが神の像であると考える（DT, XV,vii,11）。
207　Cf. Burnaby, J., "Introduction," *Augustine: Later Works*, p.32. Cf. also DT, IX,xii,18：「知るのは、知性であり、知性が知るのは知性である」。つまり、知性は、知ることにおいて、主体であると同時に客体である。

内的視像、意志や、内的人間の記憶、理解、愛を提唱した。[208] これらは明らかに一人の人物により機能するから、ここに至り強調点がテルトゥリアヌスの三から一に移ったことになる。

さらに、アウグスティヌスは、一層不可分のモデルを提示する。彼が「驚くべきことに言語に絶し、言語に絶するほど驚くべきことは、至高の三位一体自身は三人の位格でありながら、この三位一体の像は一人であるが、三位格から成るこの三位一体は、一人の人間における三位一体よりも一層不分割である」（DT, XV,xxiii,43）と述べているように、それは三位一体の神御自身である。三位一体の神は三位格から成るが、知性において神の像を宿す一人の人間よりも一層個人的なのである。このようにプラトン主義哲学の枠組みは、キリスト教唯一神論の伝統と共に彼の理解を個人主義的傾向へと導いた。

しかし、彼の種々の概念、神の存在、不変性、永遠性、神の愛などの概念は聖書に裏付けられている。実際、それらはプラトン主義哲学と反目するものではなく、同時に、キリスト教的かつプラトン主義哲学的でありえたのである。さらに、前述の清めの概念でさえプラトン主義哲学の中に見出せること、[209] 聖書から直接的に引き出されたものではない想起の概念もキリスト教の唯一神論を擁護しうるものであることを考慮すると、アウグスティヌスはキリスト教とプラトン主義両方の継承者であり、[210] キリスト

208　知性における神の像は、三位一体の神との類比を考察する際、三者性を保持している利点があるが、人間の共同体は必ずしも三人から成らない。彼にとって、三という数字は至極重要であった。「類比とは、アウグスティヌスや彼の同時代の人にとって、漠然とした類似を指すのではなく、正確で数学的なものであった」からである（Chadwick, H., *Augustine*, p.92. Cf. Schmaus, M., *Die Psychologische Trinitätslehre des Heiligen Augustins*, p.315.）。彼の数字に対する執着は、cf. DT, IV,iv,7-vi,10.

209　Burnaby, J., *Amor Dei*, pp.67,68ff.,73ff.

210　彼の思想はプラトン主義哲学者だけではなく、先代の神学者たち（無論その中にはプラトン主義哲学の影響を受けた者も多い）に負っている。例えば、テルトゥリアヌスは神の不変性と永遠性に言及し（AP, 27）、ノヴァティアヌスは続けて神の不変性（*De Trinitate*, IV,6）、永遠性（*De Trinitate*, II,2; II,3;

教をプラトン主義の枠組みで形成し、表現したと言う意味では、それらの統合者であると言いうる[211]。

　同時に、この二つの伝統が彼の思考の両輪として機能しているものの、アウグスティヌスはプラトン主義哲学に全面的に賛成するわけではない。「彼の論じる二つの主たる誤謬とは、第一に彼ら（プラトン主義哲学者）が神の受肉を考察できなかったこと、第二に預言者や聖書における神の啓示に対して、人間の理性を信頼する時、謙遜さに欠けていた点である（Civ. Dei, 10.29; Conf., 7.9.14）」[212]。このような不承認により、彼はプラトン主義哲学の幾つかの主張を訂正した。例えば、前述したようにプラトン主義的照明論はキリスト教化されたし、実際、神の存在や参与の概念についても同様の手続きが取られた。プロティノスは存在に勝る一者という第一原理を想定するので、彼にとって神の存在は至高の存在ではないが、彼に啓蒙されつつもアウグスティヌスは一者の概念を捨てて聖書に基づき、神は「存在（esse）」にほかならないと主張する[213]。また、プロティノスの『エネアデス』に見られる隠喩から導入された参与の教理の源泉は[214]、「聖

XIII,7; XXV,11; XXIX,16; XXXI,1)、神の像（*De Trinitate*, I,8)、神のかたちと僕のかたち（*De Trinitate*, XXII,2; XXII,8)、言語を絶する神（*De Trinitate*, II,5, II,6; II,9; IV,9; VII,1; VII,3）をすでに解説している。

211　Cf. Battenhouse, R. W., "The Life of St. Augustine," Battenhouse, R. W.(ed.), *A Companion to the Study of St. Augustine*, p.55; Berardino, A. D., *Patrology Vol.IV*, p.351; Chadwick, H., *Augustine*, p.3; Dahl, A., *Augustin und Plotin*, pp.57ff.

212　Stead, C., "Augustine's Philosophy of Being," Vesey, G.(ed.), *The Philosophy in Christianity*, p.72. Cf. Burnaby, J., *Amor Dei*, p.70; LaCugna, C. M., *God For Us*, p.92; Portali , E., *A Guide to the Thought of Saint Augustine*, pp.101ff.

213　彼は、神をプロティノスのように存在を超越する者とは見なさず、神は存在そのものとする（Cf. Stead, C., "Augustine's Philosophy of Being," Vesey, G.[ed.], *The Philosophy in Christianity*, p.73.）。Cf. also Anderson, J. F., *St. Augustine and Being*, pp.4f.,21; Gilson, E., *Being and Some Philosophers*, p.31; Gilson, E., *History of Christian Philosophy in the Middle Ages*, p.70; Schmaus, M., *Die Psychologische Trinitätslehre des Heiligen Augustins*, p.84.

214　Cf. Anderson, J. F., *St. Augustine and Being*, Chapter VII; Bonner, G., "Augustine's Conception of Deification," *The Journal of Theological Studies New*

パウロがしばしばキリスト者を、福音書にあるように、キリストの体に『参与する者』と語っている」ように、新約聖書にも求められる[215]。これらのことから、アウグスティヌスは、キリスト教の教理を当時の哲学的世界観の助けを借りつつ明確にしたと言える。その際、彼は必ず「それをキリスト教化したのである[216]」。結論として、ジルソンによるアキナスの引用を借りよう。「プラトン主義哲学の教理に浸透していたアウグスティヌスは、彼らの教えが信仰と一致していればそれを採用し、矛盾するなら修正したのである[217]」。この意味で、アウグスティヌスは、プラトン主義哲学的キリスト教神学者と言えよう。決して、キリスト教的なプラトン主義哲学者ではないのである。

　テルトゥリアヌスと同様、アウグスティヌスの三位一体論は、後代に永続的影響を及ぼした。現代においてアウグスティヌスを高く評価したバルトによって、三位一体の神は、「生成」の概念によって解説されることになった[218]。

Series Vol.37, pp.373,379; Bonner, G., *God's Decree and Man's Destiny*, I-pp.154f., Burnaby, J., *Amor Dei*, pp.27f.,40; Sullivan, J. E., *The Image of God*, p.13; Williams, D. D., "The Significance of St Augustine Today," Battenhouse, R. W.(ed.), *A Companion to the Study of St. Augustine*, p.11.

215　Bourke, V. J., *Augustine's View of Reality*, p.117.

216　Bonner, G., "Augustine's Conception of Deification," *The Journal of Theological Studies New Series Vol.37*, p.373. Cf. Bonner, G., *God's Decree and Man's Destiny*, I-p.155; Bourke, V. J., *Augustine's View of Reality*, p.119.

217　Gilson, E., *History of Christian Philosophy in the Middle Ages*, p.70.n.13: "Thomas Aquinas, Summa Theologica, part I, qu.84, art.5, Resp."

218　Cf. Williams, D. D., "The Significance of St. Augustine," Battenhouse, R. W.(ed.), *A Companion to the Study of St. Augustine*, p.9.

第三章　バルトの三位一体論と「生成」概念

　本章の主眼点は、カール・バルト（Karl Barth, 一八八六年－一九六八年）の『教会教義学 I/1（Die Kirchliche Dogmatik I/1）』（一九三二年。以下引用は英訳版より CD I/1 と略す）の三位一体論と生成概念の解明にある。教皇に「トマス・アキナス以後、最大の神学者」[219]と賞賛されたこともある彼は、シュライエルマッハーの『信仰論』とは対照的に『教会教義学』の冒頭に三位一体論を掲げた。[220]この神学的方向転換の内容を、彼の対峙する神学的背景、彼の支持する福音主義信仰、彼の思想の背後に潜む哲学思想、神と人間の関係に焦点を当て、吟味する。

第一節　二つの異端

　バルトは、二つの神学的立場を厳しく批判する。[221]
　第一に彼は、近代プロテスタンティズムが神によって現実化される人間の現実を、一般の歴史学や人類学の立場から人間の可能性に縮約し（CD

219　Torrance, J. B., "Barth, Karl," Eliade, M.(ed.), *The Encyclopedia of Religion Vol.2*, 1987, p.68.

220　Cf. CD I/1, 300,303（この著作の英訳は、*Karl Barth, Church Dogmatics I/1*, ed. by Bromiley, G. W. & Torrance, T. F., tr. by Bromiley, G. W., 1975 を使用する）. Cf. also Fortman, E. J., *The Triune God*, pp.251,260; McGrath, A. E., *Christian Theology*, pp.260f.; Roberts, R. H., *A Theology on its Way*, p.82. バルトとシュライエルマッハーの神学の類似点については、cf. Balthasar, H. U. von, *The Theology of Karl Barth*, pp.201ff.; Berkhof, H., *Two Hundred Years of Theology*, pp.48ff.; Heron, A. I. C., "Barth, Schleiermacher and the Task of Dogmatics," Thompson, J.(ed.), *Theology beyond Christendom*, pp.270ff.

221　異端の具体的形態については、cf. CD I/1, xiii,34.

I/1, 38f.）、カトリシズムが聖書と教会の伝統を無謬に解釈する教会の使徒職の形態に教義学の基礎を置く限り、それらをキリスト教とは認めない（CD I/1, 40）[222]。これらは自由な神を人間の理解内の具体的な形（CD I/1, 40）に縮小するため、実質上「異端」（CD I/1, 34）[223]である。

　第二に、教会の二つの宣明、つまり説教と聖礼典に関する逸脱がある（CD I/1, 56,60）[224]。近代プロテスタンティズムは説教を社会的活動とすり替え（CD I/1, 50,63,251）、カトリシズムはそれを宗教的教説に格下げし、聖礼典を過度に強調する（CD I/1, 60,69）。こうして、人格的で自由な神の言葉が人間の同様に人格的で自由な聴取、信仰の聴取に結び付くことが阻止される（CD I/1, 68）。説教とは神の約束の復唱であり、神の言葉と信仰が人格的に遭遇する場なのである（CD I/1, 70）。

　第三に、自然神学に関しても逸脱がある[225]。プロテスタントのブルンナーは、「『人間には、神の使信を聞くための、罪により汚されていない接触点』がある」と説くが（CD I/1, 27）[226]、バルトは神と人間を予備的に繋げる接触点を拒否する。神学はその働きが神により信仰の証人として認められる時のみ、真に効果的な弁証となるのであり（CD I/1, 31）[227]、接触点は神により信仰において現実化する出来事なのである（CD I/1, 30f.,239）。したがって、弁証学はその出来事が生起する場である神の使信の復唱に代えられるべきである[228]。

---

[222]　Cf. also CD I/1, 257.
[223]　異端の定義については、cf. CD I/1, 32.
[224]　教会の宣明と神学の関係については、cf. CD I/1, 51. 教義学との関係については、cf. CD I/1, 82ff.,288.
[225]　Cf. Berkouwer, G. C., *The Triumph of Grace in the Theology of Karl Barth*, pp.166ff.
[226]　バルトは接触点としての神のかたちは完全に消滅したと説く（CD I/1, 238f.)。
[227]　Cf. CD I/1, 30. Cf. also Hunsinger, G., *How to Read Karl Barth*, p.52.
[228]　バルトの自然神学の拒絶は、ドイツ教会のナチズムとの迎合に関係があると考えられる（Macquarrie, J., "natural theology," McGrath, A. E.[ed.], *The

カトリシズムの接触点である「存在の類比」は、堕落したこの世における被造物の神的類似を説くが（CD I/1, 41）、バルトはこれを「反キリストの発明」と非難する（CD I/1, xiii）。この構図においては、神と人間は原因である神の存在と結果である被造物の神的な存在という因果律の関係になり（CD I/1, 68f.）、人間に対する神の自由で人格的な語りかけの行為が、常時接触した関係になり、キリストの役割が奪取されるからである（CD I/1, 41）[230]。

　バルトがこれらを拒絶する共通の理由は、神の自由が人間的可能性に変容されている点にある。自然神学の問題に関してすでに人間的に決着をつけたこれらの内に[231]、第三の代替物を見出せない彼は、福音主義信仰の道を進む（CD I/1, xiii, 41）。

第二節　福音主義信仰

　バルトにとって、この福音主義信仰は人間のあらゆる可能性を超越した自由な主の行為に基づくもので、教義学の唯一の可能性はイエス・キリストの語りかけを聴取する点のみにある（CD I/1, 41）。この信仰の本質を解説するにあたり、信仰の類比、生成の概念、啓示における三位一体の神、生成における三位一体の神に焦点を当てよう。

（a）信仰の類比[232]

Blackwell Encyclopedia of Modern Christian Thought, p.404.)。

229　Cf. Berkouwer, G. C., *The Triumph of Grace in the Theology of Karl Barth*, pp.179ff.; Balthasar, H. U. von, *The Theology of Karl Barth*, pp.161f.

230　Cf. Jüngel, E., *Karl Barth*, p.43.

231　Cf. Balthasar, H. U. von, *The Theology of Karl Barth*, p.31.

232　後にバルトの触れた「関係の類比」は（CD III/2, 220f.,323f. Cf. Hartwell, H., *Theology of Karl Barth*, p.56; Pöhlmann, H. G., *Analogia Entis oder Analogia Fidei?*, pp.114ff.）、聖書的な契約概念によりもたらされたものである(Moltmann, J., *The Trinity and the Kingdom of God*, p.144.)。ここでは、CD I/1 の信仰の類比

バルトは、接触点や存在の類比を廃止する代わりに、信仰の類比を提示する。神に関する言明が真の内容を持つのは、それがキリストに一致し、「信仰に応じて」（ローマの信徒への手紙一二章六節）いる時である（CD I/1, 12)[233]。この一致こそ教会に与えられた教義学の基準である。キリストが与えられたように、神は御自身を啓示において信仰に与えたため（CD I/1, 12)、信仰は神を知っており（CD I/1, 17）、信仰によってのみ人間は神を知る。パウロがガラテヤの信徒への手紙四章九節で、人間が神を知ることをむしろ人間は神から知られていることに基づけたように、信仰の類比は知ることと知られることの類比である（CD I/1, 244）。したがって、ここでは人間は受け身であるから[234]、信仰とは人間の宗教性とは関係なく、神の人間に対する一方向的な恵みの語りかけである（CD I/1, 18)[235]。

(b) 生成の概念

　信仰において神が主体として持つ自由は、さらに生成の概念により強調される。バルトは、神の言葉によって宣明は「繰り返し (je und je)」宣明に「生成する、成る (werden)」必要があると力説する（CD I/1, 88)。これは何を意味するのか。
　まず第一にバルトは、「成る」とは神の言葉によって「天の主より新しい形を取ること」と定義する（CD I/1, 89)[236]。この出来事が起こる時、教会

についてのみ述べる。

233　Cf. Brown, C., *Karl Barth and Christian Message*, pp.51ff. カトリックは概して信仰の類比の基盤に存在の類比があると主張するが（Balthasar, H. U. von, *The Theology of Karl Barth*, p.36. Cf. Söhngen, G., "Analogia Entis in Analogia Fidei," Wolf, E.[ed.], *Antwort*, p.270.)、バルトにとって、信仰の類比とは存在の類比を排斥するためのものである（Berkouwer, G. C. *The Triumph of Grace in the Theology of Karl Barth*, p.192.)。

234　Cf. Hunsinger, G., *How to Read Karl Barth*, p.283.n.2.

235　Balthasar, H. U. von, *The Theology of Karl Barth*, pp.108. Cf. *ibid.*, p.163; Pöhlmann, H. G., *Analogia Entis oder Analogia Fidei?*, pp.103,105.

236　バルトの「生成」の概念の起源については、cf. CD I/1, 66,89.

の宣明は新しい形を取り、真の現実の宣明、つまり、説かれた神の言葉に成る（CD I/1, 67,90）[237]。この出来事は人間の動機と可能性を超越した神の命令に基づく啓示と信仰の現実化である（CD I/1, 90）。

この生成は、人間に対して大きな意義を持つ。神の言葉が現実化し、人間の知覚の対象と成るからである（CD I/1, 91）[238]。しかし、この対象物は人間の操作しうるものではない[239]。対象化は人間の制定ではなく、神の意志により特定の時に生起するものであり（CD I/1, 92）、人間には従順のみが要求される[240]。これは、信仰による人間の知覚、知識が、主体である神の知に基づくためである[241]。この神の主体的な自己対象化によって、神に関する人間の宣明は決定的に神御自身の言葉と成り、神御自身が御自身に関して人間の言葉を通して語る出来事が起こるのである（CD I/1, 93ff.）[242]。

この説かれた神の言葉をバルトは神の言葉の第一の形態と呼び、この言葉における生成の出来事を神の言葉の第二の形態、つまり書かれた神の言葉についても適用する。神の言葉は自由であるため、聖書はある一定の釈義に基づく視点に閉塞されない（CD I/1, 106）。神が聖書を真の現実の言葉にし、そこから語る時、預言者や使徒の言葉が神の言葉に成るのである（CD I/1, 109）。したがって、聖書は神の言葉「である」と言う時、「である」という言葉は「に成る」という意味であり、聖書は「繰り返し」神の言葉に「成る」必要があるとバルトは力説する（CD I/1, 110）。この出来

237　Cf. CD I/1, 67.

238　Cf. CD I/1, 230,315. Cf. also Brown, J., *Subject and Object in Modern Theology*, pp.141, 152; Hartwell, H., *Theology of Karl Barth*, pp.72ff.; Hunsinger, G., *How to Read Karl Barth*, p.78.

239　Cf. CD I/1, 225. Cf. also Brown, J., *Subject and Object in Modern Theology*, pp.148ff.; Hartwell, H., *Theology of Karl Barth*, pp.33,60; Jüngel, E., *The Doctrine of the Trinity*, pp.42ff.

240　Brown, J., *Subject and Object in Modern Theology*, p.146.

241　Jüngel, E., *The Doctrine of the Trinity*, p.46.

242　バルトはこの出来事を「啓示と信仰の奇跡」と言う（CD I/1, 93）。

事において、啓示は直接的に聖書と同一視しうるのである（CD I/1, 113）[243]。

　神の言葉の第三の形態、つまり啓示された神の言葉に言及する時、バルトは啓示の優先性を強調する。聖書を生んだのは啓示であり、聖書は「繰り返し」啓示によって生きた聖典、神の言葉と成る必要がある（CD I/1, 115）[244]。以上より、彼は「成る」という語で、真の、現実的な、新しい形を取ることを意味していることが分かる。これは神の自由のみに基づく啓示行為である。

　では、教会の宣明や聖書が真の神の言葉と成る以前の原初の形は何なのか。バルトはそれらが人間の言葉であり、誤謬を免れえないことを躊躇なく指摘する（CD I/1, 4,15,52,82,102,116）。彼にとって重要なことは、人間のものであるかないか、誤謬を含むか否かではなく、それらが従順に神に奉仕しうるかどうかである。キリストが人性を持ちつつも、御父なる神に全く従順であったように、教会の宣明や聖書の人間的要素も神に造られたものとして神に全く服従するなら、そこには何の対峙もないからである（CD I/1, 94）。したがって、人間的要素は削除されないままで神の自由が行使され、宣明と聖書は神への服従において神の言葉と成るのである。

　第二に、「成る」という用語と共に頻々と使用される「繰り返し（je und je）」の含蓄は何か。バルトによればこの「繰り返し」は、その出来事に対する人間の経験を指すものではなく、神の言葉の自由を指すものである（CD I/1, 117）。この語は実際定義しにくい語で、英訳にも ever and again（CD I/1, 88）、again and again（CD I/1, 110,115）、ever and anon（CD I/1, 117）、continually（CD I/1, 117,118）などのばらつきがある。訳はその文脈との整合性を求められることは当然であるが、バルトは一貫してここまで同一語を使用している。その意図は何か。

　興味深いことに、それは（1）いつも、（2）時々、という若干開きのあ

---

[243] バルトはさらに、教会や神学者の生成にまで言及する（CD I/1, 284）。
[244] 啓示された神の言葉は他の二つと異なる。「啓示された」とは述語ではなく、第二の主語である（CD I/1, 118）。

第一部　三位一体論

る意味を持つ[245]。そして双方の意味とも、限定なしには彼の趣旨に合わない。神の啓示が起こるのは「いつも」である必要はなく「特定の時」であり（CD I/1, 92）、あたかも神の自由の行使が現実化しない時があるかのように「時々」神の言葉に成るものでもないからである。神の啓示は御心に従ってのみ現実化する点を考慮すると（CD I/1, 72,90,142,206）、「繰り返し」とは、神が望み、実行する時ごとにという意味である。神が実行する時は、「いつも」啓示が現実化し、その出来事は人間が説教し、聖書を読む時、いつも生起する必要はなく、「特定の時」、「時々」である。そして、出来事が生起するのは、神の主権的な働きであり、そこに神の自由が存在するのである（CD I/1, 117）[246]。

　上記の三つの言葉は、神の言葉に成る時、啓示との同一性において一つである（CD I/1, 120）。また、啓示は聖書に基づく宣明から知られ、聖書は啓示を通して宣明を成就し、宣明は聖書に証しされた啓示を通して知られるように、三者には相互関係がある（CD I/1, 121）。ここからバルトは、神の言葉の教理が三位一体の神の唯一の類比であると言う。御父、御子、聖霊と上記の三つの言葉は相互交換可能なのである（CD I/1, 121）。さらに、言葉が肉と成った出来事において（CD I/1, 119）、啓示された言葉は御子御自身であるから、三つの言葉と三位一体の神は御子において結び付いており、御子を通してのみ神の内的三位一体性、つまり啓示者、啓示、啓示される者が解明されるのである（図参照）[247]。

245　Cf. "je und je," Messinger, H.(ed.), *Langenscheidt's Condensed Muret-Sanders German Dictionary German-English*, p.632.

246　Cf. CD I/1, 118. この出来事は神の決定に付随し、神の言葉に成る時、人は御子と同時間に置かれるため、「付随的同時性（kontingente Gleichzeitigkeit）」と呼ばれる（CD I/1, 145ff.）. Cf. also Hamer, J., *Karl Barth*, pp.33ff.; Roberts, R. H., *A Theology on its Way*, pp.17ff.

247　Cf. Williams, R. D., "Barth on the Triune God," Sykes, S. W.(ed.), *Karl Barth Studies of his theological Method*, p.150.

94

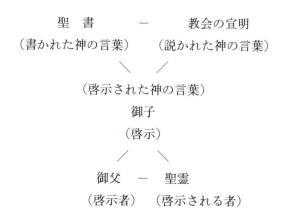

（c）啓示における三位一体の神

　バルトにとって啓示する神とは、隠れた神でもある。『教会教義学』への突破口を開いた『アンセルムス　知解を求める信仰』は、彼の後の議論に重要な役割を果たしている。まず、彼はアンセルムスの神の定義、「それより偉大なものが考えられないもの」を解釈する。もし誰かが「それより偉大なもの」を考えたのなら、その人間はまだ「それ」を考え始めてもいないか、すでに考えるのをやめたことになる[248]。この否定的解釈は、この神の名が啓示によってのみ実現するという積極的な面に繋がる。神を知るためには、人間にとっての他の源泉、つまり、神からのみ啓示を受けることが前提となるからである[249]。

　これを解説するにあたり、バルトは聖書から具体的に二つの神の名を取り上げる。白馬に乗ったキリスト（ヨハネの黙示録一九章一一節）について、キリストの名である「神の言葉」は、それを見る誰にでも明白に分かるが、その名の指す意味は御自身にしか分からない啓示の名であると解釈する（CD I/1, 137）[250]。この不可知性のため、人間にはそれがどういう方か

248　Barth, K., *Anselm*, p.75. Cf. Gunton, C. E., *Becoming and Being*, p.122; Balthasar, H. U. von, *The Theology of Karl Barth*, p.144.
249　Cf. Barth, K., *Anselm*, p.75.
250　Cf. CD I/1, 435f.

ということしか知られない（CD I/1, 137）。その知識は「繰り返し（immer wieder und immer）」新鮮に与えられる必要があり、神の語りかけと人間の知解の間には呼応関係はなく、ただ遭遇のみが起こる（CD I/1, 132）。この「繰り返し（immer wieder und immer）」も「繰り返し（je und je）」と同趣旨で利用されている点を鑑みると、神を知る知識は神が望む時のみ与えられるため、人間にとって部分的、断片的に、つまり、神の「何か」ではなく、神の「どのような方か」という面のみが間接的に知らされる。この「どのような方か」は、人間の到達不能の神の「何か」に関する人間の到達可能な思索なのである（CD I/1, 132）。神の言葉が、その三つの言葉という形態でどのように間接的に知られるかについては、すでに見た通りである。[251]

では神御自身はどうか。彼は、「私はあるというものである」（出エジプト記三章一四章）という神の名から、実質上神は御自身の名を与えることを拒否していると解釈する（CD I/1, 317,322）。その真の名は、誰も語れないのである。しかし、神は人間から全く隠れているのではなく、人間は間接的に神がどのような方かを言明できる。結論を先取りすると、それは御父、御子、聖霊である（CD I/1, 132）。ところが、この名自体間接的であるのみならず（CD I/1, 308f.,333）、神御自身の類比なのである（CD I/1, 340）。[252] したがって、子をもうけることや聖霊の発出と同様、三位一体論について人間はその語っていることを理解していないのである（CD I/1, 476f.）。[253] では、どのように神の「どのような方か」に人間は到達しうるのか。

人間からの到達を可能にするものは、神からの人間への啓示である。バルトは、聖書の証言から「神は啓示において誰か」と「神は何をするの

---

251 Cf. CD I/1, 186.

252 Cf. CD I/1, 347. Cf. also Thompson, J., *Christ in Perspective*, p.40; Welch, C., *The Trinity in Contemporary Theology*, pp.182,186.

253 Cf. CD I/1, 363,367,433. Cf. also Welch, C., *The Trinity in Contemporary Theology*, p.200.

か」と「神は何を達成したか」という三つの質問が密接な関係にある点を指摘する（CD I/1, 295ff.）。神が自己を啓示するということは、自己を通して神は自己を啓示し、自己を神は啓示するという事実なしには理解できないからである。つまり、そこには「啓示する者（Offenbarer）」と「啓示（Offenbarung）」と「啓示される者（Offenbarsein）」（CD I/1, 172,296f.,299）、主体と行為と効果（CD I/1, 296）、主語と述語と目的語（CD I/1, 296,299）の三つがある。啓示される神の言葉の「啓示される」という語が述語でなく主語と同格であったのと同様（CD I/1, 118）、ここで述語の「啓示」はあらゆる点で主語の神御自身であり（CD I/1, 299）、また、神の言葉が神の語りかけの行為であるのと同様（CD I/1, 132f.,143f.）、神とは神が創造し、達成した行為と同一であり、不可分、同等なのである（CD I/1, 299）。この同一性は、以下に見るように、各位格の上記の三つへの充当性を妨げない。

神は自己を主として啓示する（CD I/1, 306）。この主権性の啓示が神の自由であり、三位一体の根源である（CD I/1, 307）。聖書の証言によれば、神は自己を、御父、御子、聖霊として、三度異なった仕方で同一の主を啓示するからである（CD I/1, 308）。しかし、三位一体論の起源を歴史的に考慮し、御子が第一の主題として最初に扱われる。この意味で、バルトの三位一体論はすでにキリスト論に根差していると言えよう。

254　Cf. Jüngel, E., *The Doctrine of the Trinity*, p.16.

255　この定式は、明確化のための暫定的なものに過ぎない（CD I/1, 296）。Cf. CD I/1, 314.

256　Cf. CD I/1, 373f. Cf. also Jüngel, E., *The Doctrine of the Trinity*, pp.36f.

257　Cf. CD I/1, 307. Cf. also Thompson, J., *Christ in Perspective*, pp.36ff.

258　Cf. CD I/1, 308f. Cf. also Currie, T. W. III, "The Being and Act of God," Thompson, J.(ed.), *Theology beyond Christendom*, p.5; Thompson, J., "On the Trinity," Thompson, J.(ed.), *Theology beyond Christendom*, pp.13f.

259　バルトの三位一体論はキリスト論的に位置付けられている（Jüngel, E., *The Doctrine of the Trinity*, p.18. Cf. CD I/1, 314f.）。Cf. also Thompson, J., *Christ in Perspective*, p.39.

第一に、啓示とは人間への神の「自己開示（Selbstenthüllung）」であり、自己を神として知らせることである（CD I/1, 315）。[260] 御子の歴史的現出において神は「二度目に異なった方法で」、「自己とは異なった形態で」自己差異化を行う（CD I/1, 316）。ここで、神は自己の主権性の啓示の確証として、「自己とは違うものに成り、かつ同一のままでいる」のである（CD I/1, 319f.）。[261] この現出により、御父が「隠れていること（Verhüllung）」が分かり、まず第一に、啓示の主権を取っているのは御父なる神であると分かる（CD I/1, 320f.）。[262] さらに三度目に、神は人間への「自己伝達（Selbstmittelung）」において、主権者として特定の所で特定の人間と特定の関係を持つ（CD I/1, 325）。[263] この時に主は、自己を御父と御子の御霊として人間に啓示する（CD I/1, 332）。[264] このようにして、神の名と神の言葉の意味を理解しない人間に神は啓示を与え、この伝達を通して人間は少なくとも神に従い、神に応答することができるのである（CD I/1, 330）。

（d）生成における三位一体の神

バルトにおいて神の啓示の働きは、三位一体の神の内的生命と呼応しており、彼はそれを生成の概念で解説する。彼の見解を一体性、三位性の順に考察しよう。

神が自己を主として三度啓示する時、その主権性は同一のものであり、三位の一体性を示す古代教会の用語、deitas, divinitas, ousia, essentia, natura, substantia とは、主権性を意味する（CD I/1, 349）。したがって、神の本質は抽象的存在ではなく、啓示において主権性を発揮する動的存在である。[265]

---

260 この自己啓示は、当該人物にとって他と混同されえない自明の出来事である（CD I/1, 316）。

261 この点は、後により詳しく見る。

262 Cf. CD I/1, 386,391. Cf. also Jüngel, E., *The Doctrine of the Trinity*, p.19.

263 Cf. Jüngel, E., *The Doctrine of the Trinity*, pp.20f.

264 Cf. CD I/1, 332,469.

265 Cf. Currie, T. W. III, "The Being and Act of God," Thompson, J.(ed.), *Theology*

さらに、この主権性の同一性とは本質における同一性でもあるため、三位の同等性にも繋がっている（CD I/1, 350）。[266]バルトにおいて、実体の同一性は位格の同等性を意味しているのである（CD I/1, 351）。[267]しかし、この同一性は単一性ではなく（CD I/1, 354）、神の本質における区別と秩序を含む（CD I/1, 355）。この区別は伝統的に「位格（persona）」と呼ばれたが、彼は「存在形態（Seinsweise）」という語を好む（CD I/1, 355,359）。[268]前者は人格を持った個人を示唆するため三神論に結び付く危険を孕んでおり（CD I/1, 355ff.）、[269]他方、聖書の啓示概念は神が三つの存在形態を取ることを示しているからである（CD I/1, 359）。さらにバルトは、この用語が三位一体論史においても使用されてきた点を指摘すると同時に（CD I/1, 359f.）、一つの形態は他の形態から明確に区別される点から様態論を排除する（CD I/1, 360）。つまり、三神論というスキュラと様態論というカリュブディスを避けつつ、[270]御父、御子、聖霊を三つの形態と呼ぶのである。

この区別は、さらに三形態の関係における区別から一層明確になる（CD I/1, 363）。御父の特徴は「御子をもうけること（Erzeugung）」であり、御子の特徴は「生まれること（Erzeugtsein）」であり、聖霊の特徴は御父と御子から「発出すること（Hervorbringung）」である（CD I/1, 363）。[271]つま

---

beyond Christendom, pp.1-11; Hunsinger, G., *How to Read Karl Barth*, pp.30ff.; Jüngel, E., *The Doctrine of the Trinity*, pp.33ff.; Pöhlmann, H. G., *Analogia Entis oder Analogia Fidei?*, pp.25f.; Torrance, T. F., *Karl Barth Biblical and Evangelical Theologian*, pp.19f. バルトによる神の存在と行為の一致の強調は、アタナシオスに基づく（*ibid.*, p.194.）。

266　Cf. CD I/1, 353,381.
267　Cf. CD I/1, 351.
268　Cf. Leslie, B. C., *Trinitarian Hermeneutics*, pp.100f.
269　モルトマンは、三神論と非難する者は当人こそ様態論者であると反論する（Moltmann, J., *The Trinity and the Kingdom of God*, p.243.n.43.）。
270　Cf. CD I/1, 368,381f. バルトは様態論が背後の隠れた第四を想定し、従属論が地上的観念に神を格下げする点でもそれらを拒否する。
271　Cf. CD I/1, 364.

り、三形態の区別はその関係の差異にある[272]。生成の概念は、その明確化のために利用される。

　まず御父と御子の関係である御子をもうけることについて語る前後で、バルトは繰り返しキリストは「先行的に（zuvor）」御子、神の言葉であると言う（CD I/1, 415f.,421f.,424f.,428,444,447）。御子は啓示の出来事において神になったのではなく、御自身において先行的に神なのである（CD I/1, 420）[273]。この御子の永遠性を彼は前提として扱う（CD I/1, 415）[274]。

　したがって、御子がもうけられることは、受肉として被造世界における時間内の出来事でもある一方（CD I/1, 426）[275]、御子は私たちにとって神の御子である時に、初めて神の御子に成るのではなく、永遠の御父の永遠の御子として、永遠から神の御子に成るのである（CD I/1, 427）。この時間内の受肉の出来事と永遠の生成とでは、人間的経験に照らして前者（子がもうけられること）が後者（永遠の生成）を理解する手がかりとなると思われるが、バルトにとっては逆である。神の永遠とは時間を内包し（CD I/1, 426）[276]、時間内の出来事は神の永遠性の中に位置付けられており、この意味で両者の出来事は本質的に一つである。つまり、子をもうける出来事は本来的に神の神秘であり、被造物の神秘ではないのである（CD I/1, 432f.）。では、この永遠の生成とは何か。

　第一に、それは完全なものへの生成ではなく、存在の完全性の確証である（CD I/1, 427）。第二に、それは実現化の過程ではなく、御子のその起源との関係を示す（CD I/1, 430）。つまり、完全な神の完全な神への生成と、その関係の永遠性を示しており、受肉においては御自身でないもののように成るが（CD I/1, 316,320）、永遠の視点から見ると、御子は神として神の

272　Cf. CD I/1, 366,372.

273　Cf. CD I/1, 414.

274　御子の永遠性については、Cf. CD I/1, 425ff. Cf. also Thompson, J., *Christ in Perspective*, p.45.

275　Cf. CD I/1, 430.

276　Cf. CD I/1, 427. Cf. also Roberts, R. H., *A Theology on its Way*, p.21.

ままであることの確証である（CD I/1, 319f.,324）。
　この御子の永遠の生成は、永遠の御父との関係において成立するもので、御父もこの御子との関係において先行的に御父である（CD I/1, 392）[277]。生成は両者の永遠の関係において保持されており、この関係においてのみ神は神であり（CD I/1, 394）[278]、神は永遠の関係における生成に存在論的に位置付けられているのである[279]。
　ここで、先に述べた神の言葉における生成とこの神御自身における生成には、次の三点で差異があることに留意しなければならない。第一に、前者の生成では説かれた神の言葉や書かれた神の言葉といった人間的要素から構成されるものが新たな形を取るが、後者では御父と御子は先行的に御自身である。第二に、前者の生成は特定の時に起こるが（CD I/1, 92）、後者は永遠の性質も持つ。第三に、前者の生成においては、説教や聖書が真の神の言葉と成ることによって人間性が神性を帯び、後者の受肉においては神が人間性を身に付けることが強調される。ユンゲルは、「バルトは神の生成の概念に関するルターの言葉を三位一体論的に先鋭化したのかも知れない」[280]と想定するが、このようなバルトの生成の概念は、後に見るように、むしろ、ヘーゲル哲学の種々の概念によって先鋭化されたものである。
　バルトはさらに、御父や御子と聖霊の関係にも触れる。御父と御子の関係の永遠性の内に、両者の聖霊に対する関係の永遠性も含まれるからである（CD I/1, 394）[281]。啓示には、新約聖書がイエスを客観的に証ししているような、御父の御子における客観的な啓示と共に（CD I/1, 448）、啓示が「明らかに成る（offenbarwerden）」という意味での主観的側面もあり（CD I/1, 449）[282]、この行為は聖霊によるものである。聖霊の主観性は人間の主観

277　　Cf. CD I/1, 390.
278　　Jüngel, E., *The Doctrine of the Trinity*, pp.63f.
279　　Cf. Jüngel, E., *The Doctrine of the Trinity*, pp.vii.
280　　Jüngel, E., *The Doctrine of the Trinity*, p.101.n.152.
281　　Cf. Jüngel, E., *The Doctrine of the Trinity*, p.64.
282　　Cf. Hartwell, H., *Theology of Karl Barth*, p.83.

的経験ではなく、人間の霊と呼ばれる部分は良くても聖霊の受容が現実となる場に過ぎない（CD I/1, 454）[283]。この聖霊は、イエスにおける客観的啓示、つまり、イエスの死と復活の完結した後のものである点で御子とは区別されるが（CD I/1, 451）、神である（CD I/1, 459）。これは、聖霊が先行的に神なる聖霊御自身であるためで（CD I/1, 466f.,470,474,476,479,484）、バルトにとって前提事項であるが、同様に、ニカイア・コンスタンティノポリス信条（以下信条と略す）に基づき、生成の概念によってその特質がさらに解説される。

まず、信条で聖霊が中性形で扱われるのは、一方で相互関係にある御父と御子から区別され、他方で両者と関係があるためである（CD I/1, 469）。この相互関係が愛と呼ばれる聖霊であり[284]、これによって御父と御子は結ばれている（CD I/1, 487）[285]。

この結び付きが、聖霊が「御父と御子より発する」理由である（CD I/1, 469）。「と御子より（filioque）」とは、御父と御子の密接な相互関係の当然の帰結であり（CD I/1, 482）、聖霊が両者に起源を持つことを示している（CD I/1, 486）。「発する（procedit）」は二つの意味を持つ。まず、神から発するものは神であり（CD I/1, 473）[286]、次に、発したものは御父と御子から分離されないが、区別される（CD I/1, 474）。バルトは発出と子をもうけることの相違に関しては率直にその不可把握性を告白する（CD I/1, 476）[287]。そして、この神秘の原因を神の永遠性の中に求め、生成の概念による解明を試みる。

バルトにとって、この神の不可把握性を引き起こすものは神の永遠性で

283　神と人の質的差異については、cf. CD I/1, 488.

284　Cf. CD I/1, 470.

285　この種の定義にモルトマンは反対する。愛が単なる相互関係であるなら、それは必ずしも第三者である必要はないからである（Moltmann, J., *The Trinity and the Kingdom of God*, p.142.）。

286　Cf. CD I/1, 470.

287　Cf. CD I/1, 475f.

ある。したがって、彼は、聖霊を御父や御子との永遠の関係において理解しようと試みる。御子が永遠に生まれることにおいて先行的に孤独性を否定する神は、この他者志向性において聖霊をも発出させたのであり、この永遠の関係において聖霊は自己を三度目に両者を結び付ける愛なる霊とする（CD I/1, 483）。生成の概念はこの永遠性において利用される。

まず、啓示する者、啓示、啓示される者という定式において、聖霊は「啓示される者（offenbarsein）」と表されるが、これは受動的な意味でのgeoffenbartseinではなく、能動的意味で現れること自体を示す。この能動的意味は、別の定義、「明らかに成ること（offenbarwerden）」からも強調される（CD I/1, 449）[288]。この生成は御子の生成と同様、単なる歴史的出来事の観点からは説明不可能なもので、聖霊は啓示の出来事において初めて聖霊と成るのではなく、先行的に聖霊は自己自身なのである（CD I/1, 466）[289]。この先行性のゆえ、生成にもかかわらず聖霊は主として自己のままなのである（CD I/1, 454）。つまり、神から発する聖霊は神と同一の本質であり、同一のままでいる（CD I/1, 473f.）。聖霊も御父と御子との永遠の関係において生成し、かつ同一の自己を保つのである[290]。

このようにバルトは、生成の概念を援用することによって聖霊の発出の出来事をも解説した。さらに彼は、人間の生成にも触れるが、その前にバルトの生成の概念の哲学的背景を考察しよう。

第三節　ヘーゲル哲学

バルト自身によれば、彼の神学は初代教会の教理を規範としており、その神学的基盤は初代教会と宗教改革と近代正統主義の教理にあり（CD I/1, xiii）、啓蒙主義、哲学的実存主義、ロマン主義は排斥される（CD I/1,

---

288　Cf. CD I/1, 119.
289　Cf. CD I/1, 414.
290　Cf. CD I/1, 488.

xiii,26,329)[291]。しかし、例えば初代教会の三位一体論が当時の文化的背景を持つ種々の用語や思考方法から切り離せないのと同様（CD I/1, 376)[292]、バルト自身の神学もヘーゲル哲学の影響を避けられなかった[293]。

（a）バルト神学とヘーゲル哲学の類似点

近年、「西洋で最も傑出した哲学者の一人、ドイツ観念論者で最も偉大な」ヘーゲル[294]（Georg Wilhelm Friedrich Hegel, 一七七〇年－一八三一年）の哲学とバルトの神学の関係が注目されている。バルトの教育的背景を見ると、この関係は不可避である[295]。両者の思考上の類似点は多岐に及ぶ。ヘーゲルがアンセルムスの神の抽象的概念に触れてから、三位一体の神の具体的表象を述べたように、バルトもアンセルムス研究で神の名の否定的側面を学んだ後、『教会教義学』で三位一体論を詳述する[296]。また、両者共に

---

291 バルターザルは、この排斥を自由主義との決裂に継ぐ第二の回心と呼ぶ（Balthasar, H. U. von, *The Theology of Karl Barth*, p.93.)。

292 Cf. CD I/1, 340.

293 Cf. Balthasar, H. U. von, *The Theology of Karl Barth*, p.187. Cf. also CD I/1, 84.

294 Copleston, F., *A History of Philosophy VII*, p.159. バルト神学とヘーゲル哲学の関係については、cf. Balthasar, H. U. von, *The Theology of Karl Barth*; Bradshaw, T., *Trinity and Ontology*; Pannenberg, W., "Die Subjectivität Gottes und die Trinitätslehre," *Kerygma und Dogma 1/1977 23*; Welker, M., "Barth und Hegel," *Evangelische Theologie 43*.

295 Cf. Balthasar, H. U. von, *The Theology of Karl Barth*, p.34. Cf. also Berkhof, H., *Two Hundred Years of Theology*, p.207; Jenson, R. W., "Karl Barth," Ford, D. F.(ed.), *The Modern Theologians Vol.I*, p.28; Torrance, T. F., *Karl Barth An Introduction to his Early Theology 1910-1931*, p.30. バルトは後に、「私は、ヘーゲルに対してある弱さを持っている。いつもややヘーゲル哲学的に考えたがるのである。キリスト者として私たちは、こうする自由がある。……私は、折衷的にこうしている」と告白している（Busch, E., *Karl Barth*, p.387.)。

296 Hegel, G. W. F., *Lectures on the Philosophy of Religion Vol.III (manuscript)*, pp.69ff.,179ff. Cf. Pannenberg, W., "Die Subjectivität Gottes und die Trinitätslehre," *Kerygma und Dogma 1/1977 23*, pp.27,32.

第三章　バルトの三位一体論と「生成」概念

キリスト教が啓示の宗教である点を強調している[297]。ヘーゲルは実際『宗教哲学講義』でキリスト教を解説する際、『啓示宗教』と題している[298]。ここで、ヘーゲルも geoffenbart とは区別される offenbar という能動的意味を持つ語を用いる点は注目すべき事柄である[299]。さらに、神の自己啓示はヘーゲルにとって他者のための存在となる霊としての神の本質であり、神の存在はその行為と同一である[300]。この存在と行為の同一性もバルトに引き継がれている[301]。

(b) 三位一体論に関するバルト神学とヘーゲル哲学の類似点

両者の類似点は中でも、「生成」、「差異化」、「具体性」の概念に関して顕著である。まず、バルトの三位一体論に関する主要点を列挙しよう。

(1) まず、シュライエルマッハーの『信仰論』に対して、バルトは三位一体論を教義学の冒頭に据える (CD I/1, 300,303)。
(2) 三位の本質的一体性は神の主権性の三度の反復であり、これが被造物に対する神の行為の一体性にも繋がる (CD I/1, 349,362,371)。神の

---

297 Hegel, G. W. F., *Lectures on the Philosophy of Religion Vol.III (manuscript)*, p.63. Cf. *ibid.*, p.63.n.10.

298 Hodgson, P. C., "Editorial Introduction," Hegel, G. W. F., *Lectures on the Philosophy of Religion Vol.III*, p.3.

299 Hodgson, P. C., "Editorial Introduction," Hegel, G. W. F., *Lectures on the Philosophy of Religion Vol.III*, p.3. Cf. Pannenberg, W., "Die Subjectivität Gottes und die Trinitätslehre," *Kerygma und Dogma 1/1977 23*, p.31.

300 Hegel, G. W. F., *Lectures on the Philosophy of Religion Vol.III* (1824), p.170. Cf. Hegel, G. W. F., *Lectures on the Philosophy of Religion Vol.I*, p.369.

301 その他、神の自己閉鎖性 (Cf. CD I/1, 380; Hegel, G. W. F., *Lectures on the Philosophy of Religion Vol.I*, pp.369, 371.)、神の自由の強調 (次節参照、cf. Bradshaw, T., "Karl Barth on the Trinity: A Family Resemblance," *Scottish Journal of Theology Vol.39 No.2*, p.158. Cf. also Hendry, G. S., "The Freedom of God in the Theology of Karl Barth," *Scottish Journal of Theology Vol.31 No.3*, pp.229-244.) に関する類似が見られる。

永遠の行為は時間的行為に対応しており、聖霊の業において、神は単に御自身において永遠に行っていることを時間において行っているのである（CD I/1, 471）。

(3) 神の永遠の行為は、生成という観点から記述される。これは、御子をもうけることと発出における自己差異化である（CD I/1, 316,320,363）[302]。この生成において、神は自己の存在を御父、御子、聖霊として充当し、自己に呼応する[303]。三位の相互関係から神は具体的に御父、御子、聖霊と理解されるのである[304]。

(4) 神の自己差異化は、神の同一性の存続を妨げない（CD I/1, 320,324）。神は存在論的に生成に位置付けられており、神に増減はなく、他者への生成もない。生成は神の三位一体の生きた行為を指している[305]。

(5) この行為は、神の主権性の啓示の解説的確証であり（CD I/1, 320,348）、御子と聖霊は先行的に主として御自身であり、神の名の三度の反復を通して神が主であることを確証する。

これらの議論はすべて、ヘーゲルの『宗教哲学講義』にも見られる。

(1) ヘーゲルはシュライエルマッハーの『信仰論』における三位一体論の軽視を非難する[306]。

302　これは相互浸透と充当の教理の教えるものである。Cf. Jüngel, E., *The Doctrine of the Trinity*, pp.63f.

303　Jüngel, E., *The Doctrine of the Trinity*, p.39.

304　Cf. Jüngel, E., *The Doctrine of the Trinity*, p.30.n.119.

305　Jüngel, E., *The Doctrine of the Trinity*, pp.viif.,100,106.n.159.

306　Hegel, G. W. F., *Lectures on the Philosophy of Religion Vol.I*, p.127.n.34(Ed.). Cf. Hegel, G. W. F., *Lectures on the Philosophy of Religion Vol.III (manuscript)*, p.81.n.61; Berkhof, H., *Two Hundred Years of Theology*, p.52; Williamson, R. K., *Introduction to Hegel's Philosophy of Religion*, p.165; Schmidt, E., "Hegel und die kirchliche Trinitätslehre," *Neue Zeitschrift für Systematische Theologie und Religionsphilosophie 24*, p.241.

(2) 三位一体の永遠の神は神の内的生命の行為自体であり、これが世界に対する神の関係の可能性の基盤となる[307]。御父が自然（御子）において意識を達成し、人間の霊（聖霊）における自意識を起こす形で、三位一体は世界と関係を持つ。この三つの側面は、霊自体の概念に包含される[308]。永遠の内的三位一体が世界への時間的関係に呼応しているのである。

(3) 三位一体は霊の永遠の生きた生成の過程であり、御子をもうけるという概念が示すように、自己を自己から差異化する[309]。この差異化は霊の具体的な表象である[310]。「具体的（concrete）」という語がこの点を明確にする。彼によれば、その語はラテン語の「concrescere（con + cresco)」に由来し、共に成長すること、内的成長の過程を示す[311]。つまり、御父、御子、聖霊は相互関係における成長の過程であり、自己

307　Hodgson, P. C., "Editorial Introduction," Hegel, G. W. F., *Lectures on the Philosophy of Religion Vol.III*, p.16. Cf. *ibid.*, pp.77f.n.51(Ed.); Schmidt, E., "Hegel und die kirchliche Trinitätslehre," *Neue Zeitschrift für Systematische Theologie und Religionsphilosophie 24*, p.247. 本質的三位一体論と経綸的三位一体論の違いについては、cf. Splett, J., *Trinitätslehre G. W. F. Hegels*, pp.143ff.

308　"God and Christianity," Inwood, M., *A Hegel Dictionary*, p.114. ヘーゲルにおいて、神と世界は全くの同一物ではない。

309　Hegel, G. W. F., *Lectures on the Philosophy of Religion Vol.III (manuscript)*, pp.78. Cf. *ibid.*, pp.66f.; *Lectures on the Philosophy of Religion Vol.III (1824)*, pp.163f.; *Lectures on the Philosophy of Religion Vol.III (1827)*, p.276. ヘーゲルは、神の生命の三位一体的構造を霊としての神概念から発展させた（Pannenberg, W., "Die Subjectivität Gottes und die Trinitätslehre," *Kerygma und Dogma 1/1977 23*, p.30.）。

310　Cf. Hegel, G. W. F., *Lectures on the Philosophy of Religion Vol.III (manuscript)*, pp.73ff.; Balthasar, H. U. von, *The Theology of Karl Barth*, pp.193,233ff.; Lauer, Q., *Hegel's Concept of God*, pp.305ff.; Schmidt, E., *Hegels Lehre von Gott*, p.247.

311　Cf. "concresco," Glare, P. G. W.(ed.), *Oxford Latin Dictionary*, p.391; "abstract and concrete," Inwood, M., *A Hegel Dictionary*, pp.29ff.; Jüngel, E., *The Doctrine of the Trinity*, p.32.n.122; Lauer, Q., *Hegel's Concept of God*, pp.11,73,220; Schlitt, D. M., *Hegel's Trinitarian Claim*, p.241.

差異化の関係における生成である。このように具体性とは三位一体の内的関係を示し、三位一体においてのみ神は具体的に存在するのであり、この具体的な相互関係は神の生命を示す。

(4) 御子をもうけることにおいて神は自己差異化を行うが、この差異は聖霊の愛によって止揚される。区別されるものは全く自己自身であり、その一体性は愛なる聖霊である。つまり、御子は時間的に他者になるのではなく、永遠の愛である聖霊によって御父と関係を持つ御子のままである。したがって、神の自己差異化は自己愛の過程でもある。

(5) 神のこの内的自己差異化の過程は、自己保持と自己確証の業である。神は不分割の本質における自己差異化の中で自己を保持するようにして、自己を愛するからである。この過程では、何ら新しいものも神以外のものから出て来ない。出て来るものはすべて、先行的に

312　Hegel, G. W. F., *Lectures on the Philosophy of Religion Vol.I*, p.126. Cf. also Hegel, G. W. F., *Lectures on the Philosophy of Religion Vol.III (1824)*, p.192.

313　Lauer, Q., *Hegel's Concept of God*, p.306. Cf. Schlitt, D. M., *Hegel's Trinitarian Claim*, p.240.

314　Hegel, G. W. F., *Lectures on the Philosophy of Religion Vol.III (1824)*, pp.192f.

315　Cf. Hegel, G. W. F., *Lectures on the Philosophy of Religion Vol.III (manuscript)*, p.79; Hegel, G. W. F., *Lectures on the Philosophy of Religion Vol.III (1827)*, p.276.

316　Hegel, G. W. F., *Lectures on the Philosophy of Religion Vol.III (1824)*, p.215. Cf. Hegel, G. W. F., *Lectures on the Philosophy of Religion Vol.I*, p.126; Welch, C., *The Trinity in Contemporary Theology*, p.11; Lauer, Q., *Hegel's Concept of God*, p.303; Williamson, R. K., *Introduction to Hegel's Philosophy of Religion*, p.170.

317　Hegel, G. W. F., *Lectures on the Philosophy of Religion Vol.III (manuscript)*, p.143. Cf. *Lectures on the Philosophy of Religion Vol.III (1824)*, p.192.

318　Hegel, G. W. F., *Lectures on the Philosophy of Religion Vol.III (1824)*, pp.195f.

319　Hegel, G. W. F., *Lectures on the Philosophy of Religion Vol.III (1824)*, p.195. Cf. also Kasper, W., *The God of Jesus Christ*, pp.264ff.300.

320　Hegel, G. W. F., *Lectures on the Philosophy of Religion Vol.I*, p.126.

存在していたものである[321]。したがって、神は霊として自己を発出し、御父、御子、聖霊はすべて霊である。これは、すべて三位は神の本質に属するという神の確証である[322]。

　ヘーゲルは語源学的に、具体性と三位一体の関係を解明し、神の自己差異化と自己愛、自己確証の行為の関連を明示している。バルトはこれらの解説に啓発され、生成の概念を先鋭化したのであろう[323]。しかし、これらの類似は内容においても酷似しているのではない。バルトが利用したのはヘーゲル哲学の枠組みなのである。その点は後に検討しよう。

第四節　三位一体の神と人間

　バルトにおいて、生成の概念は三位一体論と深い関係にあるのを見たが、その概念は、神と人間との関係にどのように関連しているのか。また生成の概念と密接に結び付いている自由の概念はどうか。後者から考察しよう[324]。

（a）人間に賦与される自由

　バルトにとって、御父と御子の間の聖霊は神と人間の交わりをも形成し、確証する基盤である（CD I/1, 480）。三位一体の内的他者志向性は恵みによって人間との交わりにも向けられ、その交わりにおいて人間は神に用いられる人間となる（CD I/1, 450, 480, 483f.）。この聖霊なる神の働きは、神は私たちを自由にする主であるという趣旨の聖句と、神を受け入れること

321　Hegel, G. W. F., *Lectures on the Philosophy of Religion Vol.III (1824)*, p.195.

322　Hegel, G. W. F., *Lectures on the Philosophy of Religion Vol.III (1824)*, p.196.

323　Cf. Bradshaw, T., "Karl Barth on the Trinity: A Family Resemblance," *Scottish Journal of Theology Vol.39 No.2*, p.159. Cf. also Leslie, B. C., *Trinitarian Hermeneutics*, pp.110f.; Schlitt, D. M., *Hegel's Trinitarian Claim*, p.1.

324　以下については、cf. Hartwell, H., *Theology of Karl Barth*, pp.83ff.

によって私たちは神の子となるという趣旨の聖句に凝縮されている（CD I/1, 456）[325]。

　まず、自由とは何か。自由は原初的に人間に属するものではなく、真に自由な神のものであり（CD I/1, 138f.）[326]、人間は神を受け入れる能力を完全に失っている（CD I/1, 238）。したがって、神が人間に自由を与える可能性のみが残る。その自由には二段階、つまり「……からの自由」と「……への自由」がある。前者は、啓示を受容するために人間に与えられる能力で、聖霊が罪人を神を受容する者に変える（CD I/1, 456）。ガラテヤの信徒への手紙五章一節に基づきバルトは、人間が自由を自己の力で獲得できないのは、神の律法に束縛され、そこに誤って神的権威を着せるためであると考える（CD I/1, 456）。聖霊によってこの隷属状態「からの自由」を獲得することで、神との関係が可能になるのである。したがって、人間に与えられる自由とは啓示の直接的伝授ではなく、その受容性である。また、神は自由に自由を与えることができるが、人間はその時を知らず啓示を待つ側にある点を考慮すると、この理解は自由の源泉と、神と人間の自由の根源的差異の明示に役立っていることが判明する。

　自由のもう一つの意味は、神に奉仕する者「への自由」である。バルトは、ヨハネによる福音書八章三一節－五九節に基づいて、真の自由とは単に束縛からの自由ではなく、神の奉仕者としての自由（ペトロの手紙一の二章一六節）であると解釈する（CD I/1, 457）。

　バルトによれば、このような自由は信仰の類比を通してのみ与えられる（CD I/1, 457）[327]。信仰は、本質的に一体である御父と御子の存在形態に由来する可能性を意味するため、人間の神認識と同様、この授与は聖霊によって信仰を通してのみ与えられるものである（CD I/1, 461）。この意味でも、自由は原初的には神にのみ属するもので、神の自由においてそれは人間にも与えられると彼は理解する（CD I/1, 457）。

325　Cf. CD I/1, 471.
326　真の自由人についての定義については、cf. CD I/1, 138.
327　Cf. Palma, R. J., *Karl Barth's Theology of Culture*, p.34.

(b) 神の子への生成

　第二に、この人間に賦与される自由の概念は、生成の概念とも深く関連している。人間の自由は神の子としての栄光ある自由（ローマの信徒への手紙八章二一節）であり（CD I/1, 457）、罪人が神を受容できる人間に成るのと同様の意味で、人間は神の子に成るのである。

　ここでもまた、バルトは生成の概念を強調する。生成の業は神のみの手中にあり、聖霊が人間をそれ自体では成れない者に変えるのである（CD I/1, 245,450）[329]。さらに、聖霊は一方で、御父と御子を結び付け、他方、神の子を神と結び付ける点を考慮すると、ここに二つの子としての身分があることが分かる[330]。性質上の神の子であるイエスと養子上の神の子である信仰者は、前者が後者の原型である点で呼応しており（CD I/1, 458）、これに基づき、信仰者はイエスの父への呼びかけ（マルコによる福音書一四章三六節）に倣い、「アッバ、父よ」（ローマの信徒への手紙八章一五節、ガラテヤの信徒への手紙四章六節）と呼びかけることができるのである（CD I/1, 458）[331]。この呼応は、知ることと知られることを結び付ける信仰の類比に依存している（CD I/1, 243f.,457）。子がその父を知っているのと同様に、神の子も父なる神を知っているからである（CD I/1, 457）。

　この神の子としての自由の賦与は、さらに、神的先行性の性質の賦与にも関係がある。罪人が神を受容可能な人間に変えられる時に初めて、人間はそのような者に成るのではない（CD I/1, 457）。御子も聖霊も啓示の出来事において初めて御自身に成るのではなく、先行的に御自身であることを考慮すると（CD I/1, 414,466）、人間も神の視点から見ると、罪人という身分は神を受容しうる人間としての先行的身分を妨げていないのであり、この先行的身分こそが人間の生成を可能にしているのである。このように

328　Cf. CD I/1, 449.

329　Cf. CD I/1, 172.

330　Cf. CD I/1, 450; Hartwell, H., *Theology of Karl Barth*, p.75.

331　Cf. CD I/1, 389,393. 同様の理由で、父という名は神から来る（エフェソの信徒への手紙三章一五節）。

聖霊によって先行的性質を持つ人間においては、その存在と生成が同一であり、人間は生成可能な存在であり、そうした存在に生成可能であると言える（CD I/1, 457）。

ところが、バルトは人間は依然として罪人であることを否定しない（CD I/1, 462,465）。これは何を意味するのか。生成は神の御心にしたがい、繰り返し生起することから、そのためにはまず、逆説的に人間は罪人であり続ける必要がある。人間の生成は、同一のものへ生成する神とは異なり、罪人からの生成であるから、聖霊が生成させる対象は罪人である。逆に言うと、人間が罪人として存続することと、聖霊が神として存続することが、後者による前者の生成を繰り返し行う契機を提示するのである。この聖霊と罪人とのバランスにおいて、罪人の神の子としての先行的身分のゆえに生成が生起するのである。

このように、聖書と三位一体論と人間論に関するバルトの議論は、自由と生成の概念が解釈上重要な位置を占めている。中でも、生成の概念は特にヘーゲル哲学との深い関係があることも明白となった。しかし、これはバルトが一貫してヘーゲル哲学的な思索をしていたことを意味しない。彼は実際、自己の目的のためにヘーゲル哲学を変革している。自己の置かれた文化的状況をどのように変革し、神学として活用しているかを、バルトの三位一体論をまとめつつ、明示していこう。

第五節　バルトの三位一体論

バルトの三位一体論をまとめるにあたり、彼の主張の各点は相互に有機的に関連しており、幾つかの点に絞ることは容易でないが、ここでは特[332]

332　Cf. Bromiley, G. W., *Introduction to the Theology of Karl Barth*, p.xi; Hunsinger, G., *How to Read Karl Barth*, p.viii. ハンシンガーは、バルトの教義学の六つの特徴を、出来事主義、特定主義、客観主義、人格主義、現実主義、合理主義とする（Hunsinger, G., *How to Read Karl Barth*, p.4.）。Cf. also Hartwell, H., *Theology of Karl Barth*, pp.20ff.

に前述したことに重点を置き、彼の強調点をまとめよう。

(a) 三位一体の神の自由

　バルトは、三位一体の神と人間の議論において神の自由を強調する[333]。自由の概念は、神の自由を阻もうとするすべてのものに対峙する。実際神を拘束するものは何もなく、神は自己のみによって存立する点から（CD I/1, 157）、自存性が神の特徴としてまず挙げられる。他方、御子が生まれることと聖霊の発出に見られる神の他者志向性は、人間もその射程に入れられるほどのもので、ここに一見相互に背反する性質、つまり自存性と他者志向性を持っている。しかし、神のこうした性質は神御自身が調停している点で、そのまま神の自由を示唆するものであるとも言える[334]。

　この自由の概念と密接に結び付いている概念は生成の概念であり、神は自由に神に生成し、聖書は神の御旨に従って特定の時に神の言葉に生成し、罪人は神の子に生成する。これらの生成に共通する点は、神のみがその生成の生起において主権を握っており、人間のあらゆる動機と可能性を超越している点である。

　バルトのこのような自由の概念の強調は、彼の教義学にも神学的に自由な色合いを与えている。彼は教義学の組織化に反対し、教義学はキリスト教信仰の組織となりえないと断言する（CD I/1, 79）[335]。組織は人間の構築物であるため、もし、教義学が神の真の現実を反映するものなら組織化されえないのである（CD I/1, 139）。したがって、もし組織があるとするなら、それは神の組織であり、それは啓示自体であるキリストにほかならな

333　Cf. Otto, H., "Das Gedanke der Souveränität Gottes in der Theologie Karl Barths," *Theologische Zeitschrift Jahrgang 12 Heft 3*, pp.410, 418.

334　Cf. Gunton, C. E., *Becoming and Being*, p.147.

335　Cf. Bromiley, G. W., *Introduction to the Theology of Karl Barth*, p.xi; Hartwell, H., *Theology of Karl Barth*, pp.21f.; Hunsinger, G., *How to Read Karl Barth*, p.53; Jüngel, E., *Karl Barth*, p.27.

い（CD I/1, 137）[336]。この神の組織は人間の組織とは完全に乖離していることを彼自身十分承知していた。彼は『ローマ書講解』でキルケゴールに倣い、彼の言う組織とは時間と永遠の無限の質的差異の認識であるとし、神は天にいて、汝は地にいると述べたが、十年以上後にも依然として、神は天にいて、教義学は地にあると強調している（CD I/1, 85f.）[337]。[338]人間の教義学は神を収めるにはあまりに矮小であるため、残された唯一の可能性は、神御自身の自己啓示に焦点を当て、神の行った出来事を物語ることだけである（CD I/1, 326）。つまり、キリスト教信仰の解説とは組織ではなく、むしろ、出来事の報告なのである（CD I/1, 280）[339]。では、この報告はどんな性質を持つのであろうか。

（b）三位一体の神の啓示の具体性[340]

神が真に自由なら、啓示しない自由もあったと言える。神は三位一体の自己の中に愛の対象を持っていたため自己で充足していた（CD I/1, 139）。ところが実際には、神は啓示を行い、生成が生起した。この出来事により、未知の神の言葉は三重の神の言葉を通して、神は御父、御子、聖霊を通して具体的に人間に知られるようになった。この具体性が、神の「どのような方か」という間接的側面の人間的構築を可能にするものである。バルトのしばしば引用する「今ここで」と「その時そこで」という用語は、啓示の出来事のこうした具体性を明示している。

啓示とは、神が人間と共にいることであり、それは「その時そこで」神の行為であるために、信仰において受容した約束として「今ここで」人

---

336 Cf. Macken, J., *Autonomy Theme in the Church Dogmatics*, pp.34-42.
337 Barth, K., *The Epistle to the Romans*, p.10.
338 Cf. CD I/1, 226.
339 Cf. Hartwell, H., *Theology of Karl Barth*, p.17.
340 Cf. Dalferth, I. U., "Karl Barth's eschatological realism," Sykes, S. W.(ed.), *Karl Barth Centenary Essays*, pp.27ff.; Hunsinger, G., *How to Read Karl Barth*, p.30.

間にとって現実と成るのである（CD I/1, 120）[341]。これは何を意味するのか。「今ここで」によって彼は、当事者にとって出来事は今ここで生起するため、その特定の時所で啓示に遭遇した当人は、自分が中立の傍観者であると主張してそれを回避できないことを意図している（CD I/1, 325）[342]。これは、啓示の受け手である人間の立場から見た用語である（CD I/1, 149）。「今」、「ここ」という語は、他の時、所を指すのではなく、受け手の接する特定の具体的時、所を指すからである[343]。これはまた、人間はこの時、所を決定する立場にないことも示す。人間は単に今、ここに置かれているだけである。次に、語り手の神の立場から見ると（CD I/1, 149）、「今ここで」は「その時そこで」となる（CD I/1, 118）。神のみがその出来事の条件を具体的に特定しうる立場にあり、人間にとっての「今ここでの」出来事を、外から神の視点から見て「その時そこで」と言えるのである。この神の「その時そこで」は、別の時、所、つまり人間にとっての「今ここで」を指す語であり、この意味で人間にとって啓示とは神の庇護の下にある特定の出来事と言える。この啓示の具体性のゆえに、啓示は神御自身から抽象化されたものとは程遠く（CD I/1, 137）[344]、一般的真理でもない（CD I/1, 140,149）。したがって、聖書は種々のこうした特定の出来事を含む具体的記事から成っているのである（CD I/1, 325）。それは、特定の時に特定の所で特定の人間に生起した出来事の集積であり（CD I/1, 149,315,325f.）、その結果、聖書の記事は神と特定の人間との間に生じた特定の関係を物語るのである（CD I/1, 326）[345]。

　このように見ると、神の自由は人間からの超然性や、自己の抽象的存在にあるのではなく、人間へのかかわり方やその時と所に関する神御自身の

341　Cf. CD I/1, 307.

342　Cf. Hunsinger, G., *How to Read Karl Barth*, pp.50f.

343　人が特定の仕方で遭遇する神は「汝」であって、「それ」ではない（CD I/1, 381）。

344　Cf. CD I/1, 249,291,307; Hartwell, H., *Theology of Karl Barth*, pp.23f.

345　Cf. CD I/1, 325.

決定にあると言える。神は自己において永遠に生成するだけではなく、御旨のままに人間に具体的にかかわり、聖書や説教、また人間をも生成させる点で自由なのである。

(c) ヘーゲル哲学的キリスト教神学者バルト

　最後に、バルトの三位一体論の重要性について見よう。主たる現代神学のエキュメニカルな神学的営為は、三位一体論の再発見とその発展であるが、その魁はバルトである[346]。そのことは彼の『教会教義学』において顕著であり、そこで彼は信条やテルトゥリアヌスやアウグスティヌスの著作を踏襲している[347]。

　まず初めに、バルトの語る者と語られた言葉との区別は、源泉とそこから発したもの、つまり、御父と御子の区別を明示するためのものであるが（CD I/1, 427）[348]、これはアウグスティヌス（DT, VII,i,1; CD I/1, 437）やテルトゥリアヌス（AP, 11）[349]によりすでに叙述されている。そして、『教会教義学』の初版が「神は語る」という句を主語と述語と目的語に分析することによって三位一体論を始めたことから、その影響の強さが知れる（CD I/1, 296）。

　神の自己充足性を示すための自己愛と、自己愛における主体と客体の一致の理解も（CD I/1, 139f.）、アウグスティヌス（DT, IX,xii,18）に見られるものである[350]。バルトはさらにこれを発展させ、啓示における主語と述語と目的語の三位一体性を説いた。テルトゥリアヌスやアウグスティヌス

346　Cf. Jenson, R. W., "Karl Barth," Ford. D. F.(ed.), *The Modern Theologians Vol.I*, p.47.

347　三位一体の相互関係については、バルトはギリシア教父の見解に近い（Thompson, J., "On the Trinity," Thompson, J. [ed.], *Theology beyond Christendom*, pp.29f. Cf. Torrance, T. F., *Karl Barth Biblical and Evangelical Theologian*, p.194.）。

348　Cf. CD I/1, 434.

349　Cf. 第一章第二節。

350　Cf. 第二章第二、三節。

の各々の「事実の意味」(AP, 3) と「事柄そのもの」(DT, I,ii,4; XV,i,1) の解釈が三位一体論に導かれたのと同様に、バルトにとって三重の啓示そのものの解釈が彼の三位一体論の源泉となっている。この啓示する者と啓示と啓示される者の三重性は、「啓示する者が啓示される者を啓示する」と構成すると明白なように、自己完結した構造をしている。彼にとってこれは唯一なる神御自身の自己解釈であり、この点で三位一体論は自己閉鎖的円環である (CD I/1, 380)。それゆえ、神は自己充足的であり、あらゆる人間的動機と可能性から乖離した方なのである (CD I/1, 42)。[351] 啓示の視点から解釈したこの三位一体論に、神学的に最も洗練され、結晶化された定式が見出されると言えよう。[352] つまり「語る」、「愛する」、「啓示する」という概念の中で、「啓示する」行為のみが神のみに属する行為で、「愛する」行為はアウグスティヌスが語ったように神の愛に刺激されて人間も倣うことができ、「語る」行為も人間の能力の内に含まれるからである。つまり、古代の神学者たちは人間に共通する行為概念から三位一体の神を分析し、その教理を形成したが、バルトの三位一体論は、神を神のみに固有の行為から解釈することで、神を神御自身の座に戻したと言えるであろう。[353]

　第二に、バルトの教理史研究の造詣は、三つの基本動詞である「持つ」、「在る」、「成る」への言及にも見られる。アウグスティヌスはテルトゥリアヌスの御父と御子の所有関係理解 (DT, V,v,6) に触れ、神の存在の概念を強調し、所有の概念を存在の概念の下に包括した (DT, I,xii,26)。バルトはこれを踏襲し、「と子より (filioque)」問題解決の鍵とする。「御父の御子は、御父の存在と所有するものすべてであり、またそれを所有する。

351　他方、この円環は同時に人に届き、それを包括する (Thompson, J., *Christ in Perspective*, p.42.)。

352　ロバーツはこれを「天上界の同語反復」と呼ぶ (Roberts, R. H., *A Theology on its Way*, p.88.)。

353　したがって、ユンゲルは神の自己解釈という語を好む (Jüngel, E., *The Doctrine of the Trinity*, p.95.)。

……したがって、御子も聖霊の発出者なのである」（CD I/1, 484）[354]。

さらに、バルトはアウグスティヌスから継承した存在の概念を発展させる。双方共に人間の存在は創造者としての神の存在に由来することを説き（DT, VIII,iv,6; CD I/1, 47,388ff.,407）[355]、神の存在についてバルトは、アウグスティヌスの「三位一体の外的行為は、不分割である」という定式に基づき（CD I/1, 362,394,472）、その不分割の行為と存在との一致を強調する（CD I/1, 371）。バルトにおいても、神の本質的一致は、その行為の一致と結び付いているのである[356]。存在概念のこうした行為主義的かつ動的な色調は、さらに生成の概念によって一層増幅された。テルトゥリアヌスは御父と御子の間の生成の関係について触れたが（AP, 10）、バルトは聖霊をも含む生成の関係を導き出した。

バルトにおいては、ヘーゲル哲学がこの生成、自己差異化の概念の導入に大きな役割を果たしている。テルトゥリアヌスの触れなかった聖霊の生成にバルトが言及する時、ヘーゲルの「霊、精神（Geist）」[357]とその生成の強調の影響が考えられる[358]。しかし、バルト神学にヘーゲル哲学的要素が根幹まで影響したのではない[359]。むしろ、バルトは神学の自律性を確保し

---

354 所有と存在の一致については、cf. also CD, II/1, 300,306,308.

355 和解者としての御子の働きも、創造者と同等の働きを持つ。創造は無からの創造であり、和解は死者を復活させる働きである。人が創造者なる神に命を負っているのと同様、和解者なる神に永遠の命を負っているからである（CD I/1, 413）。

356 Cf. CD I/1, 396.

357 ヘーゲルにおける霊としての神の強調は（Hegel, G. W. F., *Lectures on the Philosophy of Religion Vol.III [1824]*, p.195）、非キリスト教的ではない。テルトゥリアヌスやアウグスティヌスもヨハネによる福音書四章二四節に基づき、同趣旨のことを語った（AP, 7; DT, V,xi,12）。観念論哲学は三位一体論の影響を受けている点をバルトは指摘する（CD I/1, 338）。

358 ヘーゲルの生成の概念は、ヘラクリトゥスに由来する（Cf. "being, nothing and becoming," Inwood, M., *A Hegel Dictionary*, p.44; Copleston, F., *A History of Philosophy VII*, p.242.）。

359 Cf. Gunton, C., "Karl Barth and the Western Intellectual Tradition Towards a

つつ、観念論の用語や枠組みを利用したのである[360]。具体的にどのような点で、彼はヘーゲル哲学を自己の神学に従属させたのか。

　第一に、ヘーゲルにとって御父、御子、聖霊の三位一体の関係は、「子どもじみた関係」であり、「単なる比喩的な関係」であり[361]、「御子」とか「御子をもうける」という用語は、ナイーブな表現である[362]。また聖霊は、この御父と御子の家族的関係にはまらず、両者の間の愛と呼ぶほうが適切である[363]。より重要なことは、これらの比喩がそれ自体を超越して指し示す、霊の動的な弁証法的自己運動である[364]。ヘーゲルにとって神とは主として霊であり、世界の弁証法的歴史的過程であり、この世界において霊は自己を三位一体として展開するのである[365]。これに対しバルトは、ヘーゲルが弁証法的方法を神の本質的性質とする時、神の自由に基づく恩寵の動的な

Theology after Christendom," Thompson, J.(ed.), *Theology beyond Christendom*, p.293.

360　Cf. Balthasar, H. U. von, *The Theology of Karl Barth*, p.240. Cf. also Hartwell, H., *Theology of Karl Barth*, p.55; Leslie, B. C., *Trinitarian Hermeneutics*, p.113.

361　Hegel, G. W. F., *Lectures on the Philosophy of Religion Vol.III (1824)*, p.194. Cf. Schlitt, D. M., *Hegel's Trinitarian Claim*, p.207; Schmidt, E., "Hegel und die kirchliche Trinitätslehre," *Neue Zeitschrift für Systematische Theologie und Religionsphilosophie 24*, p.245; Williamson, R. K., *Introduction to Hegel's Philosophy of Religion*, pp.165f.

362　Hegel, G. W. F., *Lectures on the Philosophy of Religion Vol.III (manuscript)*, p.79. Cf. Jaeschke, W., *Reason in Religion*, p.307.

363　Hegel, G. W. F., *Lectures on the Philosophy of Religion Vol.III (1824)*, p.194. Cf. Jaeschke, W., *Reason in Religion*, p.307; Oeing-Hanhoff, L., "Hegel's Trinitätslehre," *Theologie und Philosophie 52*, p.392.

364　Cf. Lauer, Q., *Hegel's Concept of God*, p.300. したがって、バルトはヘーゲルの三位一体論が神の人格性という聖書的概念を否定することになった点を指摘する（CD II/1, 270,290,294）。

365　Barth, K., *From Rousseau to Ritschl*, p.304. Cf. Williams, R. D., "Barth on the Triune God," Sykes, S. W.(ed.), *Karl Barth*, p.152; Welker, M., "Barth und Hegel," *Evangelische Theologie 43*, p.326.

業を不可能にしていると非難する。[366]ヘーゲルの弁証法的方法では、神の存在と行為のすべてが神御自身の必然性になってしまっているのである。[367]バルトによれば、神の恩寵は弁証法的過程の必然性の中にはめ込まれるものではない。[368]むしろ彼は、御父、御子、聖霊の名前自体を強調する。御父と御子を結び付ける聖霊が人間を御父なる神の子とする点で、この名前こそ、人間の子たる身分の源泉なのである。つまり、三位一体の神は、ヘーゲルにとって人間の父と子とその愛に基づく関係の投影であるのに対し、バルトにとって人間における父と子の関係の方こそ、三位一体の神の内的生命の反映なのである（CD I/1, 389,393）。[369]

第二に、ヘーゲルが三位一体と世界との関係に触れて、御父は自然（御子）において意識を達成すると述べる時、[370]彼は御子を有限な存在、世界の物理的性質に縮小している。[371]その結果、御子はもはや世界とは区別さ

---

366 Barth, K., *From Rousseau to Ritschl*, p.304. Cf. Leslie, B. C., *Trinitarian Hermeneutics*, p.122.n.57.

367 Barth, K., *From Rousseau to Ritschl*, p.304.

368 バルトもヘーゲルも啓示宗教としてのキリスト教を強調するが、バルトはヘーゲルの啓示の概念は神の自由の行為ではなく、必然性の行為になってしまっていると非難する（Barth, K., *From Rousseau to Ritschl*, p.304.）。Cf. Fiddes, P., "The Atonement and the Trinity," The British Council of Churches, *The Forgotten Trinity 3*, p.110; Hendry, G. S., "The Freedom of God in the Theology of Karl Barth," *Scottish Journal of Theology Vol.31 No.3*, pp.239f.

369 こうした相違に留意すると、バルトは自分が最も非難するヘーゲル哲学的神論に陥っているというパネンベルクの非難は（Pannenberg, W., "Die Subjectivität Gottes und die Trinitätslehre," *Kerygma und Dogma 1/1977 23*, pp.36f.）、バルトの三位一体論にヘーゲルを読み込み過ぎであると言えるであろう（Gunton, C., "Karl Barth and the Western Intellectual Tradition Towards a Theology after Christendom," Thompson, J.[ed.], *Theology beyond Christendom*, p.301.n.10.）。

370 "God and Christianity," Inwood, M., *A Hegel Dictionary*, p.114.

371 Cf. Welch, C., *The Trinity in Contemporary Theology*, p.12; Hill, W. J., *The Three-Personed God*, pp.150.154f. これは、ヘーゲルが御子と世界を全く同一視していたことを意味しない（Cf. Jaeschke, W., *Reason in Religion*, p.312; Schmidt, E., *Hegels Lehre von Gott*, p.173.）。

第三章　バルトの三位一体論と「生成」概念

れた世界の創造者ではなくなる。[372] こうした理解をバルトは、人間的概念によって構築された宗教的観念の具現化と呼んで非難する (CD I/1, 323)。[373] これは、バルトの支持する御子の永遠性と対峙する。御子の永遠性、つまり子として生まれることの永遠性における先行的性質がなければ、神は必然性というヘーゲル哲学の罠に陥るのである。[374]

バルトはヘーゲル哲学を評価する一方[375]、徹底的にそれを変革する。[376] 神学はヘーゲル哲学から学ぶところが多いが、ヘーゲル哲学が神学に受容されるのは、それが強力に変革されてからであると彼自身も述べている。[377] したがって、重要なことは彼の使用した哲学的枠組みや用語ではなく、むしろそれによって彼が主張しようとしたことである (CD I/1, 378)。三位一体論が、退廃しつつあった異教的古典哲学の用語を使用していたからといって、それが非教会的教理であるとは言えないのと同様である (CD I/1, 333, 376)。三位一体論に限らず、神学者たちは常に何らかの哲学に依存してきたのである (CD I/1, 378)。[378] この公理は、バルト自身にも当てはまる。彼がヘーゲル哲学的枠組みと用語で宣言しようとしたことは、教会の信条の各節である。[379] その際に彼は、自己の神学的主張に利用できるようにヘーゲル哲学を変革したのである。[380] 彼が哲学的用語や枠組みの使用を厭わ

372　Hill, W. J., *The Three-Personed God*, p.154. Cf. Hill, W. J., *The Three-Personed God*, p.155; Welch, C., *The Trinity in Contemporary Theology*, pp.12f.

373　ヘーゲルの「生きた神」は、実質上「生きた人間」である (Cf. Barth, K., *From Rousseau to Ritschl*, p.303)。

374　Cf. Williams, R. D., "Barth on the Triune God," Sykes, S. W.(ed.), *Karl Barth*, p.168.

375　Cf. Barth, K., *From Rousseau to Ritschl*, p.299.

376　Cf. Jenson, R. W., *The Triune Identity*, p.136; Roberts, R. H., *A Theology on its Way*, pp.89f.

377　Cf. Barth, K., *From Rousseau to Ritschl*, p.301.

378　Cf. Welch, C., *The Trinity in Contemporary Theology*, p.166.

379　Cf. Leslie, B. C., *Trinitarian Hermeneutics*, p.114.

380　Cf. Balthasar, H. U. von, *The Theology of Karl Barth*, p.36; Hunsinger, G., *How to Read Karl Barth*, p.86.

なかったのは、実にこのためである。

　テルトゥリアヌスやアウグスティヌスがストア哲学やプラトン哲学に依存して、信仰基準を明示したのと同様、バルトはヘーゲル哲学に依存しつつ教会の信条を解明し、神の行為主義的動的側面を強調することで、信条の現代的解釈を施した。ヘーゲル哲学を援用しつつ、キリスト教の主張を明示した点で、彼はヘーゲル哲学的キリスト教神学者と呼ばれうるであろう。

第二部　三間一和論

三つの間と一つの和

第四章　神の和の神学の風土的基盤

　本書の前半は、西方ないし西洋の主要な神学者たちの三位一体論における思考方法が、それぞれの置かれていた文化的背景の影響をどのように受けたかについて研究し、特にアウグスティヌスやバルトが、そうした文化をどのように変革したかについても述べた。本章は、日本という状況の中で三位一体の神を明示するために有用と思われる日本の風土の諸側面を研究する。その際、日本の自然風土と精神風土に焦点を当てるが、後者はさらに日本の人間論と和の概念に分けて検討する。

第一節　日本の自然風土

　すべての人間はある一定の時間と空間に位置付けられており、それを回避することはできない。数千年にわたりアジア大陸の東隣で独自の文化を形成してきた日本人は、自分たちを取り囲み、その生活様式と思考方法に影響を与えてきたものに対するお気に入りの用語を持っている。それは「風土」である。「現代日本最高の倫理学者」[381]と言われた和辻哲郎（一八八〇年－一九六〇年）は風土を次のように定義する。「風土と呼ぶものはある土地の気候、気象、地質、地味、地形、景観などの総称である」[382]。これらが日本の文化史に影響を与え続けてきたものであるが、それは日本の気候と地理の二つに要約することができよう。この二大要因が日本における稲作の定着と発展を推進し、日本人の共同体の在り方を広範囲に規定したの

381　Piovesana, G. K., "Watsuji Tetsurō," Edwards, P.(ed.), *The Encyclopedia of Philosophy Vol.8*, p.280.
382　和辻哲郎『風土』7頁。「風土」の広義については、鈴木秀夫『風土の構造』15頁以下参照。

である。しかし、当然のことながら稲作は定着する前に導入されなければならない。日本は、稲作の発祥地であるアジア大陸と地理的にどのような関係にあったのか。まず最初に、日本の地理的位置について検討しよう。

（a）日本の地理的位置

イタリアの商人マルコ・ポーロ（一二五四年—一三二三年）は、「ジパング」ないし「チパング」の名で日本をヨーロッパに紹介した最初の人物として知られている。「チパングは東海にある大きな島で、大陸から二千四百キロの距離にある。住民は色が白く、文化的で、物資に恵まれている。偶像を礼拝し、どこにも属せず、独立している。黄金は無尽蔵にあるが、国王は輸出を禁じている。しかも大陸から非常に遠いので、商人もこの国をあまりおとずれず、そのため黄金が想像できぬほど豊富なのである」[383]。マルコ・ポーロは、実際に日本に来たことはなく、彼が日本に関して知っていたことはすべて二次的な情報などに基づくものであったため、彼の記録は現代の学問的見地から見ると概して不正確で信用できない。しかし、彼の記述したことの中には、アジア大陸と日本の関係を考える時に極めて重要となってくる事柄がある。彼が日本は「大陸から非常に遠い」と述べる時、次のような文化的、政治的理由により、彼は半分正しいと言える。

第一に、島国である日本は、アジア大陸の東岸から相当離れていたため、日本の地域文化が当時最高度に発展した中国文化に融合されずに済んだ。もし、日本が中国と隣り合わせであったとしたら、日本の文化は中国文化圏に吸収され、その独自性を失っていたことであろう[384]。

第二に、アジア大陸と日本の距離は、当時の船舶技術によって軍隊が大陸から日本に渡航し、日本を大規模に攻撃することを不可能にするほど離

---

[383] マルコ・ポーロ『東方見聞録』166頁。

[384] 丸山真男「Ⅲ　原型・古層・執拗低音」加藤周一他（武田清子編）『日本文化のかくれた形』135頁以下参照。

れていた。[385] アジア大陸から艦隊が侵略的意図を持って渡航して来たとしても、日本に到着する前に自然の猛威によって艦隊は衰弱し、その結果、組織的かつ効果的に戦略を展開することができなかったであろう。第二次世界大戦以前の日本に対する侵略行為としては文永・弘安の役（一二七四年・一二八一年）が挙げられるが、双方共に暴風雨などで失敗している。[386]

　ここで、日本と韓国の間の対馬海峡をイギリスとフランスの間のドーヴァー海峡と比較すると、日本の地理的位置付けが一層鮮明になるであろう。対馬海峡は約二百キロメートルもあり、ドーヴァー海峡の幾倍もの広さがある。また、日本と中国の間の海は、数百キロメートルもの距離を持っている。当時の船舶技術にとってこれらの距離は、極めて長いものであったのである。[387] ドーヴァー海峡は、紀元前五五年にすでにカエサルが渡っており、イギリスは以後多くの点でヨーロッパとの緊密な関係を確立している。これとは対照的に、対馬海峡にはこのような経験がないため、アジア大陸から日本に文化が一挙に大量に流入することはなかった。[388] したがって、もし、対馬海峡がドーヴァー海峡ほどの距離であったなら、日本の歴史と文化は全く異なったものとなっていたことであろう。[389]

　しかし、対馬海峡の距離は、アジア大陸の文化が徐々に日本に浸透してくることを不可能にするほど大きなものではなかった。逆に言うと、友好的な意図を持った人々が渡航することができるほど、大陸と日本は近かったのである。事実、約二千年前に日本と中国が文化的交流をしていたことを示す証拠が残っている。日本人に関する記述は歴史的に『後漢書』において初めてなされるが、これには日本の王の使者が洛陽の光武帝に謁見

385　以下については、堺屋太一『日本とは何か』95頁、Yamamura Kozo (ed.), *The Cambridge History of Japan Vol.3*, 131-148頁参照。

386　堺屋太一『日本とは何か』95頁。

387　Reischauer, E. O., *Japan Past & Present*, 6頁参照。

388　丸山真男「III　原型・古層・執拗低音」加藤周一他（武田清子編）『日本文化のかくれた形』135頁以下、鈴木孝夫『閉ざされた言語』129頁以下参照。

389　堺屋太一『日本とは何か』94頁。

第二部　三間一和論

し、『漢委奴国王の印』を授かったとの記録がある。少なくともその時以来、日本はアジア大陸から文化的に極めて大きな恩恵を被っている。稲作やその灌漑設備、宮廷音楽、茶道、漢字、仏教や儒教は、日本の伝統的文化を代表しているが、それらは究極的には大陸の文化に由来しているのである。[391]

このように、日本がアジア大陸の東隣に位置していたために、一方で、大陸の動乱や大陸からの大規模な侵略、また日本文化の大陸文化への吸収を免れ、他方で、大陸の文化の刺激を徐々に受けることによって、日本は独自の文化を発展させていくことができたと言えよう。[392]

（b）日本の気候[393]

日本がアジア大陸から賜った文化的恩恵の中で最大のものは、恐らく稲作であろう。稲作の導入自体には日本の地理的位置が大きく影響するが、その定着、発展となると日本の気候自体が一層大きな要因となる。そして、この日本の気候も、日本が大陸の東隣に位置していることと密接な関係がある。日本を含むアジア大陸の気候を大規模に特徴付けているものはモンスーンであり、この用語はアラビア語で「季節」を意味する語に由来している。[394] モンスーンは季節風で、冬季にはアジア大陸からインド洋に吹き、

390　堺屋太一『日本とは何か』95頁以下。Brown, D. M., *The Cambridge History of Japan Vol.1*, 275頁以下、Reischauer, E. O., *Japan Past & Present*, 16-31頁、Tsunoda Ryōsaku et al.(eds.), *Sources of Japanese Tradition*, 9頁参照。

391　梅原猛編『日本とは何か』108頁参照。灌漑については、玉城哲他編『水利の社会構造』57頁参照。

392　石田英一郎『石田英一郎全集　4　人間を求めて』135頁、356頁以下、丸山真男「Ⅲ　原型・古層・執拗低音」加藤周一他（武田清子編）『日本文化のかくれた形』135頁以下、Reischauer, E. O., *Japan Past & Present*, 7頁、堺屋太一『日本とは何か』94頁参照。

393　ここでは「気候」という用語を狭義に使い、季節風の観点から見た大気の状態を意味した。

394　以下については、和辻哲郎『風土』24頁参照。

夏季には逆の方向に吹く。特に夏は、インド洋から熱気と湿気を大量に含んだ大気を中国や日本を含むアジア大陸に運ぶことで知られている[395]。これによって、大量の水分と相当の熱気を必要とする稲などの熱帯性植物が日本で豊かに成長することが可能となるのである[396]。

（c）稲　作[397]

　稲作は日本では二千年以上も前に九州北部に導入され、その後数百年のうちに日本全体に広がった[398]。日本が牧畜を摂取せずに、稲作を定着させた主要な原因として、まず第一に、日本の気候が温暖で、十分な湿気があること（この気候は稲作に適している）、第二に、狭隘な平地を囲むように急峻な山地が屹立していること（こうした地形は牧畜に不適である）が挙げられよう[399]。しかし、日本の稲作を発展させた最大の要因は、稲そのものの特質にある。その特質として、次の点が列挙できよう[400]。

395　和辻哲郎『風土』24頁。

396　和辻哲郎『風土』135頁。大島健彦他編『日本を知る事典』837頁参照。

397　厳密に言えば、稲作には水稲と陸稲の区別があり、以下の記述は前者に適合するが、十三世紀までは両者の区別はなかった（宮本常一『日本文化の形成　中』98頁参照）。

398　石田英一郎『日本文化論』80頁以下、宮本常一『日本文化の形成　上』31頁、宮本常一『日本文化の形成　下』35頁以下、佐々木高明『日本文化の基層を探る』40頁、84頁以下、220頁以下、玉城哲他『風土』29頁以下、54頁以下参照。稲作が全国に広がりつつある中、アイヌの人々は漁撈と狩猟とアワ・ヒエを中心とする農耕を重ねたような独自の文化をすでに形成していた（宮本常一『日本文化の形成　中』70頁、73頁、宮本常一『日本文化の形成　下』73頁参照）。本書で稲作を日本の文化の一つとして扱う時、それはアイヌの人々の文化など他の文化を排斥するためではなく、日本の歴史と文化を大規模に方向づけた稲作の文化史的意義とその悪弊を明示するためである。

399　Reischauer, E. O., *Japan Past & Present*, 5頁、堺屋太一『日本とは何か』88頁、玉城哲他『風土』16頁以下参照。

400　以下については、大島健彦他編『日本を知る事典』837頁、堺屋太一『日本とは何か』88頁、佐々木高明『日本文化の基層を探る』39頁、91頁、富

（1）稲作は、多種の作物の利用できない低湿地を十分に活用することができる。
（2）稲は土地を短期間しか占有しないので、条件が整えば年に二回の収穫が同一の土地から期待できる。
（3）稲には多くの種類があるので、種々の状況に応じて播種や植え付けの時期などを変えることができる。
（4）稲は小麦や粟と比較すると、単位面積当たりの収穫高が極めて高く、最大多数の人口を維持することができる。

こうした要因が相俟って、日本における稲作の定着と発展を推進したのである。[401]人々は稲作によって多くの恩恵を享受する一方で、同時にその生活様式は稲作によって形成されていくことになった。それでは、稲作を通して日本人はどのような共同体を形成していったのか。

第一に、稲作は高度に労働集約型の農作業を必要とする。[402]稲作を始めるには、まず人々は協力して田を平らにして、田と田の間に畦を作り、水をそれぞれの田で張れるようにし、そして、水が適切に配分されるように用水路を作らなければならない。[403]これらの作業とその維持は、決して一、

　　山和子『日本の米』19頁、和辻哲郎『和辻哲郎全集　第十一巻　倫理学　下』169頁参照。

401　これらのことは、稲には欠点がないことを意味しない。事実、稲は他の作物と同様に、播種と植え付けの時期における乾燥気候に弱く、開花期には晴天を必要とする。また特に、秋の台風はすべての収穫を台なしにする可能性がある（大島健彦他編『日本を知る事典』837頁参照）。

402　以下については、石田英一郎『日本文化論』102頁、150頁以下、Reischauer, E. O., *Japan Past & Present*, 15頁以下、堺屋太一『日本とは何か』88頁、佐々木高明『日本文化の基層を探る』92頁、126頁以下、玉城哲他編『水利の社会構造』294頁以下、富山和子『日本の米』35頁以下、和辻哲郎『和辻哲郎全集　第十一巻　倫理学　下』170頁以下参照。

403　十分な水分を降雨などの天然の力で得ることのできる田は殆ど存在しないので、殆どの田には灌漑設備が必要である（玉城哲他編『水利の社会構造』

二の個人や家族でできるものではなく、大勢の人々の協調と団結の精神なくしては不可能である。この意味において、稲作を生業とする人々は共同生活を営むことが必須なのである。

　第二に、こうした共同生活を営む人々は、少なくとも毎年同じパターンの農作業を繰り返すことによって、同じ人々と繰り返し顔を合わす必要があるため、人々の間のあらゆる種類の摩擦や不和を避け、和の精神を尊ぶ共同体を作ろうとする。[404]こうした人々は仕事の性質上土地から離れ、独立して働くことができないため、この精神はその共同体において肝要である。あらゆる田を相互に繋ぐ水路から自分の田に水が適切に配分されるか否かが、人々にとって死活問題であるのと同様に、人と人との間の繋がりが生きていく上で最も重要なものなのである。狩猟民族や牧畜民族なら、独立的な遊牧生活を営むことが可能である。何かあれば家族や家畜と共に別の土地へ移動し、その新しい土地で高度の緊張を強いられるとしても、自分たちだけで生きていくことが十分可能である。しかし、稲作に従事する農耕民族は、土地に縛られた集団から離れると実質上生きていけなくなるのである。

　稲作のあらゆる側面は、高度の協調精神を要求する。それがなければ、稲作農業を効果的に営むことはできないし、和と団結の精神が高唱される背後には、死活問題が存在するのである。この精神は、日本人の人間論や和の概念に顕著である。初めに、日本人の人間論から検討しよう。

第二節　日本の精神風土（一）人間の間

　稲作農業は、日本では長期間にわたり伝統的な職業であったが、特に戦後それに従事する人の数は激減してきている。それにもかかわらず、日本

---

　55 頁以下参照）。

404　以下については、Nakamura Hajime, *The Ways of Thinking of Eastern Peoples*, 310 頁、大島健彦他編『日本を知る事典』905 頁、堺屋太一『日本とは何か』99 頁以下、向坂寛『和の構造』127 頁参照。

の生活様式や思考方法に対する稲作の文化的影響は甚大で、農作業において必要とされた精神は、日本の「人間」論や「和」の概念において保存されている。最初に、日本の主要な人間論から検討しよう。

（a）和辻哲郎における人間の「間柄」

「人」もしくは「人間」という概念を二十世紀最初に学問的に検討したのは、和辻哲郎である[405]。彼は一九三四年に著された『人間の学としての倫理学』において、それらの概念の語源的、意味論的研究を行っている。

第一に、和辻は「人間」という漢字が二つの漢字、「人」と「間」から成り立っており、日本では現在この二語で一般に人を表すが、元々は「人間」とは人間の世界、即ち共同体[406]を意味していたこと、そして、誤って通俗的に人を意味するようになったことを指摘する（『人間の学としての

---

[405] 和辻が「人間」という用語に興味を持つようになった経緯については、夏目漱石（一八六七年―一九一六年）の晩年の思想に留意する必要がある。現在日本で最も人気のある著名な夏目を、和辻は当時敬愛していた。夏目は徹底した個人主義者であったが、個人主義と自己中心性を自分は支持するものの、個人と個人を結び付ける何かがなければならないという趣旨の講演を一九一四年に行っている（唐木順三「和辻哲郎の人と思想」唐木順三編『和辻哲郎』12頁）。その時、和辻は二十代中頃であった。夏目の晩年のこの思想の変化は、彼が晩年好んで使った「則天去私」、つまり自己を否定して、天に従って生きることを示す用語にも明白に現れている。実存主義哲学者であるニーチェやキルケゴールに関する本をそれぞれ一九一三年と一九一五年に好意的に著していた和辻が、後に『人間の学としての倫理学』（一九三四年）や『倫理学』（一九三七年―一九四九年）などの著作において関係論的な人間理解を発展させたことを考慮すると、和辻に対する夏目の影響は否定しえない（唐木順三「和辻哲郎の人と思想」唐木順三編『和辻哲郎』14頁、宗谷周三郎「和辻の『転向』について」家永三郎他編『哲学と日本社会』114頁参照）。夏目の指摘は、和辻の「人間」理解に結実していると言えよう。

[406] ここで、西洋の典型的な用語である「社会」という用語を意図的に避けた。「社会」は、他者から独立した個人の集まりとして成り立つものを指すからである。この意味で、厳密には日本には「社会」は存在しない。「社会」という用語は、西洋のsocietyを示すものとして約百年前に造られた新語である（柳父章『翻訳語成立事情』3頁以下）。

倫理学』14頁)[407]。この誤解には、それを引き起こしたある重要な出来事があった。

中国語に訳された仏教の経典では、「人間」は人間の世界を意味していた(『人間の学としての倫理学』17頁以下)[408]。古代インドの神話では、生き物は五つの「ローカ（loka）」（パーリ語で「世界」を意味する）の間を転生している。それらは、「地獄中（nirayaloka）」、「餓鬼中（tiracchānaloka）」、「畜生中（pittivisayaloka）」、「人間（manussaloka）」、「天上（devaloka）」である。生き物は、例えば「畜生中」では畜生になり、「人間」では人となるのである。ここで、これら五つの世界の末尾の「中」、「間」、「上」といった文字は、それぞれ「ローカ」の訳語である。したがって、「人間」とは人の「ローカ」、すなわち人の「世界」を示す。「人間」という漢字を取り入れた日本でも、最初はこの用法が守られていた。しかし、中国語の経典は二語からなる「人間」や「天上」に合わせて、「地獄中」、「餓鬼中」、「畜生中」の「中」をしばしば省略し、「地獄」、「餓鬼」、「畜生」と記していた。ここで「人間」は「餓鬼」や「畜生」と対比されることになり、日本人はこれによって元々人の世界を意味する「人間」を生き物としての「人」と理解し始めたのである。和辻によれば、この出来事はある意味で偶然的なものであるが、この偶然的な出来事を通して日本人の人間理解が顕在化したのである（『人間の学としての倫理学』18頁以下）。彼が続けて強調するように、もし、日本人の人間理解と共同体理解が緊密な関係を保っていなければ、このような出来事は起こらなかったであろう（『人間の学としての倫理学』19頁）。つまり、元々人の世界を意味する「人間」が日本において「人」そのものを意味するようになったということは、日本人は人を共同体に本質的に位置付けられた存在として理解していること

---

[407] 和辻哲郎『和辻哲郎全集　第十巻　倫理学　上』16頁参照。南博によれば、これは十四世紀初頭に起こった（浜口恵俊『「日本らしさ」の再発見』118頁注3)。

[408] 以下については、和辻哲郎『和辻哲郎全集　第十巻　倫理学　上』16頁以下参照。

を示している（『人間の学としての倫理学』14 頁）。和辻は、この誤解を極めて重要な出来事と見なす。これは日本人の人間論の特徴を明確に物語っているからである。こうした理解は、日本の「人」の理解にも明確に現れている。

第二に、和辻は「人」の概念の分析をする。古代の中国では「人」は最高の霊の宿る所を意味し、「人」を「人」たらしめているものは言葉の所有である（『人間の学としての倫理学』15 頁）。「人間」が日本において意味の変化を経たように、「人」の意味も同様に日本において変化しており、それは現代日本の「人」の用法に顕著である。現代において「人」には、次のような用法があることを和辻は指摘する（『人間の学としての倫理学』15 頁）[409]。

(1)「人」は、自己と対比されたものとしての相手を意味する。例えば、「人の物を取る」とは、相手の物を取ることを意味する。
(2)「人」はまた、一般の人をも意味する。例えば、「人は言う」とは、特定の人ではなく一般に誰でもそう言うことを意味する。ここで「人」は、人々全体、つまり共同体の意味に近い。
(3) さらに「人」は、自己をも意味する。(1) では、「人」が相手を意味することを示したが、この「相手」から見れば、自分もまたその人の「相手」である。したがって、自分を馬鹿にしている相手に向かって、「人を馬鹿にするな」と言えば、それは「私」を馬鹿にするなということを意味する。ここで、「人」は「私」に呼応している。

「人」という一語が、自己、相手、人々を意味しうるという事実は、日本人の関係論的な人間理解を適切に示している。(3) で指摘したように、自己とは相手との関係において位置付けられており、(2) においては、人が共同体をも意味するからである（『人間の学としての倫理学』16 頁）。

---

[409] 向坂寛『和の構造』71 頁以下参照。

「人」がそれ自体で、共同体の意味を持っていることを考慮すると、人の世界を意味した「人間」が「人」を意味するようになったことは何ら驚くべきことではないと和辻は考える（『人間の学としての倫理学』17頁）。これらの点から、彼は「人間」を「人の間」、つまり人の間、「間柄」に生きる人と解釈する。日本においては、人は相互の人間関係において理解されるのである。[410]

第三に、和辻は仏教学の観点からいかにして「人間」が「人」を意味するようになったかを解説する。彼は、共同体とその中の人の関係を全体と部分の弁証法的関係において解説する（『人間の学としての倫理学』19頁以下）。つまり、全体は部分に依存しているし、部分は全体に依存している。例えば、生徒（部分）は学校（全体）が無ければ、そこに出席できず、したがって生徒でなくなるという点で、生徒は学校に依存している。また、学校は生徒がいなければ、もはや学校とは呼べないという点で、学校は生

---

[410] 和辻はさらに「間」の重要性を力説する。彼によれば、人の存在は個人と個人の間にあるものであるが、個人はその「間」に先立つものではない（和辻哲郎『和辻哲郎全集　第十巻　倫理学　上』88頁参照）。日本と異なり中国では、「人間」は人を意味するようにならなかった（和辻哲郎『人間の学としての倫理学』17頁）。しかし、中国の「人」理解は日本と同様、人間関係を前提としている（浜口恵俊『「日本らしさ」の再発見』65頁以下）。類似の自然風土でありながらも、異なった「人間」理解を発展させていった理由は、日本は島国で外国からの侵略者が殆ど無く、その分自国の伝統や文化、そしてその存在理由などを反省する機会を持たず、その結果、それらを保存しえたという点に求めることができよう（浜口恵俊『間人主義の社会　日本』119頁以下）。もし、外国からの侵略者に度重なって遭遇していれば、その都度自国の存在理由を侵略者に対して宣言する必要があり、その分自国の種々の問題点を熟考し、批判する機会が生まれ、その結果伝統的な社会から逸脱していくというのである。なお、「人」という漢字は、語源的には一人の人が立っている姿を横側から見た時の形を表す象形文字であるが、日本の小学校などでは、「人」は二人の人が支えあっている姿であると伝統的に教えている点は興味深い。語源的には何の根拠もないこうした教え方に、日本人の典型的な人間理解が見られる。

徒に依存している。ここで学校も生徒もその存在は、相互の依存性にある。仏教ではこの種の論法を「絶対否定」と言う。全体性が否定される時、部分が現れ、部分が否定される時、全体が現れるからである。この否定を通して、部分と全体は弁証法的運動を保っているのである（『人間の学としての倫理学』35 頁）。

　日本においてこの種の思考方法は、現代の種々の日常用語に残っている（『人間の学としての倫理学』8 頁、20 頁）。例えば、「兵隊」は組織された軍隊全体を指すと同時に、その軍隊の一人の構成員を指して「兵隊」と呼ぶこともできる。つまり、「兵隊」はその一語において、全体と部分の両方を意味することができるのである。この原則は、「友達」や「仲間」についても該当する。同様にして、一人の人を、共同体を意味した「人間」と呼ぶことが可能なのである。このようにして、現在日本では「人間」は一人の人を示すと同時に、共同体における複数の人をも意味しうるのであり、この部分と全体の両側面が弁証法的に関係しているのである（『人間の学としての倫理学』20 頁）。

　和辻によって開拓された日本の人間論は、その後大きな影響を及ぼし、後代の研究家が日本の文化的アイデンティティーの問題と取り組む時に必

411　湯浅泰雄『和辻哲郎』268 頁以下参照。

412　向坂寛『和の構造』75 頁以下参照。

413　和辻哲郎『和辻哲郎全集　第十巻　倫理学　上』17 頁以下参照。

414　和辻はこれらの二つの特徴を「世間性」と「個人性」（和辻哲郎『人間の学としての倫理学』27 頁）、ないしは、「社会性」と「個人性」とも呼ぶ（和辻哲郎『和辻哲郎全集　第十巻　倫理学　上』22 頁）。興味深いことに、これと類似の思想はヘブライ思想に見られる。ヘブライ思想では、具体的なものを同時に抽象的なものとして、個別のものを集団的なものとして示すことができるので、例えば、「アダム」は一人の人であると同時に、人間全体をも指す（Boman, T., *Hebrew Thought Compared to Greek*, 70 頁以下）。このような思考方法は、ヘブライ人にとって、思索において重要なことは数の問題ではなく、物事の本質がその一つのものであれ、全体であれ、そこに体現されているかいないかという質の問題にあるという事実に由来している（Boman, T., *Hebrew Thought Compared to Greek*, 70 頁）。

第四章　神の和の神学の風土的基盤

要不可欠の研究文献となっている。次に挙げる木村敏は、和辻が学問的に整理した日本の人間論を発展させた学者の一人である。

(b) 木村敏における「人と人との間」

　間という視点から人間を解釈しようとした第二の主要な研究は、一九七二年に『人と人との間』を著した精神病理学者の木村敏（一九三一年生まれ）によるものである。彼は「人と人との間」で何を意図したのか。

　木村によれば、自己が自己を意識するのは、自己が非自己と出会う時である（『人と人との間』14頁以下）。この自己と非自己の相違によって、自己は自己と呼ばれうるのである。したがって、非自己なしに自己は存在しない。この意味で、自己と非自己は同時に現れる。この二者が現れる前に、この二者の出会いを引き起こした何かが存在する。この何かを木村は、便宜上「人と人との間」と呼ぶ（『人と人との間』15頁）。これは、独立した二つの個体が相互に出会う場所としての関係というよりも、むしろ、自己と非自己、我と汝の間の関係を存在させる時間と空間を超越した場である（『人と人との間』15頁以下、65頁）。この場は、現実の日常生活に

415　日本人に典型的な病理学的特徴を研究していくうちに、木村は多くの日本人の神経症が西洋の病理学の範疇では十分に説明できないという事実にぶつかり、和辻の人間論を応用すると、それらの解明に極めて有効であることを突き止めた。例えば、対人恐怖症は西洋人より日本人に極めて多く見られる症状であるが、木村によれば、あらゆる神経症の中で対人恐怖症ほど日本人の人となりを明確に映し出しているものはない（木村敏『人と人との間』186頁）。日本人が対人恐怖症にかかるのは、人と人との間で引き起こされる心理的緊張感に極度に敏感であることと深い関係がある。

416　我と汝の関係を強調し、その「間」を人間存在の主要な範疇としたブーバーの思想（Buber, M., *Between Man and Man*, 244頁以下、木村敏『あいだ』114頁以下参照）の影響も木村は受けている。木村は引用していないが、スコットランドの哲学者マクマレーの人間論もこれに近い。彼によれば、自己と他者は相関関係にあり、自己の区別は他者の区別と相関して起こる。また、自己を他者と区別することにおいて、自己は常に他者に属しているのである（Macmurray, J., *Persons in Relation*, 86頁）。

おいても具体的に関与している。

　第一に、この「間」は空間という観点から具体的に見れば、日本人の「義理」の関係において表現されている（『人と人との間』35頁以下、69頁）。義理は日本に典型的な習慣的義務であり、自己と非自己の間の円滑な人間関係を保つために必要不可欠のものである。これは日本人の社会的・道徳的行動規範を大きく規定している。義理を果たす通常の方法は、他人の親切に報いて、他人の期待に応じた生き方をすることである（『人と人との間』40頁）。この義理の関係は、日本の稲作の農作業における相互扶助に由来しており（『人と人との間』72頁）[417]、もし、ある人が他人にある農作業を手伝ってもらったら、その人はお返しにいつでも手伝ってもらった人に援助の手を差し出すことが期待された。どれほどの援助をすべきかは、両者がどのような関係を持っているかによる。この関係は、友人や隣人などの同等の関係の場合もあれば、大人と子供、主人と使用人などの従属的関係の場合もある。この関係の動的な均衡は、この両者のどちらか一方のみによって決定されるのではなく、相互に関係している両者がいて初めて決定されるものである。つまり、義理の関係の持ち方は、両者の間で決定されるのである。この関係によれば、義理を果たさない人は、道徳的に欠陥を持った人と見なされる。したがって、概略的に言えば、日本においては、道徳的義務は水平に人と人との間に位置付けられており、この間で生まれる種々の義務観念が人間の適切な行動規範を決定するのである（『人と人との間』39頁）[418]。これは目に見えないものであるが、「人と人との間」は人間の行動規範を提示する点において極めて現実的なものなのである（『人と人との間』65頁）。

　第二に、この「間」は時間という観点から具体的に見れば、特に、自己から両親、祖父母、祖先と遡及して見れば、日本人の「祖先」崇拝において表現されている（『人と人との間』69頁）。発生論的に見れば、自己が

417　ここで木村は、源了圓『義理と人情』42頁以下に依拠している。
418　井上忠司『「世間体」の構造』182頁、中根千枝『タテ社会の人間関係』160頁以下参照。

第四章　神の和の神学の風土的基盤

時間的に出会う最初の非自己は両親であり、その両親もさらにその両親である非自己と最初に出会っている[419]。したがって、自己はその存在の起源に関して、祖先と決定的な関係にあると言える。しかし、これは自己の存在が一方的にその両親や祖先に依存していることを意味しない。自己の存在は、むしろ自己と両親ないしは祖先の間に依存しているのである。両親が両親であるのは、両親が子供と保っている「間」のためであり、子供が子供であるのは、子供が両親と保っている「間」のためである。日本人の祖先礼拝は、この「間」に対する畏敬の一表現なのである。

このように、具体的な時間と空間において、日本人は自己の存在基盤を自己自身の内のみに持たず、また非自己の内のみにも持たず、むしろ自己と非自己の間に持つ（『人と人との間』75頁以下）。自己を表す日本語の「自分」という用語は、この含蓄を明確に示している。木村が指摘するように、西洋では「自己」とはそれ自身の個別性や実体性を表し、そのアイデンティティーと存在の永続性をも含有しているが、「自分」とは、「自」と「分」から成っていることからも明白なように、自己を超越した何かからの「自」分の「分」け前を示しているのであり、永続的な実体や属性を示すものではない（『人と人との間』154頁）。つまり、日本の「自分」の概念は、他人との「間」を保っている所であるその場の概念も含んでいるのである。「自分」とは、自己が非自己と関係を持つことによって自己の分け前をもらっている「間」と自己自身の両方の概念から成り立っているのである。「人」と「間」から成る「人間」という用語の特質は、ここにおいても明白である。「人間」が絶対的に一定のアイデンティティーや実体や属性を持たないのは、人と人との間が、両者の関係、両者の出会う時間や空間によって具体的に決定されるためである。

こうした「自分」理解は、日本語の第一人称を検討すると一層明白になる[420]。西洋語においては、第一人称を表す用語は一つのみである。例えば、

419　母親と子の間の緊密な関係については、Macmurray, J., *Persons in Relation*, 80頁参照。

420　以下については、浜口恵俊『「日本らしさ」の再発見』159頁以下、向坂

英語では I, ドイツ語では Ich, フランス語では Je である。そして、これら
は大抵省略されない。これとは対照的に、日本語は十以上もの第一人称が
ある。「私」、「あたし」、「僕」、「俺」、「己」、「わし」、「我」など。そして、
これらの内の適切な一つが、自分の話している相手との関係において選択
されるのである。また、この第一人称は日常会話においてしばしば省略さ
れる（『人と人との間』133 頁以下）[421]。これらのことは、次のことを意味し
ている。西洋では、唯一の仕方で表現される「自己」は、時間、空間、人
間関係にかかわらず、掛け替えのない一定の存在であり、自己のアイデン
ティティーは確立された事実であり、自己のあらゆる思考やその表現に先
立っている（『人と人との間』137 頁）。日本においては「自己」は、自己
が保っている他者との関係において決定され、時として自己はその関係の
中に吸収される（『人と人との間』141 頁以下）[422]。したがって、木村が強調
するように、日本語と日本人の思考方法においては、私が誰であり、また
あなたが誰であるかは、私とあなたの間の関係によって決定されるのであ
る。個人がそのようなものとして決定される前に、まず人間関係が存在す

寛『和の構造』85 頁以下、鈴木孝夫『閉ざされた言語』185 頁以下、鈴木孝
夫『ことばと文化』148 頁以下参照。

[421] 森有正は、日本語の第一人称の曖昧さを指摘し、日本語の「あなた」と
対応しているものは「わたし」ではなく、「あなた」の相手であるもう一人の
「あなた」、つまり「あなたのあなた」である点を看破している（森有正『森
有正全集　第 12 巻　経験と思索』63 頁以下。また和辻哲郎『人間の学とし
ての倫理学』139 頁以下参照）。このことは、日本語の第一人称の「わたし」
ないしは「わたくし」が、語源的には「我盡し（わつくし）」、つまり我を消
滅させることに由来している事実と関係している（向坂寛『和の構造』85 頁）。
この意味で日本の人間関係論は、ブーバーやマクマレーの「我と汝」、「私と
あなた」の関係と異なっている。日本の人間関係は「汝と汝」、ないしは「あ
なたとあなた」の関係なのである。

[422] 以上と同様のことは、日本語の第二人称についても該当する。日本語では、
第一人称や第二人称と比較して、第三人称は発達しなかった。これは、日本
人が向かい合った（face to face）関係を重視していたことを示す（板坂元『日
本人の論理構造』162 頁、向坂寛『和の構造』42 頁以下）。こうした関係は、
基本的に稲作の農作業を通して形成された。

第四章　神の和の神学の風土的基盤

るのである（『人と人との間』13頁）。まず最初に、「人と人との間」が存在し、これが自己を決定するのである（『人と人との間』142頁）[423]。つまり、西洋の人間理解とは対照的に、日本においては関係が主体に先立ち、この逆ではないのである（『人と人との間』144頁）。

　和辻の理論にしたがって木村は、さらに自己と非自己の保つ緊密な「間」の関係を明示し、その「間」が両者に先立つことを指摘した。こうしたテーマは、西洋の「個人」という用語と対峙するものとして、日本の関係論的人間理解を明示するために独自の新語を造った浜口恵俊に受け継がれた。次に、日本の人間理解に関する最近の研究を検討しよう。

（c）浜口恵俊における「間人主義」

　日本の人間論に関する第三の主要な研究として、日本研究の学者として知られる浜口恵俊（一九三一年生まれ）によって一九七七年に出版された『「日本らしさ」の再発見』を挙げることができよう。この研究の特徴は、日本に内在する概念枠組みを利用して日本の人間理解を記述した点にあり、日本人と日本文化に典型的な現象の中に潜んでいる本質を明示した点にある。つまり、この研究は日本人の思考傾向や意志決定や行動規範の枠組みを明示している（『「日本らしさ」の再発見』4頁以下）。浜口がこのような研究に取り組んだ契機は、日本社会の共同体的構造の西洋的批判に対する疑問である[424]。そのような批判に利用される西洋の理論やモデルの殆どすべては、西洋の個人主義に対する信仰を前提としている。この信仰が当然と見なされる限り、日本社会は個人主義欠如の欠陥構造を持っていると批判されるに終わる（『「日本らしさ」の再発見』321頁）。

　和辻哲郎や木村敏などの学者による研究や自己のハワイでの生活経験を熟考し、それに依拠しつつ、浜口恵俊は最初に、日本人の行動パターンの

---

[423]　森有正『森有正全集　第12巻　経験と思索』146頁。この点で木村は、「初めに関係ありき」（Buber, M., *I and Thou*, 69頁）と語ったブーバーに近い。

[424]　これには、西洋の概念で日本研究を行う日本人の学者に対する批判も含まれる（浜口恵俊『「日本らしさ」の再発見』317頁以下）。

特徴を西洋人の行動パターンと比較して示す（『「日本らしさ」の再発見』14頁以下）。彼によれば、西洋人は、自分の置かれた状況よりもむしろ、一般の価値観に基づいて行動し、自分の内で決定された一定の規範と信じるものを行動の基準にしている。これに対して日本人は、自分が他者からどのように見られているかを気にしつつ行動し、自分が他者と共に置かれている特定の状況に自分を適応させようとする。つまり、西洋人の行動パターンは規範に基づき、重要なことはその規範を遵守することであり、日本人の行動パターンは状況に定位されており、他者と同様に振る舞うことが本質的に重要なことと見なされる。日本人にとって、他者と異なった振る舞いをすることは、極度の違和感を感じることなのである。自己の置かれた状況から疎外されたと感じることは、事実上自己の存在を否定されたのと同様の衝撃を受けることと等しいのである。

　このようなそれぞれの特徴を念頭において浜口恵俊は、西洋の人間理解と日本の人間理解を比較する（『「日本らしさ」の再発見』62頁以下）。西洋の人間理解は、「個人（individual）」という用語に明確に現れている。語源的にこの用語は、ラテン語の individus に由来し、区分できないことを表す。つまり、西洋では個人とは究極的にそれ以上区分することのできない最小単位を示す。区分できない単位としての個人の権利は、他の個人や他者との関係によって侵害されることの許されないものであり、社会はそのような個人から成り立っているものである。したがって、西洋人は社会と社会の構成員である個人との区別を明確に設ける。西洋の人間概念は概して人間関係を含まず、それはただ自律性と自由意志を持った独立的主体のみを指す[425]。これとは対照的に日本の人間理解は、極めて関係論的で状況的である。したがって、浜口は日本の人間理解を適切に示す用語として、「人間」という語の語順を逆にした「間人（かんじん）」という新語を作り、西洋の「個人」に対応する日本の概念とした[426]。人を意味し、人

---

[425] 中根千枝『タテ社会の力学』13頁参照。
[426] 「社会」と同様「個人」という用語も、日本で百年前に作られた新語である（柳父章『翻訳語成立事情』3-42頁）。

間関係や共同体を含蓄として持つ「人間」とは多少異なり、この「間人」は、人とその人の本質的に関与している他者との人間関係を同時に含む用語として造られている（『「日本らしさ」の再発見』67頁）。つまり、「間人」とは独立した個人の集積ではなく、その概念は、人間が自己を本質的に他者との関係の中に見出し、その関係や状況と自己を同一視する人間論を指している（『「日本らしさ」の再発見』71頁、324頁）。浜口の挙げる例によれば、それは母親と赤子の関係に近い（『「日本らしさ」の再発見』71頁）。母親は自己の存在の確実さを、自分の赤子との分離できない絆を通してのみ実感する。ここでもまた、両者の親子関係という状況がまず最初にあり、それによって人間の存在の種々の意義が導かれてくる。これが日本人の典型的な思考方法であり、物事を一層大きな枠組みの中でとらえ、物事がその状況の中でどのように関係しているかを突き止めるのである。[427]

第二に、浜口恵俊はこの観点を「アウトサイド・イン」と呼ぶ（『「日本らしさ」の再発見』305頁）[428]。元々「アウトサイド・イン」やその逆の「インサイド・アウト」とは、航空操縦士によって利用されている専門用語である。有視界飛行においては、操縦士は「インサイド・アウト」を取り、自分の操縦席の前の窓枠を知覚の準拠枠とする。この場合、地平線は飛行機の機体に対して動くものとして知覚する。しかし、飛行機が飛行場に近づくと、操縦士は知覚の準拠枠を「インサイド・アウト」から「アウトサイド・イン」へ変える。「アウトサイド・イン」は地平線を固定された知覚の準拠枠とする。この場合、動いているものは地平線に対して飛行機の機体であり、操縦士は最善を尽くして機体を地平線へ対して水平に保持しなければならない。この知覚の準拠枠は、安全な着陸のために必須であることは明白である。浜口はこの二つの知覚の準拠枠を人間の行動パターンに応用する。「インサイド・アウト」は、人間が個人において内在的

---

[427] 浜口は、日本文化では「初めに状況（topos）ありき」であり、西洋文化では「初めに規範（nomos）ありき」であると簡潔に指摘している（浜口恵俊『「日本らしさ」の再発見』197頁）。

[428] 以下については、浜口恵俊『間人主義の社会　日本』38-47頁参照。

な規範を持ち、それに従って行動するパターンを指す。ここにおいては、個人は周囲の出来事に対して独立した自分自身の判断を下す。「アウトサイド・イン」は、人間が周囲の状況に応じて自己を適応させる行動パターンを指す。ここにおいては、個人は周囲の出来事や人間関係に依存した状況判断を下す。これらの図式に従えば、西洋人の行動パターンは「インサイド・アウト」であり、日本人の行動パターンは「アウトサイド・イン」である（『「日本らしさ」の再発見』308頁）。

人間の個人主義的理解と間人主義的理解の相違、「インサイド・アウト」と「アウトサイド・イン」の相違が、西洋と日本のそれぞれが強調する徳の差異に反映されることは当然のことである。他から独立した存在しての個人よりも状況や人間関係を重視する間人主義的日本においては、円滑な人間関係を促進するものが生活のあらゆる側面において古今枢要な位置を占めている。それは和の概念である。それを次に検討しよう。

第三節　日本の精神風土（二）人間の和

個人主義と対峙する間人主義において具体的に強調される徳は、和である[429]。つまり、人と人とが相互に深い関係を持ちながら生きていかなければならない共同体の中で尊重される精神は、その集団の「和」である。浜口恵俊は、「和」を徳として持つ間人主義の特徴を三つ挙げているが、それらを検討する前に、「和」がどれほど奥深く日本人の意識の中に浸透しているかを探り、それがどのように日本において形を取っていったかを見ておこう。

（a）「和」の国、日本

日本において「和」は、極めて重要な概念である。とりわけこの言葉は、日本の国の名前と深い関係がある。七世紀まで日本はアジア大陸の人々か

429　浜口恵俊『間人主義の社会　日本』127頁。

らは「倭」と呼ばれ、「倭」にいる人は「倭人」と呼ばれた。[430] この名前は、当時日本にいた人々がアジア大陸の人々と比較して、丈が低い（すなわち「倭」）と観察した事実に基づいている。日本にいた人々は、最初自分の国を「やまと」と呼んでいた。これは、やまとの豪族が四世紀中葉種々の独立した豪族を大規模に統率したためである。このようにして、日本では自分の国を「やまと」、もしくは、「おおやまと」、すなわち、偉大な「やまと」と呼び、漢字にそれぞれ「倭」と「大倭」を当てた。七世紀初頭、聖徳太子は国名として「日出処（ひのいずるところ）」を使い、その後次第にそれと同様の意味を持つ「日本」という用語が使用されるようになった。「日本」は当初、日本において「やまと」と発音されていたが、八世紀以降「にほん」もしくは「にっぽん」と発音されるようになった。ところで、漢字は日本では五、六世紀頃から極少数の人々が使い始めたが、漢字の意味を知るようになった人々の中には、「丈が低い」という意味を持つ「倭」という漢字よりも、「倭」と同一の発音でありつつも、「調和」や「一致」を意味する「和」という漢字を好んだ。その結果、八世紀頃から「倭」や「大倭」と共に「和」や「大和」という名も利用され始めた。日本では、これらはすべて最初は「やまと」と発音されていたが、十四世紀前半頃から人々は「わ」と発音するようになり、この言葉自体日本や日本独特の物を指すようになった。例えば、「和食」、「和服」、「和紙」、「和室」

430　以下については、日本国語大事典刊行会編『日本国語大事典　第十五巻』、日本国語大事典刊行会編『日本国語大事典　第十九巻』、日本国語大事典刊行会編『日本国語大事典　第二十巻』、下中弘編『日本史大事典　第五巻』、下中弘編『日本史大事典　第六巻』、下中邦彦編『平凡社　大百科事典　第十一巻』、下中邦彦編『平凡社　大百科事典　第十四巻』、下中邦彦編『平凡社　大百科事典　第十五巻』、新村出編『広辞苑』の「わ」、「にほん」、「やまと」の項目を参照。なお、近年、四世紀後半に騎馬民族がアジア大陸から来て、大和に朝廷を開いたという重要な説があるが（宮本常一『日本文化の形成　上』47頁以下、160頁以下、宮本常一『日本文化の形成　中』209頁以下、宮本常一『日本文化の形成　下』48頁、62頁）、規模は多くても千人ほどのものと考えられている（宮本常一『日本文化の形成　上』162頁）。

第二部　三問一和論

などの通りである。これと関係して、「和」は「和夫」や「和子」といった人の名前にも取り入れられており、日本では誰でもこの字を名前に持つ人を、友人や親戚の間に容易に見つけることができるであろう。

さらに、日本人は「和」を「日本」という国名と同様、「調和」や「一致」の意味において使うことも好む。意識的であれ、無意識的であれ、殆どすべての日本の共同体、つまり、家族、友人、同僚などの集団は、その集団の「和」を集団維持のための必須の精神と見なしている。特に、集団の指導者の主要な役割は、この和の護持にあると言っても過言ではない。人々が共同体において和を保持する方法、つまり、人間関係は、人間の生の根本的な在り方を示しており、これはあらゆる時代を通じて殆ど不変の文化的基盤である。したがって、「和」という用語の意味は、日本における古今不変の生活様式を如実に表現するはずである。これを明示するために、まず最初に「和」の語源を略述する必要があるだろう。

(b) 「和」の語源

元々語源的に「和」には、三つの形態、「和」、「龢」、「盉」があった。これらすべてに「禾(か)」があり、これは「加える」ことを意味する。したがって、「禾」と「口」からなる「和」は「声を合わせる」こと、すなわち合唱を意味する。「龠(やく)」とは竹の楽器であり、「龢」は同様にして「龠を合わせて奏でる」こと、すなわち合奏を意味する。「盉」は、

431　向坂寛『和の構造』8頁参照。

432　向坂寛『和の構造』8頁。

433　荒木博之『日本語から日本を考える』72頁以下、Reischauer, E. O., *The Japanese Today*, 136頁参照。

434　中根千枝『タテ社会の人間関係』162頁以下。

435　向坂寛『和の構造』8頁。これによれば、日本人の挨拶方法やお辞儀の仕方は、古今殆ど不変である。

436　向坂寛『和の構造』8頁。

437　以下については、佐藤一郎「中国古典における『和』と十七条憲法」『比較思想研究　第11号』38-44頁、向坂寛『和の構造』38頁以下参照。

第四章　神の和の神学の風土的基盤

種々の材料を「皿」に加えること、すなわち料理を意味する。美しい合唱や合奏を演じるためには、声と声が、楽器と楽器が適切に調和していなければならないし、おいしい料理を作るには、各の材料が適切な割合で加えられなければならない。このように、「和」とは漢字では元々「一致」や「調和」を意味するのである。

やまと言葉しか持っていなかった日本に漢字が入ってから、日本人はそれぞれの漢字に適切と思われるやまと言葉を当てはめていった。「和」に当てはめたやまと言葉には次のようなものがある。[438]

(1)「和（な）ぐ」は、波が静まることや、人が落ち着くことを意味する。
(2)「和（に）ぎ」、もしくは、「和（に）き」は、細かく、洗練されていて、純粋な様、角が取れていることを意味する。例えば、「和稲（にぎしね）」とは、籾殻のとれた米を指す。「和銅（にぎあかね）」とは、不純物を除去した純粋な銅のことである。
(3)「和（にぎ）む」、もしくは、「和（にき）ぶ」は、親しむことを意味する。
(4)「和（やわらぎ）」、もしくは、「和（やわら）ぐ」は、心の穏やかな様や不和を避けて人と一致することを意味する。
(5)「和（なぐ）さむ」は、慰めることを意味する。

これらは「和」に関する古代日本の解釈である。[439] そして、そのようなものとして「和」は古代日本の共同体に定着していった。「和」の概念が(2)のように稲作と関連付けられている点は興味深い。また、(4)における「不和を避ける」精神は、稲作の共同作業に不可欠のものであったことは前述の通りである。このように生活に根差した「和」の人気は衰退しな

438　向坂寛『和の構造』23頁以下。
439　向坂寛『和の構造』23頁。

かった。それどころか、日本最初の成文法に正式に登場することになった。

(c) 十七条憲法における「和」

聖徳太子（五七四年－六二二年）に帰せられている十七条憲法（六〇四年）の第一条は、「和」の宣言をその劈頭に飾る[440]。「以和為貴、無忤為宗（わをもってとうとしとなし、さからふることなきをむねとせよ）」[441]。この条文と共に「和」は日本の標語として堅固に定着したのである。この意味で、この憲法は極めて重要なものである。この条文の意味を明確にするために、ここで利用されている「和」という用語の出自と当時の社会的背景を見よう。

「以和為貴」は、『論語』学而編の「礼之用和為貴（れいのわをもってとうとしとなす」に由来している[442]。『論語』では、「和」は礼節と深く結び付けられており、この文の次には、「和」を知り、実践しているとしても、大切なのは礼節を持ってそれを穏やかに行うことであるという趣旨の文章が続いている[443]。ここでは「和」は「礼」によって制限されており、したがって「礼」の方が重要な概念なのである。他方、十七条憲法では「和」は独立した形で宣言され、中心的題目として掲げられている[444]。このことから多くの学者は、少なくとも十七条憲法の「和」の内容は、『論語』

---

440 Miyamoto Shōson, "The Relationship of Philosophical Theory to Practical Affairs in Japan," Moore, C. A.(ed.), *The Japanese Mind*, 8 頁参照。十七条憲法については、Nakamura Hajime, "Basic Features of the Legal, Political, and Economic Thought in Japan," Moore, C. A.(ed.), *The Japanese Mind*, 149 頁参照。また、和辻哲郎『和辻哲郎全集　第十二巻　日本倫理思想史　上』115 頁以下も参照。

441 Tsunoda Ryōsaku et al.(eds.), *Sources of Japanese Tradition*, 50 頁。

442 佐藤一郎「中国古典における『和』と十七条憲法」『比較思想研究　第 11 号』38 頁、田村芳朗「日本にける『和』の思想」『比較思想研究　第 11 号』45 頁、Tsunoda Ryōsaku et al.(eds.), *Sources of Japanese Tradition*, 50 頁注 27 参照。

443 佐藤一郎「中国古典における『和』と十七条憲法」『比較思想研究　第 11 号』38 頁参照。

444 佐藤一郎「中国古典における『和』と十七条憲法」『比較思想研究　第 11 号』38 頁、43 頁参照。

の「和」の内容から切り離されているので、十七条憲法の第二条の「篤敬三寶（あつくさんぼうをうやまえ）。三寶者仏法僧也（さんぽうとはぶっぽうそうなり）」という仏教的訓戒と結び付けて解釈すべきであると考える。[445] 聖徳太子は、当時仏教の主たる支持者であった蘇我一族の一員であり、彼自身熱心な仏教徒であったので、彼に対する仏教の影響は明白である。[446] したがって、聖徳太子が仏教の慈悲の概念に由来する「和」を提唱したと考えることも可能である。[447]

しかし、「和」の提唱と実践の急務は、根本的に当時の豪族たちの不和、闘争に由来する。聖徳太子が権力を握り、中央集権国家を確立する前に、物部氏や蘇我氏といった豪族が激しく争っていた。こうした社会状況が、聖徳太子に「和」の宣言と「忤（さからうこと）」の回避の必要性を深く認識させたのである。[448] したがって十七条憲法は、役人の一般的な道

---

445 Nakamura Hajime, "Basic Features of the Legal, Political, and Economic Thought in Japan," Moore, C. A.(ed.), *The Japanese Mind*, 146 頁、佐藤一郎「中国古典における『和』と十七条憲法」『比較思想研究　第 11 号』43 頁参照。十七条憲法第二条については、Tsunoda Ryōsaku et al.(eds.), *Sources of Japanese Tradition*, 50 頁参照。

446 Tsunoda Ryōsaku et al.(eds.), *Sources of Japanese Tradition*, 37 頁。Miyamoto Shōson, "The Relationship of Philosophical Theory to Practical Affairs in Japan," Moore, C. A.(ed.), *The Japanese Mind*, 5 頁参照。

447 Nakamura Hajime, "Basic Features of the Legal, Political, and Economic Thought in Japan," Moore, C. A.(ed.), *The Japanese Mind*, 146 頁。和辻哲郎『和辻哲郎全集　第十二巻　日本倫理思想史　上』117 頁参照。仏教では、慈悲とは誰とでも友情を保ち、苦悶において人に同情することによって、人と親密な関係を持つことを意味する（中村元編『新仏教辞典』241 頁）。村岡典嗣の著作に依拠して家永三郎は、十七条憲法の「和」の概念は、仏教の僧の間の和の精神に由来するとしている（家永三郎他編『日本思想体系 2　聖徳太子集』12 頁、479 頁。村岡典嗣『日本思想史上の諸問題』63 頁、村岡典嗣『日本思想史概説』190 頁参照）。

448 村岡典嗣『日本思想史上の諸問題』31 頁、村岡典嗣『日本思想史概説』190 頁、Nakamura Hajime, "Basic Features of the Legal, Political, and Economic Thought in Japan," Moore, C. A.(ed.), *The Japanese Mind*, 145 頁、大野達之助『聖徳太子の研究』196 頁参照。

徳的訓戒というよりも、むしろ、当時現存した諸問題に対する直接の処方箋であると言った方がより適切であろう。明らかに、この意味での「和」は、前記の（4）に該当する。それでは、いかにしてこの「和」は保持されるのか。

十七条憲法は、主君と僕、目上の者と目下の者、そして人々一般の間の「和」の精神を強調している[449]。ここで必要とされていることは、無知のまま他者に従うことではなく、他者と「和」を持って対話を行うことである。この憲法の第十七条で、重要な事柄は一人で決定されるべきではなく、多くの人の議論に基づくべきであること、他者と協力して種々の事柄を取り扱い、結論に達するべきであると説かれている通りである[450]。ここでは、恣意的な決定は排除されるべきであることが説かれている[451]。「和」の概念自体は、その淵源を儒教や仏教の中に求めることもできるが、次の点で極めて日本的とも言える。日本の神話は、日本の原始共同体の様子を映し出しているものであるが、ある神話は、神々が川辺に集まって、会議を開いている様子を描いている[452]。神々の会議の精神は、古代の日本人が農作業において尊重した和の精神の反映である[453]。この意味で、「和」という用語自体は、日本以外の所に由来するが、「和」の内容と精神は、稲作を開始して以来日本の農地において育まれてきたのであり、この精神を日本人は

449 　以下については、Nakamura Hajime, "Basic Features of the Legal, Political, and Economic Thought in Japan," Moore, C. A.(ed.), *The Japanese Mind*, 146 頁参照。

450 　Tsunoda Ryōsaku et al.(eds.), *Sources of Japanese Tradition*, 53 頁。和辻哲郎『和辻哲郎全集　第十二巻　日本倫理思想史　上』116 頁参照。この意味で、十七条憲法の最初と最後の条文は、呼応していると言える（村岡典嗣『日本思想史上の諸問題』60 頁）。

451 　和辻哲郎『和辻哲郎全集　第十二巻　日本倫理思想史　上』123 頁参照。

452 　Nakamura Hajime, "Basic Features of the Legal, Political, and Economic Thought in Japan," Moore, C. A.(ed.), *The Japanese Mind*, 146 頁。

453 　ある学者は、日本における「和」の強調の淵源を、温暖な自然と人間の純朴な調和、融合関係に求める（田村芳朗「日本にける『和』の思想」『比較思想研究　第 11 号』49 頁、Takenaka Masao, *God is Rice*, 19 頁、筑波常治『米食・肉食の文明』30 頁参照）。

第四章　神の和の神学の風土的基盤

自己のアイデンティティーを適切に表示する語として愛用し、その生活様式と思考方法の特徴を示すに至ったのである。[454]つまり、農作業を通して、日本人はその生活と思索の枠組みを形成してきたのである。「ファームワーク（農作業）」が生活と思索の「フレームワーク（枠組み）」を生み出したのである。

(d)「和」の特徴

　この十七条憲法の影響は、後代に続いた。「和」に当てはめられたやまと言葉のすべての意味が今日の「和」の用法に残っているように、[455]「和」の精神は日本人の心と知性に残っている。[456]この精神は、単なる外来思想の摂取とは異なる。稲作に基づく日本人共同体は、代々同一の場所に定住しなければならなかったため、日本人はそこにおける人間関係から逃れることはできず、[457]その家族的な共同体生活を通して、人々は不和や論争を避け、隣人と共に働き、また生活する知恵を体得していったのである。[458]日本人はまた、自分たちが島国の日本から逃れることもできないことをよ

454　Benedict, R., *The Chrysanthemum and the Sword*, 19頁によると、日本人の思考と感情の性向は、仏教的でもなく儒教的でもなく日本的であり、これは日本の強さであると同時に弱さでもある。

455　NHK世論調査部編『現代日本人の意識構造』136頁、向坂寛『和の構造』19頁以下参照。

456　「和」の精神の体現者としての聖徳太子の人気は、次のことからも明白である。現在の紙幣を除くと、これまで百円札、千円札、一万円札が最高紙幣として発行された時には、聖徳太子の肖像が付けられた（堺屋太一『日本とは何か』171頁）。

457　人々は稲作の田を作るために多くの時間と労力を必要とした。その分、人々は毎年同一の田を使いたがり、愛着も沸いてくる。これが、稲作によって人々が一つの場所に定住するようになるもう一つの理由である（筑波常治『米食・肉食の文明』142頁）。

458　Nakamura Hajime, "Basic Features of the Legal, Political, and Economic Thought in Japan," Moore, C. A.(ed.), *The Japanese Mind*, 148頁。Reischauer, E. O., *The Japanese Today*, 15頁以下、向坂寛『和の構造』51頁以下参照。

く承知していた。地域的共同体のレベルのみならず、国家的共同体のレベルにおいても、人々は和を維持しなければならなかったのである。浜口恵俊が述べているように、島国に住む日本人にとって、「和」の精神は集団を維持するために必要な絶対的義務なのである[459]。

浜口は、「和」をその具体的な徳として持つ間人主義の特徴を、ルークスの記述する個人主義の特徴と対比して、三点挙げる[460]。これらの和の特徴は、現代日本にまで受け継がれているものである。

（1）個人主義は、自己中心性に基づき、確立した不可侵の自己の維持と発展を目標とするが、間人主義は、相互依存と相互援助に基づいている。
（2）個人主義は、自己に対する信頼を強調し、人生におけるすべての願望は自分自身で満たさなければならないとするが、間人主義は、相互の信頼性を重視し、人間は基本的に信頼しうると想定する。
（3）個人主義は、相互の人間関係を自己の利益のための手段と見なし、無益な人間関係は、回避するが、間人主義は、人間関係自体を目的と見なし、他者との関係を持つこと自体が本質的に価値あることと考え、そのような関係を維持、発展させることを人生の生きがいと理解する[461]。

459 　浜口恵俊『間人主義の社会　日本』125頁。梅原猛編『日本とは何か』14頁以下参照。日本人が不和を回避したがる傾向については、Yukawa Hideki, "Modern Trend of Western Civilization and Cultural Peculiarities in Japan," Moore, C. A.(ed.), *The Japanese Mind*, 56頁参照。

460 　ここで浜口恵俊は、Lukes S., *Individualism*, 43-78頁に依拠している。浜口恵俊『間人主義の社会　日本』3-18頁、135-161頁参照。

461 　統計によると、日本人の七一・七パーセントは、人間関係それ自体が人生に意味を与えてくれると考えている（浜口恵俊『間人主義の社会　日本』52頁、153頁以下）。この点に関して、「(人間)関係の目的は関係自体である」（Buber, M., *I and Thou*, 112頁以下）と語ったブーバーは賛意を示すであろう。マクマレーも、例えば母親と赤子の関係に関して、その関係は目的そのものであると論じている（Macmurray, J., *Persons in Relation*, 63頁）。

間人主義の観点から個人主義の問題点を指摘することは容易である。

（1）自己中心性が極度になると、他者の権利を侵害する場合が出て来るであろう。
（2）極度の自己信頼性は、自己欺瞞に容易に結び付くであろう。
（3）他者を手段として扱う人は、遅かれ早かれ、自分も手段として扱われる状況に遭遇するであろう。

これらの非難は、間人主義の利点の叙述に役立つ。

（1）何かの時に他者の援助を期待できるであろう。
（2）他者から信頼されることを通して、自尊心が育まれるであろう。
（3）自分が目的そのものとして扱われることによって、自己の尊厳が尊重されていると感じることができるであろう。

間人主義のこうした特徴を、神学に生かすことは可能であろうか。日本における三位一体の神理解に、どのように役立てることができるであろうか。勿論この際、間人主義のもたらす悪弊は変革されなければならない。本章を終えるに当たり、日本の「間」や「和」といった概念の神学的用途と、変革されるべき日本的精神の悪弊を指摘しておこう。

（e）「間」と「和」の神学的用途

後の議論のために、ここで二つの点を整理しておくことが必要である。それは、「間」と「和」の思考枠組みと神学によって変革されうる問題点である。

まず第一に、日本の人間理解と「和」の精神をまとめ、三位一体論を再考する際の視点を明確にしよう。日本の人間理解は関係的であり、和辻哲郎が述べたように、「人」は、自己、相手、そして共同体一般をも意味し

うる間柄的存在である。この理解は、「人間」という用語にも明確に表現されている。木村敏は、自己が非自己と出会う場を措定し、これを「人と人との間」と名付けた。この「間」において、自己、すなわち自分とは、他者との関係の中で自己に配分された分け前を示している。ここでは「間」が自己を決定し、先立っている。浜口恵俊は、西洋の個人主義と対峙するものとして、日本の人間理解を適切に表示する用語として「間人主義」を新しく造り、状況や人間関係を重視する「アウトサイド・イン」の視点を日本人が持っていることを指摘した。具体的にこの「間人主義」で尊重されている徳は「和」であり、この精神を日本人は、稲作における農作業を通して不和や論争を回避し、隣人と協調して働き、生きる知恵として体得した。十七条憲法においてもこの精神は謳われ、現代に至るまで、人間関係における相互性、人間関係自体の目的視が保持されている。つまり、日本人は人間を関係における存在と理解している。譬えて言うなら、この姿は、両手をいつでも隣人に向かって差し延べている人々の姿、もしくは、そうしてすでに手を取り合っている人々の姿として描くことができよう。日本人がそうできるのは、家族的な関係重視の共同体の中で、その生活様式と思考方法が形成されてきたため、相互信頼が根付いており、そうした関係自体が尊重されるからである。これとは対照的に、個人主義的な人々の姿は、腕を組んで立ち、そうする価値があると考えた時のみ他者に手を差し延べたり、または何かをもらう人々の姿として描くことができよう。西洋の個人主義のこうした姿は、その背景を考えれば当然のことである。西洋人の特質は、主として遊牧生活を通して形成されてきたものなので、移動した先々で一定の警戒心と緊張感を持ちつつ、新しい環境や人々に慣れていかなければならないのである。人を最初から信頼しうる存在であるとは決して考えないことは明白である。ここで前者の視点に着目すると、三位一体論を再形成する際、関係性や和を重視してきた人々がその枠組みを援用して神を表現する可能性が出てくる。この枠組みによれば、御父と御子と聖霊はその相互関係において和を持った神として解釈できるであろう。

第四章　神の和の神学の風土的基盤

第二に、しかしながら、日本のこうした関係性や和の強調は深刻な批判を免れうる訳ではない。確かに、それは良い側面も持っている。浜口恵俊は、仕事の効率性についても言及している。「和」の精神により相乗効果を伴って達成された仕事の量は、個別の仕事の単純加算よりも遥かに大きいのである。[462] この効果が、良い目的のために良い手段によって達成されるなら、誰にも批判されないであろう。しかし、人間の悪への性向は、歴史的に、特に日本において明白である。

　木村敏が指摘したように、「人と人との間」は自己と非自己の出会う場である。この意味で「間」は差異化の概念であるとも言える。しかし、日本において自己の非自己からの区別は頻々と曖昧になり、自己が容易に全体へと吸収される傾向が強い。和辻哲郎の説いた「間柄」は時代の試練に耐えることができなかった。それは「戦時」という時である。和辻が第二次世界大戦中、日本の国家主義を支持していたことはよく知られている。[463] 人間の間柄の強調は、村などの地域共同体の護持、そして最終的には国家の護持へと容易に結び付いたのである。この過程において、各個人の人権と尊厳は無視されたのである。和辻は、全体と部分は相互に依存しており、相互に絶対否定の関係にあると説いたが、戦時中否定されたのは、部分である個人だけである。[464] つまり、多くの学者が日本の国家主義的傾向を警告するように、日本では個人は全体の中に消滅し、全体が常に個人より重要視される傾向がある。[465] この意味で和辻の人間論は、人と人との間では

462　浜口恵俊『間人主義の社会　日本』50頁、126頁参照。

463　日本の国家主義の性質については、Nakamura Hajime, "Basic Features of the Legal, Political, and Economic Thought in Japan," Moore, C. A.(ed.), *The Japanese Mind*, 155頁以下参照。

464　山縣三千夫『日本人と思想』217頁参照。

465　宗谷周三郎「和辻の『転向』について」家永三郎他編『哲学と日本社会』95頁、Nakamura Hajime, "Consciousness of the Individual and the Universal among the Japanese," Moore, C. A.(ed.), *The Japanese Mind*, 181頁、中根千枝『タテ社会の力学』17頁、Reischauer, E. O., *The Japanese Today*, 128頁、湯浅泰雄『和辻哲郎』273頁、318頁以下参照。日本では古くから、全体への従順、個

なく、むしろ人と全体の間、人と共同体の間の倫理学であり、前者は後者の犠牲になったのである。こうした個の埋没は、戦後も続く。全体のみが強調されると、個人の主体性がなくなり、物事の責任主体が曖昧になる。戦後、日本の戦争責任主体が極めて曖昧であったのもこうした見地から解釈できるであろう。こうした歴史から学び取るべき二つの教訓がある。第一に、和辻は西洋の個人主義に対する強度の否定的態度を持っていたと言われており、これが彼の人間論に深く影響したことを考慮すると、異質のものに対する極度の反応は、しばしば正反対の極点に人を追い込む。第二に、和辻の倫理学は日常生活の事実をその出発点としており、その明晰な事実を根拠にする限り、それを規制する視点が持てなくなる。和辻にとって、そうした日常生活の事実の一つは、人間は共同体から離れ、他者から全く独立して生きることは不可能であるという事実である。和辻は、人間の現実に対する極めて積極的・楽観的視点を持っており、彼の倫理学にはそれを超越した何かがその現実を矯正するという視点が全く欠落している。浜口恵俊や木村敏の人間理解も、この点において同様の批判を免れることはできないであろう。こうした日本の人間論は、ある人が隣人たちと手を繋いだところ、隣人たちがその一人の人の手を強引に引っ張り、振り回す姿として描くことができるであろう。

「間」に対する批判は、「和」に対する批判としても通用する。十七条憲法は、重要な事柄は多くの人によって決定されなければならない旨を規定しているが、何が重要であるのか、また何が重要でないのかを誰が決定す

　　　人の独立性の否定が善と見なされていた（和辻哲郎『和辻哲郎全集　第十巻　倫理学　上』142頁）。

466　宗谷周三郎「和辻の『転向』について」家永三郎他編『哲学と日本社会』93頁。
467　山縣三千夫『日本人と思想』216頁。
468　湯浅泰雄『和辻哲郎』276頁。
469　和辻哲郎『和辻哲郎全集　第十巻　倫理学　上』51-62頁。
470　和辻哲郎『和辻哲郎全集　第十巻　倫理学　上』332頁。

るのかに関しては、何も述べていない。ここにこの憲法の限界の一つがある。ある人によって重要でないとされたことに関する決議が、限定された人々の間で行われるなら、それは極めて恣意的な決定になるはずである。つまり、この規定では、決定する人と決定しない人の区別がすでに暗に設けられている。したがって、「和」の精神は、ここでは限定された人々の間だけで享受されているものとなる。日本において「和」の共同体は、伝統的に極めて排他的なものである。相互性や関係性などの和の特質は、しばしば、その共同体の内輪のみで通用するものである。人々が開放的であるのは、概してその共同体の中のみである。このような歪曲された共同体の極度の強調は、江戸時代に組織された「五人組」にも顕著である[471]。各村に五つの世帯から成る集団が形成され、この集団が全体として年貢などの種々の義務の履行に関して責任を取らされたのである。どの一世帯でも年貢を納めていないと、この五つの全世帯が集団でその責任を負わなければならなかったのである。個人の権利が、他者のしたこと、または、しなかったことによって統制される事態が組織されていたのである。戦時中には、同様にして「隣組」が作られ、反戦思想・反戦運動の取り締まりが強化され、厳しい罰則が定められた。こうした共同体の極度の強調は、日本の天皇制によって特に戦時中容易に利用されていたことも自明のことである[472]。

　周囲の状況や全体性への日本人の弱さは、共同生活を余儀なくされた稲作農業に溯る[473]。日本の自然風土が日本人の精神風土に対して与えた影響は、依然として甚大である。しかし、戦後日本は西洋を中心とする外国の文化や思想を比類無き速さで取り入れている。「極東」に位置する日本は、歴史的に世界の文化の溜まり場であり、背後には海しか無いこの終着点でそれらの文化は程良く蓄積された。往時はインドや中国の文化を取り入れ

471　以下については、筑波常治『米食・肉食の文明』142頁以下参照。

472　向坂寛『和の構造』45頁以下。

473　玉城哲他『風土』43頁、堺屋太一『日本とは何か』77頁以下参照。

第二部　三間一和論

たが、現代は西洋文化が日本に多大な影響を及ぼしているのである[474]。そして、一方で、世界文化の溜まり場に住む日本人はそれらに対する繊細な感性を養い、他方で、新しい文化を摂取しつつ、古い伝統的文化を温存してきたのである[475]。したがって、日本人にとって比較的「新しい」キリスト教の三位一体の神を、日本人の「古い伝統的」な思考枠組みによって表現する可能性がここに存在するのである。その表現を試みる前に、三位一体の神と人間が、ある特定の文化の中でどのように出会うことが可能なのかを探り、キリスト教の伝統的見解の中にも関係性や「和」を強調した神学があることを解説し、この試みが決してキリスト教の伝統から逸脱していないことを明示することは、神学の議論としても有益であろう。

474　勝部真長『日本思想の分水嶺』3頁。
475　和辻哲郎『和辻哲郎全集　第四巻　続日本精神史研究』308頁、314頁。

第五章　神の和の神学の神学的基盤

　第四章では、日本の自然風土が日本の人間論や「和」の概念といった精神風土に対して甚大な影響を与えていることを見た。日本語の「風土」に対応する英語の climate という語は、狭義である地域の気象状態などの自然環境を指すと共に、広義である社会の支配的な思想傾向をも意味するが、日本の「風土」という語も、今までの考察を考慮すると同様にして、相互に深い関係を持つ自然風土と精神風土の両側面を内包した用語なのである。キリスト教神学と日本のこの「風土」の関係を考察する際、当然のことながら、前者が後者の自然風土に対して何らかの影響を与えたり、変革を起こしたりすることは考えられない。しかし、キリスト教神学と日本の精神風土の相互関係は、十分な考察に値する事柄である。この両者はどのように関係するのか。本章では、キリストと文化と風土に関する予備的考察、三位一体の神と日本の精神風土の接触の可能性、キリスト教における関係論的思考方法、神学における「和」の概念について検討する。つまり、本章の関心は、キリスト教神学の知的資源の発掘とその利用にある。

第一節　キリストと文化と風土

　三位一体の神と日本の精神風土の接触の可能性について考察する際、まず初めに西洋のキリスト教の一般的テーマである「キリストと文化」に留意し、文化の一般的特徴について考えよう。

476　"climate," James A. H. Murray et al (eds.), *Oxford English Dictionary Vol.III*, p.332.

（a）キリストと文化

　まず第一に、キリスト教はその端緒から種々の文化と密接な関係を持っている。キリストは、飼場桶から十字架に至るまでユダヤ人であり、主としてユダヤ教の文化の中で生き[477]、そのキリストを証しする聖書は、部分的にギリシャ語を利用する人々に対して記された[478]。そして、聖書は人間の言葉によって記されているため、必然的にそうした人間の持つ文化的要素をも内包している[479]。したがって、聖書をその主たる源泉として利用する神学も一般に、聖書の著者のユダヤ教文化やギリシャ・ローマ文化によってすでに色付けられていると言える[480]。しかし、福音のメッセージ自体は、パウロがコリントの信徒への手紙一の九章一九節以下で述べているように、文化的に開かれている。パウロにとっては、人間の文化は対決や回避をすべき敵対者ではなく、むしろキリスト教の諸目的に向けて人々のために利用されるべき福音の伝達媒体なのである[481]。このことは、本書の前半で見たテルトゥリアヌスやアウグスティヌスやバルトに関しても言える。彼らは、信仰基準や信条に叙述された三位一体の神を明示するために、自己の文化的要素を活用したのである。これはさらに、神学一般についても言えることである。マッコーリーによれば、もし、神学が明晰でなければならないのなら、その神学はそれの属している文化圏の言語を活用しなければならないのである[482]。文化とのこのような相互作用は神学に限定されず、ニーバーが述べているように、教会であれ、信条であれ、倫理であれ、思想運動であれ、キリスト教自体は、キリストと文化の両端の間を動いて

477　Cf. Niebuhr, H. R., *Christ and Culture*, p.18.
478　Kraft, C. H., *Christianity in Culture*, p.9.
479　Niebuhr, H. R., *Christ and Culture*, p.112. Cf. Tillich, P., *Theology of Culture*, p.47.
480　Padilla, C. R, "Hermeneutics and Culture," Stott, J. R. W. & Coote, R.(eds.), *Down to Earth*, p.66.
481　Kraft, C. H., *Christianity in Culture*, p.103.
482　Macquarrie, J., *Principles of Christian Theology*, p.13.

いるのである。[483] キリスト教と文化のこのような広範囲の関係を考慮すると、三位一体の神が日本の文化との関係を持つ可能性も否定できない。

第二に、キリスト教が関係を持ってきた文化は種々多様な形態を取っているが、それにもかかわらず、それらの文化には共通要素が見られる。[484]

 (1) すべての人間は、自分たちが形成し、また、発展させてきた文化に深くかかわっている。[485]
 (2) したがって、人間の罪がすべての文化の中に普遍的に存在している。
 (3) しかしながら、すべての文化は、あるものはキリスト教に敵対的であるかも知れないが、神と人間の間を取り持つ手段として潜在的に利用可能である。[486]

この三点に基づけば、種々の文化は共通の特徴を持ち、ある一つの文化が他の文化よりも本質的に優れているとか、劣っているとは言えない。日本の文化も、罪との関連、神に潜在的に奉仕しうる可能性において他の文化と同等なのである。キリスト教は長い間、西洋文化と結び付けられてきたため、特に非西洋の国においては、キリスト教への回心は西洋文化を受け入れることと同一視されてきた。[487] こうした誤解は、神学についても当てはまる。多くの非西洋文化圏のキリスト教教会にとって、神学研究は西洋文化圏の一世代前の神学的関心で満たされている。[488] しかし、文化の共通性に基づけば、非西洋文化圏の人々も、西洋文化圏の人々と同等の立場

483　Niebuhr, H. R., *Christ and Culture*, p.26. ティリッヒは、さらに宗教と文化の不可分の関係に言及する（Tillich, P., *Theology of Culture*, p.42.）。
484　以下については、cf. Kraft, C. H., *Christianity in Culture*, pp.52,93.
485　Cf. Kraft, C. H., *Christianity in Culture*, p.371.
486　Cf. Kraft, C. H., *Christianity in Culture*, p.106. Cf. also Kraft, C. H., *Christianity in Culture*, p.113.
487　Cf. Kraft, C. H., *Christianity in Culture*, pp.97f.
488　Kraft, C. H., *Christianity in Culture*, p.303.

でキリスト教を実践し、神学を行うことができるはずなのである。

(b) キリストと風土

　こうした理解に基づけば、キリスト教の三位一体の神と日本文化との相互作用も可能である。しかし、ここで日本文化と西洋文化一般との相違点に留意しておかなければならない。西洋文化は、歴史的に概して遊牧生活を送る人々によって形成されており、その人々は種々の文化やその習慣に遭遇する機会を比較的多く経験し、場合によってはそこから適当なものを取捨選択する余地もあった。他方、日本文化は、歴史的に土地と深い結び付きを持った定住型の農耕民によって形成され、その人々は隣人と行動を共にし、そこで保持されている伝統的な習慣や文化に自己を合わせなければならなかった。つまり、稲作を定着・発展させた日本の自然風土が日本の文化の進路をある一定の方向に導いたのである。それは、関係性と「和」を重視する文化である。自然風土のこうした決定的な役割のゆえに、日本の文化は、むしろ日本の風土、つまり精神風土と呼ぶ方が適切であろう。日本の精神風土は、この自然風土との密接な関係の中で生み出され、育まれてきたからである。日本の人間論や「和」の概念は、この日本の精神風土の代表例である。日本の思考枠組みは、歴史的に深く日本人の意識に据え付けられたものなのである。従来多くの宣教師は、日本人の生活の全側面を西洋型キリスト教における実践へと転換させようと試みてきたが、これは功を奏しなかった。ここには、日本の精神風土を、西洋型の文化と同一視する誤解が潜んでいる。文化に関する西洋の典型的な見解は、ニーバーの定義に見られる。「文化とは、社会において人間のための善を人間が達成することである」[489]。文化とは、人間の「頭」と「手」の働きであり、例えば、川は自然であるのに対して、運河は文化である[490]。ニーバーは、文化を主として自然環境に対する人間の人工的な働きと理解し、自

489　Cf. Niebuhr, H. R., *Christ and Culture*, pp.46ff.

490　Niebuhr, H. R., *Christ and Culture*, p.47.

然を人間の働きに対する二次的なものと見なしている[491]。文化を自然に対する人間の働きと見なす限り、文化は概して変更や交換が可能であろう。しかし、こうした見解は、遊牧民族の伝統的な経験に基づいているように思える。島国に住む定住民族の日本人にとって、文化はその核心部分において根本的に自然によって形成され、定位されているものなのである。先に見たように、日本の精神風土に影響を与えた稲作は、日本の自然風土の果実なのである。ニーバーが、「私たちは、自然から簡単に逃げることができないのと同様、文化から逃げることはできない」と述べる時[492]、日本においては、文化は自然によって深く定位されているからこそ、文化からも逃げることはできないと理解できるであろう。日本人にとって、自己の精神風土を他のものと交換することは、自己の自然風土を他の自然風土と交換することと同様に困難なのである。したがって、神の和の神学においては、意図的に西洋の宣教師たちの伝統的な轍を踏まない。

　三位一体の神と日本の精神風土の関係を考察する時の残された可能性の一つは、日本の思考枠組みをキリスト教の諸目的のために活用し、役立てることにある。神と人間の関係を論じる時の出発点は、テルトゥリアヌスやアウグスティヌスやバルトが強調したように、神であり人間であるキリストにのみ求められる。したがって、初めにキリストと日本の精神風土がいかに関係するのか、特に、肉を取り、人となった「言葉」が日本の人間論とどのように相互作用するのか考察しよう。

第二節　受肉論

　神が肉を取り、人となったことは、日本の精神風土にとってどのような意味があるのか。この節の目的は、受肉論を包括的に論じることにはなく、

491　Cf. Niebuhr, H. R., *Christ and Culture*, p.46. 同様の見解については、cf. Marshall, I. H., "Culture and the New Testament," Stott, J. R. W. & Coote, R.(eds.), *Down to Earth*, pp.18ff.

492　Niebuhr, H. R., *Christ and Culture*, p.52. Cf. *ibid.*, p.80.

「贖罪論の古典的作品」[493]であるアタナシオス（二九七年－三七三年）の『受肉論』（三三五／三三六年[494]。以下引用は DI と略す。）を手掛かりに、日本において「言葉」が人々の間に宿ったことの意味を考察することにある。

（a）肉における言葉、キリスト

アタナシオスによれば、受肉の理由を考察する時[495]、人間の堕落した状態を考察する必要がある。そして、この状態を考察するには、それとは対蹠的状態であった人間の創造時における原初の状態を考察する必要がある[496]。

キリスト教の創造論は、神が全被造物の「作成者（dēmiourgos）」であると説くが（DI, 1）、これは、すべての物が偶然によってそれ自体で存在するようになったとするエピクロス哲学的創造論とは異なり、神はすでに

493　Quasten, J., *Patrology Vol.III*, p.24.

494　アタナシオスの誕生と『受肉論』の年については、cf. Hanson, R. P. C., *The Search for the Christian Doctrine of God*, pp.246f.,417f.

495　受肉を表現するために、アタナシオスは「御父の言葉の肉体における出現（en sōmati phanerōsis）」（DI, 1）、「言葉が人と成ること（hē enanthrōpēsis tou Logou）」（これは題名でもあるが、本来は De Inhominatione とされるべきである［Cf. Dragas, G. D., "Enanthrōpēsis or Egeneto Anthrōpos," *Studia Patristica Vol.XVI Part II*, p.282; Torrance, T. F., *Theology in Reconciliation*, p.289.]。）、「彼の神的な出現（hē theia autou ... epiphaneia）」（DI, 1）といった用語を使っている。アタナシオスが「言葉（Logos）」という用語を利用する時、彼は「非人格的な宇宙論的原理としてのロゴスという哲学的概念を払拭し、ストア哲学のロゴス概念をも拒絶している」（Torrance, T. F. *Theology in Reconciliation*, p.217.）。「『御子』と『言葉』という概念は、彼の思想において完全に結合している」（*ibid.*, p.225. Cf. Pollard, T. E., "Logos and Son in Origen, Arius and Athanasius," *Studia Patristica Vol.II Part II*, p.286.）。『受肉論』のテキストとしては、Cross, F. L.(ed), *Athanasius De Incarnatione An Edition of the Greek Text* を利用する。また、英訳の Athanasius, "On the Incarnation of the Word," *A Select Library of Nicene and Post-Nicene Fathers of the Christian Church Second Series Vol.IV* も参照する。

496　Cf. Meijering, E. P., *Orthodoxy and Platonism in Athanasius*, p.40.

存在していた初めの無い物から世界を造ったとするプラトン哲学的創造論とも異なり、さらに、イエス・キリストの御父以外の創造者がいたとするグノーシス主義的創造論とも異なる（DI, 2）。[497]こうした見解に対抗してアタナシオスは、「神は善（agathos）であり、むしろ本質的に善の源（pēgē）である。善であるものは、何物をも惜しまない。したがって、神は存在（einai）を与えることを何物にも惜しまず、すべての物を無から（ex ouk ontōn）御自身の（idios）言葉であり、私たちの主イエス・キリストによって造った」と主張する（DI, 3）。[498]つまり、天地創造は無作為にではなく神の善によってなされ、既存の物からではなく無からなされ、御父以外の創造者によらず、御父御自身の「言葉」であるイエス・キリストによってなされたのである。[499]

　この創造において、人間は他の被造物とは根本的に異なっていた。人間は、「言葉の現存（parousia）と慈しみ（philanthrōpia）」によって、「無（to mē einai）」から「存在へ（eis to einai）」と呼び出されたとアタナシオスは強調する（DI, 4）。[500]そして、神は善であるから、人間を「御自身の像にし

---

[497] アタナシオスによれば、エピクロス派の理論は、太陽、月、地球などの各々の「配列（diataxis）」は、その背後に「原因（aitia）」があり、神がすべてを「秩序付けた（diatassō）」ことを理解していない（DI, 2）。つまり、神は「摂理（pronoia）」によって働く（DI, 2）。プラトン主義は、物質がなければ創造はできないという「弱い神」を考え出している（DI, 2）。グノーシス主義は、単に聖書と矛盾している（DI, 2）。また、プラトン主義においては「善」は最高の原理であるが、「作成者」はそのような最高の原理ではない」（Dillon, J., "Logos and Trinity: Patterns of Platonist Influence on Early Christianity," Vesey, G.[ed.], *The Philosophy in Christianity*, p.2. Cf. Lossky, V., *The Mystical Theology of the Eastern Church*, p.91.）。アタナシオスは、これら両方の用語を最高の原理として神に対して用いる。

[498] 創造者としての「言葉」については、cf. Florovsky, G., "The Concept of Creation in Saint Athanasius," *Studia Patristica Vol.VI Part IV*, p.47.

[499] これは、「キリストと一致した信仰」によって知られる（DI, 3）。

[500] Cf. DI, 4:「人間はその存在を存在する神から（apo tou ontos Theou）得る」。「存在する神」については、cf. Meijering, E. P., *Orthodoxy and Platonism in Athanasius*, pp.138ff.; Torrance, T. F., *Theology in Reconciliation*, pp.218f. アタ

たがって（kata tēn heautou eikona）」（DI, 3）、「御自身に似せて（homoiōsis）」（DI, 11）造られたのである。創造によって人間は、存在だけではなく「神の力（dunamis）の一部」をも賦与されたのであり、「永遠に祝福の内にとどまることができるように、言葉（Logos）の一種の反映（skia）」を受け、「理性的（logikos）」性質を持つに至った（DI, 3）。人間は、御父御自身の「言葉」についての知識に基づいた理性によって、他の被造物とは異なった特徴を持つのである（DI, 11）。この理性によって、人間は永遠の命に至るはずであった。

しかし、神の命令を破棄したため、人間は「神についての知識」を失い、祝福された生活を送ることが不可能になり、「無へ（eis to mē einai）堕落」した（DI, 4）[501]。人間は、元々「無から（ex ouk ontōn）」造られたので、この「無」は人間の「自然の状態（phusis）」である（DI, 4）。逆に言うと、神を知り、その「存在者（ho ōn）に似る（homoiotēs）ことによって」、人間はその堕落した自然の状態を免れ、「神として（hōs Theos）」「朽ちることのない（aphthartos）」生活を送ることができる（DI, 4）[502]。自然の状態において人間は無と死へと向かうが、神の恩寵によって「言葉」が人間と「共存（suneimi, metousia）」し、無や死を免れるのである（DI, 5）。無から存在へと造られた人間は、「言葉」と共にいることなくしては存在し続けることはできないという意味において、人間は存在に関して完全にその「言葉」に依存している[503]。

ナシオスは、「知識と存在を超越したプラトン主義的神論を拒絶した」（*ibid.*, p.217.）。

501 アタナシオスは、「悪なるものは存在せず、善なるものは存在する」と考える（DI, 4）。アタナシオスの悪の理解については、cf. Pettersen, A., *Athanasius and the Human Body*, pp.94ff.

502 ここでアタナシオスは、詩編八十二編六節を参照している。Cf. ヨハネによる福音書十章三十四節以下。アタナシオスの参照聖句については、Athanasius, "On the Incarnation of the Word," *A Select Library of Nicene and Post-Nicene Fathers of the Christian Church Second Series Vol.IV* に負う。

503 神に対する被造物の依存性については、cf. Torrance, T. F., *The Trinitarian*

神の善は、神の知識を欠く堕落した人間を放置しておくことはなかった（DI, 6,11）。「神の善（hē tou Theou agathotēs）」にとって、それほど重大な事柄を看過することは、ふさわしいことではないからである（DI, 43）。人間が神の命令を破棄したことによって、再び言葉の「慈しみ（philanthrōpia）」を呼び出したのである（DI, 4）。「慈しみ（philanthrōpia）」という用語は、「言葉」の受肉の理由を適切に表現している。この原語であるギリシャ語は、「愛する（phileō）」と「人（anthrōpos）」から成り立っており、人を愛すること、つまり神の人間に対する愛を意味する。[504]神は人間を愛しているがゆえに、肉を取って人となり、堕落した人間と関係を持ち続けようとするのである。この神の愛は、言い換えると神の善であり、これによって人間を含むすべての被造物は、その存在を与えられ、保持されているのである。[505]「神の善」という概念に関してアタナシオスは、確かにプラトン主義哲学的概念に依存しているが、神は万物を無から創造し、それらの物が神の愛という慈しみの対象として存在することを望んでいるという点を強調することによって、彼は「神の善」という概念にキリスト教的解釈を施している。[506]この神の慈しみは、「非肉体的（asōmatos）で朽ちることがなく（aphthartos）、非物体的（aulos）である神の言葉が私たちの領域に来る」ほど大きなものであり、実に神は「身を低くして、私たちの所を訪れた」のである（DI, 8）。[507]

 Faith, pp.98ff.

504 Torrance, T. F., *The Trinitarian Faith*, p.74. Cf. *ibid.*, pp.91,101.147f.

505 Meijering, E. P., *Orthodoxy and Platonism in Athanasius*, pp.41f.

506 Torrance, T. F., *The Trinitarian Faith*, p.91. Cf. *ibid.*, p.68:「ヘレニズムのキリスト教化は、……教会が特にアタナシオスに負っている特徴の一つである」。Cf. also Quasten, J., *Patrology Vol.III*, p.66; Hanson, R. P. C., *The Search for the Christian Doctrine of God*, pp.422,861f.

507 ユダヤ・キリスト教の思想においては、神と人間の間ほど乖離したものはない（cf. Morris, T. V., "The Metaphysics of God Incarnate," Feenstra, R. J. & Plantinga, C. Jr.[eds.], *Trinity, Incarnation, and Atonement*, p.112. Cf. also Florovsky, G., "The Concept of Creation in Saint Athanasius," *Studia Patristica Vol.VI Part IV*,

ここで、「言葉」はどのようにして私たちの所を訪れ、そして何を達成したのかという点を、「言葉」の取った「肉体」との関係で明確にしよう。[508] 第一に、「言葉」は「疵も染みもない乙女から、私たちの肉体と違わない（ouk allotrion）肉体を御自身に取った（lambanō）」（DI, 8）。[509]「言葉」は、「万物の作成者（dēmiourgos）」であるため、乙女の中に肉体を準備し、そして、それを「御自身の（idiopoieō）道具（organon）とされた」（DI, 8）。[510] プラトン主義哲学の霊魂論とは異なり、アタナシオスが、キリストは「御自身の肉体に束縛されず、むしろ肉体を活用している」と明示していることは留意すべき重要な点である（DI, 17）。肉体も神に造られた物の一つとして、潜在的に神に奉仕しうるのである。[511] したがって、「言葉」は肉体を活用するために肉体を聖化し（DI, 17）、[512] この聖化された肉体におい

---

p.45; Pettersen, A., *Athanasius and the Human Body*, p.21; Torrance, T. F. *Theology in Reconciliation*, p.217.）。

508 「言葉」が受肉した理由は、肉を持った人間が堕落したからである（DI, 43）。肉体を取った「言葉」の主要な役割は、人間に御父を知らせることにある（DI, 14）。

509 Dragas, G. D., "Enanthrōpēsis or Egeneto Anthrōpos," *Studia Patristica Vol.XVI Part II* によると、アタナシオスは「肉（sarx）」を二通りに用いる。第一に、「人間（anthrōpos）」の意味で。これは「成る（ginomai）」（ここで「成る」は変化を意味しない［Cf. Grillmeier, A., *Christ in Christian Tradition Vol.1*, p.327.］）という用語と結び付いている。第二に、「肉体（sōma）」の意味で。これは「取る（lambanō）」という用語と結び付いている。

510 道具としての「肉体」については、cf. Grillmeier, A., *Christ in Christian Tradition Vol.1*, pp.317f.

511 アタナシオスは、「物質のヘレニズム的軽視」とは対照的に、「肉体の軽蔑という概念は全く持っていない」（Pettersen, A., *Athanasius and the Human Body*, p.8.）。第一に、肉体も善なる神によって造られたものであり、第二に、肉体は死ぬが、キリストにおいて、キリストを通して復活する。つまり、アタナシオスにとって復活は、肉体が価値あるものであることの証明である（*ibid.*, p.7. Cf. *ibid.*, pp.28,30.）。

512 Cf. DI, 43. Cf. also Pettersen, A., *Athanasius and the Human Body*, pp.3, 93. 神が聖化の主体であり、肉体がその客体であるということは、受肉は「言葉」の神性の減少を意味せず、それはむしろ、神性の肉体への賦与を意味する（Cf.

第五章　神の和の神学の神学的基盤

て「言葉」は御自身を人間に適応させ、一層高遠な事柄を教えるのである（DI, 15）。このようにして、人間は神の取られた「同様の（katallēlos）肉体によって、またそれを通して働かれる神の業によって、言葉の御父をより速く、直接的に知ることができる」（DI, 43）。人間の堕落した性質によって、人間は神の業を感覚可能な物の内にしか見出すことができないので、神は人間の知覚できる肉体において働かれるのである（DI, 16）。この時、人間は人間的な物の中に神的な物を知覚するが、それは両者の甚大な相違を知ることによってのみ知覚する。この甚大な相違は、神の非肉体的で朽ちない不死の性質と人間の肉体的で朽ちるべき死の性質の間の相違に由来する。他ならぬこの相違こそが、どれほど「救い主が人間を愛された」かを証明している（DI, 16）。

第二に、御子は死の罰を受けるべき「すべての人の代わりに（anti pantōn）」御自身の肉体を死に渡され、御父への捧げ物とされた（DI, 8）。すべての人は、堕落によって引き起こした負債のゆえに死すべきである（DI, 20）。つまり、人間の堕落は、死によってのみ相殺されうるのである（DI, 9）。しかしながら、「すべての人のために（huper pantōn）、すべての人のゆえに（peri pantōn）」苦しむことができ、また苦しむに値するのは、

Hanson, R. P. C., *The Search for the Christian Doctrine of God*, p.447.）。

513　Cf. DI, 12.

514　Cf. DI, 54. Cf. also DI, 18.

515　Cf. DI, 1.

516　ここは、原文通り直訳した。Cf. DI, 4.

517　ここでアタナシオスは、御子を御父への捧げ物と見なしている (Cf. DI, 21)。

518　アタナシオスは、最初の人アダムだけでなく、すべての人が堕落し、それによって死の罰を受けなければならないと考える。「最初の人は、すべての人の生活において起こることの例である」（Pettersen, A., *Athanasius and the Human Body*, p.11.）。

519　DI, 7 においてアタナシオスは、人間の悔い改めは堕落の罰を満たすには十分でないと述べる。

人間ではなく神の言葉である御子のみである（DI, 7）。この目的のために、御子は死ぬことのできる肉体を取ったのである。「言葉」自体は不死であり、死ぬことができないからである（DI, 9）[520]。こうして、御子の代償的死においてすべての人は死に（DI, 8）、御子の死はすべての人の死、特に、その堕落した性質の死を達成したのである（DI, 20）。「言葉」の慈しみによって、「言葉」は生きた人間となっただけではなく、肉体の死をも遂げたのである。この死は現実的で確実なものでなければならない。そうでなければ、復活の事実が根底から覆されてしまうからである（DI, 22）[521]。

第三に、死を完全に滅ぼした御子の復活の恵みによって、人間もまた死から解放され、朽ちない体へと変えられる（DI, 8）[522]。人間はその「存在（ousia）」を「言葉」の「現存（parousia）」（DI, 4）と「共存（suneimi, metousia）」（DI, 5）に負っている。そして、神の命令を破棄した結果、人間は無へと堕落しているが、神の御子は人間の肉体と「似た（homoios）性質」を取ることによって人間と再び「共存（suneimi）」し、復活の約束によってすべての人に「朽ちることのない物を着せた（enduō）」（DI, 9）。神の御子と御子によって賦与されたこの生命は、すべての人と密接に「共存（suneimi）」しなければならないものである。死が人々の肉体に密接に「共存（suneimi）」していたからである[523]。そうして、「肉体は生命を代わりに着て（antenduomai）、堕落した性質を放逐するのである」（DI, 44）[524]。こ

520　Cf. DI, 44.

521　Cf. DI, 23.

522　Cf. DI, 27. アタナシオスの神学において、復活は枢要な位置を占める。「復活は、彼ら（ギリシャ人たち）の頭に決して思い浮かばなかったものである」（DI, 50）。Cf. also Stead, G. C., "Athanasius," Berardino, A. D.(ed.), *Encyclopedia of the Early Church Vol.1*, p.94:「キリストの肉体を強調することによりアタナシオスは、人間の肉体が救いを達成できるものとして提示した（他方、プラトン主義者は、理性的な魂のみが生き残ることができると考えた）」。

523　Cf. DI, 44.

524　アタナシオスの、すべての人が命、不死を「着る（enduō）」や、「着物（enduma）としての命」という表現（DI, 44）は、命の神への人間の依存を適

のように、御子が人間の堕落した性質を変革する時、「肉体全体を回復した」のである（DI, 49）。主なる神は、創造において主であるだけでなく、人間の堕落においてもそれを滅ぼすという意味において主である。主なる神は、生命において主であるだけでなく、死においてもそれを滅ぼすという意味において主である。主は「人として生まれ、死に、復活した」が、主御自身はこのことを権威をもって証明した（DI, 15）。主は、そのような方として人間を御自身に近づける。つまり、人間も神の恵みにより、生まれ、死に、復活するのである。この約束を受ける人々の性質を表現するために、アタナシオスは「神格化」の概念を利用する。

『受肉論』におけるアタナシオスの教えは、しばしば引用される次の有名な文によって要約できるであろう。「彼（御子）は人となった（enanthrōpeō）。それは、私たちが神となる（theopoieō）ためである」（DI, 54）[525]。ここで、創造時において人間は、「神（Theos）として」（DI, 4）祝福された生活を送ることができたというアタナシオスの言明を思い起こす必要がある。アタナシオスは、創造時の祝福された生活を送る人間を明確に「神として」と語っている。しかし、これは人間そのものが本質的な意味で神と等しくなることを意味しない[526]。これはむしろ、神と共存し、神

切に示唆している。

525　神格化については、cf. Harnack, A. v., *History of Dogma Vol.3*, pp.164ff.n.2; Hess, H., "The Place of Divinization in Athanasian Soteriology," *Studia Patristica Vol.XXVI*; Strange, C. R., "Athanasius on Divinization," *Studia Patristica Vol.XVI Part II*; Torrance, T. F., *The Trinitarian Faith*, pp.138ff.,166,188ff.「アタナシオスの神格化の理論はギリシャ哲学的思弁ではなく、キリストの救いの業の決定的な構成物である。キリストの真の人間性のゆえに、この業は機械的な回復とは正確に区別されるものである」（Ritschl, D., *Athanasius Versuch einer Interpretation*, p.43.）。

526　Hanson, R. P. C., *The Search for the Christian Doctrine of God*, p.456 によると、「神（Theos, deus）」という用語が、唯一絶対の神という概念を持つのは、三八一年の公会議以後である。Cf. also Harnack, A. v. *History of Dogma Vol.3*, p.165; Prestige, G. L., *God in Patristic Thought*, p.xxi and p.74:「人間の神格化は、全く相対的なものである」。

の「言葉」を通して神を知ることによって、人間は朽ちることのない不死の生活を送ることができるということを意味する。人間がここで「神」と呼ばれるのは、神の恵みによって本来神の性質である不朽不死の性質が人間に賦与されるためである。先に見たように、人間の罪が生起して後、人間を生命へと回復させるものは神以外に存在しない。神は肉体を取ることによって、「私たちが神となり」、「私たちが見えない御父の概念（ennoia）を受け……、不死を相続する」ことを可能にしたのである（DI, 54）。したがって、「神として」と「神となる」という用語で、アタナシオスは人間の創造時における状態と不朽不死の回復を意味したのである。最初の人がまさしく「神として」生きていたために、最初の罪、原罪は「神」から「無」への壊滅的な転落を意味する。しかし、同様にして、神格化は人間の「無」からまさしく「神」への変貌であるために、それは人間に賦与された最も栄光ある恵みを意味するのである。

この変貌の約束は、どれほどの射程を持つものなのか。もし、日本の風土にいる人々がこの射程内なら、神の「受肉」と日本の風土はどのように関係するのか。

（b）人と人との間のキリスト

アタナシオスの議論において、ある一つの重要なテーマが何度となく浮上する。創造において人間は、「言葉」の慈しみによって存在へと呼び出されたように（DI, 4）、堕落後も「言葉」は、慈しみによって肉体を取った（DI, 54）。創造において人間は、「言葉」を通して御父なる神を知ることができたように（DI, 11）、堕落後も人間は、肉体を取った「言葉」を通して、御父なる神を知ることができる（DI, 12,14,43）。アタナシオスの議論を一貫しているテーマは、創造において神の達成したことが、人間の救

---

527 「堕落の根絶」と「神についての正しい知識の回復」が受肉の二つの結果である（Harnack, A. v., *History of Dogma Vol.3*, pp.292f. Cf. Ritschl, D., *Athanasius Versuch einer Interpretation*, p.23.）。

528 Cf. Turner, H. E. W., *The Patristic Doctrine of Redemption*, p.88.

済において達成されたことと対応しているということである。つまり、同一の「言葉」が世界と人間を創造し、肉体を取ることによって堕落した人間を再創造するのである[529]。アタナシオス自身の言葉によると、「創造の刷新（anakainisis）は、最初にそれを作成した（dēmiourgeō）同一の言葉の働きである」（DI, 1）[530]。「言葉」は御父の「言葉」であるため、その「言葉」は「すべてを再創造する（anaktizō）」ことができるのである（DI, 7）。特に、神の像に創造された人間は、御父の像である御子によって「刷新され（ananeoō, anakainizō）」、「再創造され（anaktizō）」、「もう一度、神を知ることができるようになる」のである（DI, 13）[531]。したがって、トランスが述べているように、「神の被造物の再創造が、永遠の御子、神の言葉なるイエス・キリストの受肉の理由であり……、受肉は、創造の業の完成と理解することができる」[532]。

創造と受肉のこの緊密な関係は、必然的に贖罪の福音の普遍性に結び付く[533]。もし、創造において万物を例外なく普遍的に創造した「言葉」が、受肉を通して贖罪において万物を再創造した同一の「言葉」であるなら、これは、贖罪の範囲も普遍的であることを示唆している。逆に言えば、「第二世紀の教父たちが明確に理解していたように、贖罪と創造を分離することは、受肉とそれに基づく救いの範囲を限定することになり、そ

529　Cf. Pettersen, A., *Athanasius and the Human Body*, p.18. 創造における業と贖罪における業の違いについては、cf. DI, 44.

530　Cf. DI, 1:「言葉によって御父はそれを造り、言葉において御父は救いをなした」。

531　アタナシオスは、「刷新する（ananeoō, anakainizō）」や「再創造する（anaktizō）」を相互交換して使っている（Cf. Meijering, E. P., *Orthodoxy and Platonism in Athanasius*, pp.47ff.）。

532　Torrance, T. F., *The Trinitarian Faith*, p.102. Cf. Meeks, M. D., *God the Economist*, pp.148f.:「神はその業を『とても良い』と宣言したが、『完全である』とは宣言していない」。

533　Cf. Torrance, T. F., *The Trinitarian Faith*, p.284.

れによって、福音の本質的なメッセージを破壊することになる」[534]。贖罪の
この普遍的な範囲を強調するためにアタナシオスは、キリストの贖罪の業
は「すべての人の代わりに（anti pantōn）」（DI, 8）、「すべての人のために
（huper pantōn）」（DI, 7）、「すべての人のゆえに（peri pantōn）」（DI, 7）な
されたと述べる。トランスによれば、アタナシオスは「anti, huper, dia, peri
などの種々の前置詞を、どれ一つとして十分ではないかのように併せて用
いて、キリストの代償的業の広さと深さを表現している」[535]。つまり、「キ
リストの贖罪の業は、その範囲において十分に普遍的なのである」[536]。

実際、アタナシオスによるこうした前置詞の度重なる活用は、キリスト
の贖罪の業に言及する時だけではなく、贖罪の業が究極的に目に見えるか
たちで開始される受肉の出来事を解説する時にも見られる。アタナシオス
によれば、「言葉」は肉となり[537]、「私たちに対して（pros）」（DI, 1）、「私

534　Torrance, T. F., *The Trinitarian Faith*, p.284.
535　Torrance, T. F., *The Trinitarian Faith*, p.168. Cf. *ibid.*, p.168.n.79: "De Inc., 8ff,20f,25,31,36,43 ..." Cf. also *ibid.*, p.155; Dragas, G. D., "St Athanasius on Christ's Sacrifice," Sykes, S. W.(ed.), *Sacrifice and Redemption*, pp.92f.; Torrance, T. F., *Theology in Reconciliation*, p.228.
536　Torrance, T. F., *The Trinitarian Faith*, p.155. アタナシオスは、キリストの代償的業の普遍性を説いたが、万人救済論は説いていない（Torrance, T. F., *The Trinitarian Faith*, p.182. Cf. *ibid.*, p.284; Pettersen, A., *Athanasius and the Human Body*, pp.40f.）。つまり、「アタナシオスは、キリストがすべての人のためになしたことに基づいて、キリストの受肉を受け入れるという観点から救いを理解している」(*ibid.*, p.42.)。リッチュルによれば、「救いとは、受肉における神の客観的な業」の「主体的な受容」である (Ritschl, D., *Athanasius Versuch einer Interpretation*, p.43.)。万人救済論には、この「主体的な受容」という視点が欠けている。
537　Cf. Torrance, T. F., *The Trinitarian Faith*, p.150:「『言葉は肉となった』とは、『言葉は人間となった』ということを意味する」。ここで「肉」とは魂と対峙する概念ではなく、人間全体を指す（Cf. also Torrance, T. F., *Theology in Reconciliation*, pp.226f.）。しかし、これは三六二年以降のことである（Cf. Hanson, R. P. C., *The Search for the Christian Doctrine of God*, pp.452,646; Louth, A., "Athanasius' Understanding of the Humanity of Christ," *Studia Patristica Vol. XVI Part II.*）.

たちの中へ（eis）」（DI, 4）、「私たちの中に（en）」（DI, 4,9）、「私たちと共に（suneimi）」（DI, 5）宿られたのである[538]。ヨハネによる福音書一章十四節の「私たちの中に（en hēmin）」のこうした種々の言い換えは、「言葉」が様々な方法で人間と密接に関係を持っているというアタナシオスの解釈を指し示している。受肉によってキリストは、人間と不可分に生きたのである。したがって、人間に対するキリストの贖罪の業とキリストが人間の中に宿った事実は、福音のメッセージがその範囲において普遍的であることと、その内容において親密なものであることを意味している。これらの二つの要因、すなわち「神の御子が受肉において人と成ったことと、贖罪の行為において神の御子が私たちのためになしたことは、本質的に一つのこと」であり、「『私たちにおけるキリスト』と『私たちのためのキリスト』とは完全に一つ（henōsis）に結び付けられており、それがキリストの体としての教会の核心にある」[539]。

最後に、アタナシオスの議論を日本の状況において発展させ、受肉と日本の精神風土の関係を考察しよう。アタナシオスの議論と前節のキリストと風土の議論に基づけば、日本の風土にある人々も、キリストの贖罪の業の射程内にいると何の躊躇も無く言うことができるであろう。ここで重要なことは、「言葉」は身を低くして、御自身を人間に適応させ、高遠な事柄を効果的に教えようとした点である（DI, 15）。御子は、人間の存在と思考の枠組みの中で人間とコミュニケーションを持つために、人間となったのである[540]。神は、人格的、相互的、受け手志向型のアプローチを選んだのである[541]。

もし、人間が「人と人との間」としての「人間」と理解される日本の精神風土に対して、この神の受け手志向型のアプローチを応用するなら、受肉をキリストが「人」となっただけではなく「人間」となった出来事と解

---

538 ここは、原文通り直訳した。
539 Torrance, T. F., *The Trinitarian Faith*, p.266.
540 Kraft, C. H., *Christianity in Culture*, p.172.
541 Kraft, C. H., *Christianity in Culture*, p.175. Cf. *ibid.*, pp.173ff.

釈することが可能である。つまり、「言葉」は人となり、私たちの「間」に宿ったのである。キリストは、「人と人との間」の「人間」となったのである。日本の風土におけるキリストの受肉は、キリストが御自身を日本の枠組みに適合させ、人と人との間に宿った出来事と解釈できる。この解釈は、神学的に無防備ではない。先に見たように、アタナシオスは種々の前置詞を活用し、キリストと私たちの緊密な関係を表現した。このように自由に表現されるキリストと人間との緊密な関係は、日本の風土に根差した人々が、風土的に定位された用語である「間」を活用することを許すであろう。したがって、日本人にとって、「言葉」は「人間」となって、「人間として」「人と人との間」に宿ったのである。事実、この解釈こそ最近の聖書の翻訳で採用されている訳なのである。一九七〇年の『聖書新改訳』と一九八七年の『聖書新共同訳』は共に、ヨハネによる福音書一章十四節の問題の箇所を私たちの「間に」と訳している。人と人との間のキリストは「人間」なのであり、そのようなものとして日本の精神風土における「人間」と緊密な関係を持っているのである。

「受肉のメッセージは普遍的であるが、その表現のされ方はその場所にあって固有のものであるべき」である。ヘレニズムの哲学が、受肉の理解と概念化に関して一つの方法を提示したように、日本の精神風土もこの中心的教理の理解と概念化に関してもう一つの固有の方法を提示できるのである。

では、なぜ「言葉」は「人間」となり、人と人との間に宿ることができ

542　英語においても同様に、among より between が好ましい。between は、一つの物とその周囲の多くの物との関係を「個別に」表現する唯一の語であるが、among は、その関係を「集合的に」曖昧に表現する（James A. H. Murray et al [eds.], *Oxford English Dictionary Vol.II*, p.155.）。人と人との間のキリストは、人間と「個別に」関係を持つ。

543　Takenaka Masao, *God is Rice*, p.7.

544　Cf. Padilla, C. R, "Hermeneutics and Culture," Stott, J. R. W. & Coote, R.(eds.), *Down to Earth*, p.65. Cf. also *ibid.*, p.68.

545　Cf. Kraft, C. H., *Christianity in Culture*, p.115.

るのか。キリストの人「間」性は、御父と御子と聖霊の共有している神の「間」と深い関係がある。次の節では、神の「間」について検討しよう。

第三節　神の間

　三位一体の神を専ら「間」という観点から解説したキリスト教神学者は殆ど存在しないと思われるが、キリスト教教理史において関係論は確かに存在する。その教理は、「三位一体論の後期スコラ哲学的分析の核心を成し、フィレンツェ公会議（一四四一年二月四日）において『神においてはすべてが一つである。そこにおいては、関係の対立は（その一致を）妨げない（in Deo omnia sunt unum, ubi non obviat relationis oppositio）』という文にまとめられている」[546]。この教理は、「基本的にグレゴリオスの『起源の関係を除けば、神の位格の間には完全な一致がある』という文に溯る」[547]。したがって、この節ではナジアンゾスのグレゴリオス（三二五～三三〇－三九〇年）[548]によるコンスタンティノポリスでの五つの『神学演説集』（三八〇年[549]。以下引用は Or と略す）に焦点を当て、関係論と「間」の使用を検討する。

（a）神の関係性

　三位一体の神の内的関係性に関するグレゴリオスの見解を検討する前に、

546　Quasten, J., *Patrology Vol.III*, p.249.
547　Quasten, J., *Patrology Vol.III*, pp.249f. Cf. Fortman, E. J., *The Triune God*, p.81.
548　Hardy, E. R.(ed.), *Christology of the Later Fathers*, p.121.『神学演説集』の邦訳については、この英訳にも負う。テキストとしては、Gregory of Nazianzus, *Grégoire De Nazianze Discours 27-31 (Discours Théologiques)* を利用する。グレゴリオスの誕生と死亡の年については、cf. Norris F. W, *Faith Gives Fullness to Reasoning*, pp.1,12.
549　これらの演説は、コンスタンティノポリスにおいて一つの特定のシリーズとしてなされたかどうかは証明できない（Norris F. W, *Faith Gives Fullness to Reasoning*, p.80.）。

彼が三位一体の神を理解する時の方法論として拒絶することを明確にしておくと以下の議論の助けとなるであろう。[550]

まず第一に、グレゴリオスは、三位一体の神に関する異端的見解を排除する。[551]「御父の存在しなかった時はなかった。そして、同じことは、御子と聖霊に関しても言える」(Or, XXIX,3)。三位一体の神にとって、「『時』、『前』、『後』、『最初から』という表現」は不適切である (Or, XXIX,3)[553]。つまり、時間の概念は三位一体論から排除されなければならない。[554]さらに、彼は「分解という性質 (lusis) は、神には全く異質」であると主張する (Or, XXVIII,7)。「分解」は、「分離 (diastasis)」、「対立 (machē)」、「合成 (sunthesis)」など、物体的性質と結び付いている (Or, XXVIII,7)。しかし、神は「非物体的 (asōmatos)」であり (Or, XXVIII,8,9)、そのようなものとして、こうした性質と無関係である。[555]したがって、物体概念も神を叙述するには不適切である。このことは、神の三つの位格の分断に基づく序列化の拒絶にも繋がる。「三位一体のどの部分も、序列化して (tithēmi) はならない。……一つにして等しい (homoiōs) 荘厳な性質を分断して (perikoptō) はならない」(Or, XXXI,12)。時間と空間の範疇に制限されない三位一体の神は、物体的・時間的な物と同様に取り扱うことは不可能な

---

550 Cf. Norris, F. W., *Faith Gives Fullness to Reasoning*, p.42.
551 グレゴリオスは、異端的見解としてアリウス主義とサベリウス主義を挙げる (Cf. Or, XXXI,30)。ちなみに、彼はこの中道を行く (Winslow, D. F, *The Dynamics of Salvation*, p.75.)。「アリウス主義」として、グレゴリオスが実際に指弾しているのは、エウノミオス主義であり (Norris, F. W., *Faith Gives Fullness to Reasoning*, p.54.)、これと同時に彼は、聖霊の十分な神性を認めないマケドニウス主義をも非難する (Norris, F. W., *Faith Gives Fullness to Reasoning*, p.68.)。
552 Cf. Or, XXIX,17.
553 Cf. Or, XXX,18.
554 Cf. Norris, F. W., *Faith Gives Fullness to Reasoning*, p.142.
555 Cf. Norris, F. W., *Faith Gives Fullness to Reasoning*, p.44. Cf. also Or, XXXI,7.
556 同様の理由でグレゴリオスは、御父、御子、聖霊を「連続物 (akolouthia)」と見なす見解も拒絶する (Or, XXXI,5)。

のである。[557]

　第二に、グレゴリオスは、神の三位一体性が地上の類比物に反映されているとは考えない。これは、第一の点の当然の帰結である。すべての地上の物は、時間と空間の下にあり、そのようなものとして不変ではなく、神の安定した性質とは掛け離れているためである。[558]但し、事柄を明確にするために、彼は目や泉や川における水分の三形態と三位一体との類比に言及し、三位一体の神の内的関係性との類似点を指摘する。しかしながら、彼はそれらによって「神の中にとどまっていることのできない流れ（rhusis）」があると誤解されることを懸念する（Or, XXXI,31）。[559]アダムとエバとセトの類比において、この三者は「同一実体（homoousios）」であり、「異なった人々が（diaphorōs hupostanta）同一の実体（ousia）を持っている」（Or, XXXI,11）。ここで聖霊の発出の類比は、エバはアダムの「片割れ（tmēma）」であること、御子がもうけられることの類比は、セトがアダムによって「もうけられた（gennēma）」ことに求められており、御父と御子と聖霊がすべて神であることの類比は、エバとセトはアダムと「同一のもの（tauton allēlois）であり、二人とも人間（anthrōpoi）である」（Or, XXXI,11）事実に見られる。しかし、神は人間とは異なり、分離されえないという点で、この類比は成立しない。[560]したがって、グレゴリオスが述べているように、「御子は一層高遠な（hupsēlotera）関係（schesis）において御子であるからといって、……低俗な（oiēteon）世界（anagkaion）と私たち人類（suggeneia）におけるすべての名前は、神に移し変えられる

557　Cf. Or, XXXI,14.

558　Cf. Lossky, V., *The Mystical Theology of the Eastern Church*, p.45.

559　太陽、光線、光の類比も、光線と光がそれぞれ「太陽からの単なる輝き（apporoia)、太陽の質」(Or, XXXI,32）であり、御子と聖霊もそのようなものとして見られかねないので不適切である。Cf. Or, XXXI,3.

560　Cf. Prestige, G. L., *God in Patristic Thought*, pp.243f. Cf. also Kelly, J. N. D., *Early Christian Doctrines*, p.268. 一般的な父と子の類比も不適切である。父も最初は子であったのであり、時と共に名前が変わるからである。他方、御父、御子といった名前は、絶対的に不変の名前である（Or, XXIX,5）。

はずであると考える必要はない」(Or, XXXI,7)[561]。神概念と人間の概念の間には、絶対的な乖離が存在するため、人間がどれほど知的創造力を逞しくしてみても、神概念を構成することは不可能なのである。グレゴリオス自身の言葉によると、「下の物（ta katō）から上の物（ta anō）を、変動する物から不変の物（ta akinēta）を推測することは、……そして、死者の中に生きている人を探すことは極めて愚かである」(Or, XXXI,10)[562]。

　もし、このように地上的、時間的、物体的類比を三位一体の神に投影することができないのなら、神を叙述する際に否定形を利用することが適切であると考えられるかも知れない。これによると、神は「物体的ではなく（asōmaton）」、「子としてもうけられず（agennēneton）」、「初めがなく（anarchon）」、「変化することがなく（analloiōton）」、「朽ちることがない（aphtharton）」と表現される（Or, XXVIII,9)[563]。しかし、こうした叙述方法は、実際地上的な「物体的で」、「もうけられ」、「初めがあり」、「変化し」、「朽ちる」といった現象の裏返しに過ぎない。つまり、地上の物の性質を否定的に表現しているに過ぎないため、神の「本質（ousia）」を十分に包含しているとは言えない（Or, XXVIII,9)[564]。したがって、グレゴリオスは続けて「自己存在に関する性質を熱心に追究する人は、それが何でないか（ha mē estin）と語ることにとどまらず、それが何であるか（ho estin）と語らなければならない。否定的な事柄を延々と語るよりも、一つの（肯定的な）点を取り上げる方が容易なのである」と論じる（Or, XXVIII,9)[565]。グレゴリオスは、この原則を神の叙述に応用する。神が何で

561　同様の理由で、御父なる神と言われるからといって神は男性であるとか、ギリシャ語の原語で「神性」は女性形であるから神は女性であると言ったり、「霊」は中性形であるから神は中性であるなどとは言えない（Or, XXXI,7)。

562　Cf. Or, XXXI,11.

563　これはまさしく、グレゴリオスの論敵エウノミオスの試みたことである（Torrance, T. F., *Trinitarian Perspectives*, p.37.n.67.)。

564　ここに人間の知性の限界がある。Cf. Or, XXVIII,13.

565　グレゴリオスは皮肉を込めて、神を否定形のみで表現する人を「五の二倍は何かと聞かれて、二ではなく、三でもなく、四でもなく……と答える

第五章　神の和の神学の神学的基盤

あるかを叙述することなしに、神が何でないかを叙述することはできない[566]。つまり、神が何であるかが分かって初めて、神が何でないかを語り始めることが可能になるのである。彼は、神が何であるかという肯定的な事を語ることが容易でないことを熟知していた。神は「ケルビムによって隠されて（sugkaluptō）おり」、人間は神の「後部（opisthia）」に輝くその栄光だけを見ることができ、その栄光は、「水面における太陽の影や反射（skiai）のようなもの」であり（Or, XXVIII,3）、人間はただ「神の属性（ta kat' auton）によって神の影を描き（skiagrapheō）、神に関する、あるかすかな部分的な像（phantasia）を得ることができるだけである」（Or, XXX,17）。つまり、人間は神の「すべての偉大さを表現することができない」し、「人間の理性（dianoia）によって神の性質（to theion）を理解（lambanō）することはできない」のである（Or, XXVIII,11）[568]。では、地上にいる人間はどのようにして三位一体の神を知り、表現することができるのであろうか。

　グレゴリオスにとって、この神の不可把握性は神の妬みに由来するものではない。「移り気が無く（apathēs）、ただ善（agathē）であり、万物の主である神の性質（theias phusis）と妬み（phthonos）とは無縁である」（Or, XXVIII,11）。ここで彼が、被造物の存在自体が「神の最高の善（agathotēs）の証明」であると言う時（Or, XXVIII,11）、彼はプラトン主義哲学の世界観に依拠しているようであるが[569]、この証明は、「言葉」の受肉において頂点を極めている点で異なる。「御自身の肉体を通して、御子は

人」に譬え、「何でないか（ha mē estin）を除去していくことによって何であるか（ho estin）を提示するより、何であるか（ho estin）に基づいて、何でないか（hosa ouk esti）を提示した方が一層簡単で、簡潔である」と論じる（Or, XXVIII,9）。

566　Cf. Torrance, T. F., *Trinitarian Perspectives*, p.37; Torrance, T. F., *The Trinitarian Faith*, p.50. Cf. also Or, XXIX,11.
567　Cf. Norris, F. W., *Faith Gives Fullness to Reasoning*, pp.100f.
568　Cf. Or, XXX,17; XXVIII,4; XXVIII,5.
569　Cf. Norris, F. W., *Faith Gives Fullness to Reasoning*, p.116.

物体を持った被造物によって理解され（chōreō）うるが、それ以外の方法では、神の不可把握性（alēptos）のゆえに、このことは不可能であろう」（Or, XXX,21）。つまり、神を知るためには、本質的に御父と聖霊なる神を知っている御子なる神をその受肉において知らなければならない。被造物との関係においてではなく、地上において肉を取った神との関係において神を知る必要があるとグレゴリオスは述べているのである。彼は人間による神概念の知的構成を峻拒する代わりに、神を通して神を知ることを肯定する。彼は続けて「御子によって、神は人間を聖化し（hagiazō）、……有罪宣告を受けた人々を御自身と一つにする（henoō）ことによって、その人々はあらゆる有罪宣告から解放される。神は罪を除いて、すべての人のために（huper pantōn）、すべて（panta）となったのである」と強調する（Or, XXX,21）。つまり、グレゴリオスにとってこの神知識は、単に人間の理性による知的概念化ではなく、むしろ、救済論と密接な関係を持ち、この知識はそのようなものとして信仰の行為なのである。この[570]知識は、人間を天的な物へ、また天へと導くほどのものなのである（Or, XXVIII,28）。聖霊は、この天への導きにおいて重要な役割を果たしている。人間は、「すべての事柄、そう、神の深みを探る聖霊によって、神を理解する（katalambanō）」（Or, XXVIII,6）。[571]あやふやな「像（eikōn）や影（skiai）」に頼らず、「聖霊の導き」に従う時、「私が彼から受けた教え（ellampsis）」を最後まで保持し、「唯一の神、力である御父、御子、聖霊を礼拝する」ことができるのである（Or, XXXI,33）。

では、グレゴリオスが受けたと主張する「教え」とは一体何なのか。彼は、どのようにして神が何であるのかという問いについて積極的で肯定的な叙述をするのか。ここで、三位一体の神の関係論が重要な役割を果た

---

[570] 信仰に関するグレゴリオスの次の言明は重要である。「一つのことを信じること（pisteuein eis）とそれについて（peri）信じることとは別のことである。前者は神に関する事柄（theotētos）に属し、後者はそれ以外の何にでも当てはまる」(Or, XXXI,6)。

[571] 神理解における聖霊の働きについては、cf. Or, XXIX,1。

す。「私は、神の性質と比較しうる物を、地上に見出すことはできなかった」（Or, XXXI,31）と彼が告白しているように、神の性質を見極めるには、人間に「教え」を与える神御自身に依存するしか他に方法はない[572]。つまり、御子と聖霊を通して三位一体の神の内的関係を知ることによって、神が何であるかを知ることができるのである[573]。当然、神が何であるかを叙述する際に、地上の言語を利用せざるをえないが、これは、地上的概念を神的概念に当てはめるようにして神を理解することを意味しない。グレゴリオスは、どのような理解をするのか。まず、御父と御子の関係から検討しよう。

　グレゴリオスの論敵であるエウノミオスによれば、「御父」とは本質に関する名前であるか、もしくは行為に関する名前である。しかし、もし、それが本質であるなら、御父の本質は御子の本質と異なることになり、もし行為であるなら、御父の行為によって造られた御子の本質は造られた者として、造った者の本質と異なった者になる（Or, XXIX,16）[574]。したがって、グレゴリオスは「御父は本質（ousia）の名前（onoma）でも、行為（energeia）の名前でもない。……それは、関係（schesis）の名前であり、その関係を御父は御子に対して（pros）保持し（echō）、御子は御父に対して（pros）保持している」（Or, XXIX,16）[575]。「御父」と「御子」とは、こ

572　LaCugna, C. M., *God For Us*, p.78.n.74 によれば、一般的に「神の本質（ousia）とは、私たちに未知の、知ることのできないものを指し、……神の性質（phusis）とは、神の存在について私たちが知っているものを指す」。しかし、実際グレゴリオスは、こうした厳密な区別をしていない（Cf. Or, XXVIII,17）。

573　Cf. Gunton, C. E., *The Promise of Trinitarian Theology*, p.54.

574　Cf. Hanson, R. P. C., *The Search for the Christian Doctrine of God*, p.712.

575　Cf. Torrance, T. F., *The Trinitarian Faith*, pp.239f.,320ff.; Torrance, T. F., *Trinitarian Perspectives*, pp.27ff.「三位一体論における『関係』という用語の利用は、グレゴリオスにおいて初めて出て来るものではない。『三位一体に関する対話編』――しばしばアタナシオス作と言われるが、おそらく盲目者ディドモスによると思われる――一章二六節が、御父と御子の関係性について語っている。神学者グレゴリオスは、アレキサンドリアで学んでいる時に、

のように「真正（gnēsios）で親密な（oikeios）関係」に対する名前であり、「それらは子としてもうけられた者と子をもうけた者との間の同一の性質（homophusia）を示している」（Or, XXIX,16）。この関係は、子をもうけるという関係に関して御父と御子が保持してるものであるが、これは非物体的で、意図的な出来事であるため、ギリシャ哲学者たちの言う「善の氾濫（huperchusis agathotētos）」や「非意図的誕生（gennēsis）」とは異なる（Or, XXIX,2）。さらに、地上では子をもうけることは「肉にしたがって（kata sarka）」起こったが、御子の地上での母は「乙女」であり、御子は聖霊による「霊的誕生（pneumatikē gennēsis）」を通して生まれたという点においても地上的現象とは異なっている（Or, XXIX,4）。

グレゴリオスによれば、御父は「無起源（mēdamothen hōrmaō）」で、御子は「そのような御父から（ek）もうけられた」（Or, XXIX,11）。この帰結は二通りである。第一に、御子は「無起源の方から（ek tou anaitiou）」来るので、「無起源の方の持つ栄光（doxa）を共有する（metechō）」（Or, XXIX,11）。第二に、御子はこの栄光の上に、さらに「誕生という栄光を

それをディドモスに習ったのかも知れない。ここで『関係』という用語は……『本質』か『行為』かというジレンマに強力な代替概念を提示している」（Norris, F. W., *Faith Gives Fullness to Reasoning*, p.151.）. Cf. also Zizioulas, J. D., *Being as Communion*, pp.235f.

576 御父と御子の同一本質性については、cf. Or, XXIX,10; XXIX,18; XXX,20.

577 Cf. Or, XXIX,8. Cf. also Dillon, J., "Logos and Trinity: Patterns of Platonist Influence on Early Christianity," Vesey, G.(ed.), *The Philosophy in Christianity*, pp.11f.; Hanson, R. P. C., *The Search for the Christian Doctrine of God*, pp.867f.

578 聖霊は命を与える役割を持っており（ヨハネによる福音書六章六三節）、地上でマリアの懐胎において主要な役割を果たしていることを考慮すると（ルカによる福音書一章三五節）、聖霊の役割を御子がもうけられることから分離することは極めて困難である（cf. Boff, L., *Trinity and Society*, p.6.）. T. A. スメイルによれば、聖霊は御子を通して御父から発出し、御子は聖霊を通して御父からもうけられる（Gunton, C. E., *The Promise of Trinitarian Theology*, p.169における引用）。ボフはさらに、「御父は、御子を聖霊との交わりによって（Spirituque）もうける」とまで述べる（Boff. L., *Trinity and Society*, p.147. Cf. *ibid*., pp.84,139,141,146,185,204f.）。

加えた」(Or, XXIX,11)。つまり、「無起源の方」に由来する者は、その方より劣っているという考えは、神の内的関係においては妥当しない。ここで、「から (ek) もうけられた」とは、「の後に (meta) もうけられた」という時間的関係を示唆しているのではなく、単に「原因 (aition) に関して」御子は「無起源」ではないということを意味しているのである (Or, XXIX,3)。要するに、「無起源 (anarchos) の固有の (idion) 名前は『御父』であり、……無起源的にもうけられた者 (anarchōs gennētheis) の名前は『御子』である」(Or, XXX,19)。次に、「一者」は本質的に「一者」によって生み出された「理性」より偉大であるというプラトン主義的見解は、グレゴリオスの主張に何の影響も与えていない。グレゴリオスにとって、神においては子としてもうけられた者は、子をもうけた者と同様の栄光を持ち、もうけられること自体によってもう一つの栄光さえ与えられるのである。

　グレゴリオスは、御父と御子の関係をこれ以上解明しようとはしない。この関係は、「神的なもの (theia) であり、言語に絶する (aneklalēton) 誕生」なのである (Or, XXIX,4)。最終的に彼のできることは、ただ立ち止まって、「神が御子をもうけることは、沈黙 (siōpē) によって崇めなければならない。……それは御子をもうける御父と、もうけられた御子にのみ知られる」と、告白することだけである (Or, XXIX,8)。本質的にこの神秘は人間には隠されており、神の知識にのみ属する出来事なのである。

(b) 神の間

579　この見解は、ヨハネによる福音書一四章二八節の解釈においても利用される。御父が御子『『よりも偉大』とは、御子の起源 (aitia) を表す」(Or, XXX,7)。

580　Cf. Prestige, G. L., *God in Patristic Thought*, p.140.

581　プロティノスの見解については、cf. Armstrong, A. H.(ed.), *The Cambridge History of Later Greek and Early Medieval Philosophy*, pp.236-249. Cf. also Lossky, V., *The Mystical Theology of the Eastern Church*, p.49; Meijering, E. P., *God Being History*, p.108.

グレゴリオスによれば、御父と御子の関係は、一方の他方「に対する（pros）」関係であり（Or, XXIX,16）、厳密に言えば、彼はこの点においてまだ御父と御子の「間」の関係に言及していない。ギリシャ語で pros は明らかに日本語の「の間に」よりも「に対する」に対応するからである。しかし、グレゴリオスは聖霊が何であるかを解説する際に、「間（mesos）」の関係に触れる。ここでは、彼がどのように御父と御子との関係において聖霊を叙述するのかについて検討しよう。

　グレゴリオスは、聖霊が何であるかを次のように定義する。「御父から（para）発出する（ekporeuō）」[582]聖霊は被造物ではなく、子としてもうけられない聖霊は御子ではなく、[583]「子としてもうけられない方（御父）ともうけられた御子の間（mesos）」にいる聖霊は神である（Or, XXXI,8）。この順序で、彼の聖霊論を解明しよう。

　まず第一に、御父「から（ek）」存在する御子と同様に（Or, XXIX,11）、御父「から（para）」存在する聖霊は、神の「属性（sumbebēkos）」でも「行為（energeia）」でもなく、また「被造物（ktisma）」でもない（Or, XXXI,6）。聖霊は神御自身であり、そのような者として御父と「同一の本質（homoousios）」である（Or, XXXI,10）。聖霊も御子も御父「から（ek）」存在するが、これは御父の「後から（meta）」ではないため、[584]聖霊も御子も時間の範疇を超越しており、御父と「同様に永遠である（sunaidia）」（Or, XXIX,3）。つまり、聖霊と御子は「時間（chronos）に関しては無起源（anarcha）である」（Or, XXIX,3）。また、「霊の行うことは、まさしく神の行うことである」（Or, XXXI,29）[585]とグレゴリオスが述べているように、存在的のみならず動的にも聖霊は神である。このように、聖霊と御子は確か

582　Cf. ヨハネによる福音書一五章二六節（Cf. Hardy, E. R.[ed.], *Christology of the Later Fathers*, p.198.n.12.）。

583　この重要な一文が、Hardy, E. R.(ed.), *Christology of the Later Fathers*, p.198 では訳出されていない。

584　ここで「から（ek）」と「から（para）」は互換的に用いられている。

585　Winslow, D. F., *The Dynamics of Salvation*, p.130.

に御父から永遠に存在し、活動する。しかし、一方は御子であり、他方は聖霊なのである（Or, XXXI,10）。

　第二に、ではこの両者を区別するものは何か。三位一体の神の中の区別、すなわち、各位格の名前の区別は、神の「欠陥（elleipsis）」に由来するものではなく、「現出（ekphansis）の差異、……より適切に言うと、お互いに対する関係（schesis）の差異」によるものなのである（Or, XXXI,9）。つまり、御父や御子という名前はそれぞれ、子としてもうけられないこと、子としてもうけられることに由来し、聖霊という名前は、「発出」という事実に由来しているのである（Or, XXXI,9）。

　第三に、「発出」という用語でグレゴリオスは何を意図したのか。彼は、聖霊は御父から発出し、さらに「子としてもうけられない方（御父）ともうけられた御子の間（mesos）」（Or, XXXI,8）にいると述べる。彼は、この両者には「間（mesos）」が無いという見解を認めない（Or, XXXI,8）。この点を明確にするために、御父と御子の「間」の問題に再び戻ろう。先に見たように、この「間」は物体性や時間的性質と何の関係もない。したがって、両者は存在論的に一つである。さらに、「御父のしないことを御子がするということは不可能であり、考えられない」（Or, XXX,11）とグレゴリオスが述べているように、動的にも一つである。つまり、両者の間には、御父と御子という名前以外に「固有の（idion）ものは何も無い。すべてのものは共通である（koina）」（Or, XXX,11）。二つの事柄がここで明白である。まず、この「間」は、神のすべての事柄と行為における一致の上に成立している。次に、この「間」は、ここに御父と御子の区別があるからこそ存在する。もし、両者の区別が全く存在しないのなら、全くの同一性が残るだけである。したがって、この「間」は、子をもうけるという出来事に由来する関係である。聖霊がこの御父と御子の「間」にいるとグレゴリオスが述べる時、聖霊はこの「間」と対比されているのである。つまり、「発出」する聖霊の特質は、地上的類比によってではなく、「子をもうける」という出来事の生起する御父と御子の関係との対比で語られているのである。この点を強調するために、グレゴリオスは「子としてもう

けられないような仕方で発出する（agennētōs proelathon）、つまり、出て来る（proion）者に固有の（idion）名前は、『聖霊』である」と語る（Or, XXX,19）。これは、「発出」は「子がもうけられる」のとは異なった方法で起こる出来事なので、「聖霊」という固有の名前が確保されることを意味する。このように、聖霊が御父や御子と区別されるのは、聖霊と御父との関係が、御父と御子との関係と区別されるためである。聖霊の「発出」と御父と御子の「間」を論じた時、この点をグレゴリオスは明確にしたのである。

　以上のことから、神の三つの固有の名前が本質や行為にあるのではなく、相互の関係にあるのなら、「三つの位格（hupostasis）の区別（asugchutos）は、神の一つの本質（phusis）と威厳（axia）において保持される。……三つは神において一つである。そして、この一つは固有性（idiotēs）において三つなのである」（Or, XXXI,9）と宣言することが可能である。関係性を重視した三者性は、困難無くその一致へと結び付けることができる。それゆえグレゴリオスは、三位一体の神を「同一の本質からなる（phuseōs

---

586　Cf. Kelly, J. N. D., *Early Christian Doctrines*, pp.262,265.

587　Cf. Or, XXXI,13:「三とは、三人の神ではない」。「カパドキアの教父たちは、実質上三神論者であると非難されることがあるが、これは正しくない。本質（ousia）は、形而上学的現実の見地から見た一つの同一実体を指している。単なる存在の類似性ではない」（Prestige, G. L., *God in Patristic Thought*, p.242.）。神の「三」と「一」については、cf. also Or, XXIX,2; XXXI,14; XXXI,16; XXXI,28. この相互関係は動的なものである。「ナジアンゾスのグレゴリオスは、三位一体の神について『私は、神の一体性について考えると直ぐに、その三者性の輝きに光を当てられるし、その三者性について考えると直ぐに、その一体性に引き戻される』（Or, XL,41）と書いている。……グレゴリオスに関して興味深い点は、……神の一体性と三者性の間の動的な弁証法的関係であり、二つの概念がその思考過程において同等の重要性を持っている点である」（Gunton, C. E., *The One, The Three and The Many*, pp.149f.）。この思考方法は、本書第四章第二節（a）で述べた「絶対否定」と似ている。

588　Prestige, G. L., *God in Patristic Thought*, pp.254f.

homotimia）単独支配であり、判断の一致（gnōmēs sumpnoia）[589]、行為の一致（tautotē kinēsis）、各要素の一致（to hen）への集合（sunneusis）」と言い換えることができた（Or, XXIX,2）[590]。こうした一致を保持している御父と御子と聖霊のそれぞれの性質は、「神秘（mustēria）」であり、「神の深遠さ（bathesis）」（Or, XXXI,8）を示しており、そのようなものとして「時間を超越し（achronōs）、理性を超越している（huper logon）」（Or, XXIX,3）。しかし、グレゴリオスが受けたと主張するこのような教えは、決して人間と無縁のものではない。「真理（alētheia）は、名前（onomata）の問題ではなく、事実（pragmata）の問題なのである」（Or, XXIX,13）。「名前」はある「事実」を指し示しているのである。この事実とは、神が「多様性において一つであり（henikōs diaroumenē）、一致において多様である（sunaptomenē diairetōs）」というものである（Or, XXVIII,1）。無論、これは「三つ」の位格において「一つ」の実体であり、「一つ」の実体において「三つ」の位格であることを具体的に意味する。これは、ギリシャ哲学的背景に対する、キリスト教の現実に基づいた「新しい存在論的原理」と言えよう。[591]

この新しい原理に対する理解を深めることは可能であろうか。グレゴリオスは、Or, XXVII の冒頭において、誰もが「神についての思索（philosopheō）」に適している訳ではなく、それは「魂と体が前以て聖められた（kathairō）人にのみ、もしくは、少なくとも聖められつつある人に許されている」と警告する（Or, XXVII,3）[592]。彼は、この聖化のテーマを神格化の観点から敷衍する。キリストにおいて、「神の像（theia eikōn）」

---

589 「判断（gnōmē）」という用語は、ノヴァティアヌスやキプリアヌスの用いたラテン語の「判断（sententia）」と同意語である。これについては、後程検討する。

590 Cf. Or, XXIX,2.

591 Gunton, C. E., *The Promise of Trinitarian Theology*, p.8. Cf. Prestige, G. L., *God in Patristic Thought*, p.xiii, xxii.

592 Cf. Or, XXVII,3.「聖化」の教理は、聖書的であるだけでなく、プラトンにおいても見られる（Norris, F. W., *Faith Gives Fullness to Reasoning*, p.89.）。

と「僕の形（doulikē morphē）」は「混合して（sugkerannumi）」おり、「融合して（plekō）」いる（Or, XXX,3）。そして、「僕の形」である人性は、聖化、つまり神格化されている（Or, XXX,21）[593]。この「融合（mixis）」（Or, XXX,3）と「混合（sugkrasis）」（Or, XXX,6）によって、キリストは人間に属するすべての物を身に付けたので、人間は神性を「分与され（metalambanō）」、神格化されるのである（Or, XXX,6）[594]。この神格化の教理は、人間の救済に関する基本的な教えであり[595]、さらに、神知識と密接に関係している。グレゴリオスによれば、「理解（katalēpsis）とは、限定することの一形態（perigraphēs eidos）である」（Or, XXVIII,10）。ある事柄を理解するためには、それを自己の知的枠組みに当てはめる必要がある[596]。しかし、神はその枠組みに限定されない[597]。この意味で、神の「本質（phusis）」は、「理解不可能で、無制限である（alēptos te kai aperilēptos）」（Or, XXVIII,5）。グレゴリオスは、人間はただ「偉大な光の小さな照射（aporroē）、言わば小さな輝き（apaugasma）」しか知ることができないと言う（Or, XXVIII,17）。しかし、続けて彼は、「神がその性質（phusis）と本質（ousia）において何であるかは、……私たちの中の敬虔な部分（to theoeides）、……つまり、知性（nous）と理性（logos）が、それと似たもの（to oikeion）と混合される時、発見されるであろう」と主張する（Or, XXVIII,17）。つまり、知性が神と混合される時、神を知ることができるの

593　Cf. Winslow, D. F, *The Dynamics of Salvation*, pp.86ff.

594　「混合」や「融合」といった概念のストア哲学的背景については、cf. Norris, F. W., *Faith Gives Fullness to Reasoning*, p.162. キリストの人間性の神格化と人間の神格化の関係については、cf. Winslow, D. F, *The Dynamics of Salvation*, p.189.

595　Cf. Or, XXIX,19; XXX,2. Cf. Winslow, D. F, *The Dynamics of Salvation*, pp.34,87.

596　Cf. Norris, F. W., *Faith Gives Fullness to Reasoning*, p.115.

597　Cf. Or, XXVIII,4. こうした理解とプラトン哲学の関係については、cf. Norris, F. W., *Faith Gives Fullness to Reasoning*, p.110; Winslow, D. F, *The Dynamics of Salvation*, p.29.n.1.

である。人間は神格化される時、その知性と理性が神格化され、神に受け入れられるものとなり、「私たちが知られているように、私たちも知ることになる」のである（Or, XXVIII,17）[598]。グレゴリオスは、この神格化を人間の現実の生活の成長の過程と見ている点は重要である[599]。御子が「人間となって（anthrōpizomai）、後に再び高く挙げられた（hupsoō）」ように、人間は「御子の神性と共に高く上がり（sunaneimi）」、一層崇高な事柄を学んでいく必要がある（Or, XXIX,18）[600]。このようにして、人間は「神の知性（nous）」を持ち、「思索（theōria）」において前進し（Or, XXVIII,9）、三位一体の神の神秘に徐々に近づくのである[601]。

　最後に、以上の関係論的三位一体論と「間」の概念を、日本の精神風土においてどのように発展できるであろうか。まず第一に、三位一体の神に関するグレゴリオスの見解と日本の人間論の類似点を容易に指摘できる。前者においては、神は三位一体の関係における存在であり、後者においては、人間は相互の関係における存在である。双方において、関係という概念が選択的でなく、本質的な範疇を成しており[602]、神と人間もそれぞれ、それ自体の個的性質との関係においてではなく、相互の関係において定義されている。また、日本の思考枠組みは日本の精神風土に根差した「間」

598　Cf. コリントの信徒への手紙一の一三章一二節（Cf. Hardy, E. R.[ed.], *Christology of the Later Fathers*, p.147.n.26.）。この意味で、「神学は、神を客体として持つと同時に、主体として持つ」（Winslow, D. F., *The Dynamics of Salvation*, p.32.）。

599　Cf. Winslow, D. F., *The Dynamics of Salvation*, pp.58ff.,188ff. 完全な神知識は、「現在の生活」においてではなく、「かの時（husteron）」与えられる（Or, XXVII,10）。Cf. also Or, XXIX,11; Lossky, V., *The Mystical Theology of the Eastern Church*, p.196.

600　Cf. Or, XXX,21.

601　Cf. Norris F. W, *Faith Gives Fullness to Reasoning*, p.15: グレゴリオスにとって、これに達することがすべての人間存在の目的である。

602　先に見たように、木村敏は「間」が自己に本質的に先立つと考えたが（『人と人との間』13頁）、この点でグレゴリオスの関係論は異なる。彼によれば、御子と聖霊の起源はその関係にはなく、御父そのものにある。

という用語を利用し、グレゴリオスは当時の哲学用語でもあった「関係」という用語を利用し、さらに、聖霊を解説する際、御父と御子の「間」にも言及した。ここでもし、グレゴリオスの述べるように、御父と御子の「間」があり、そこに聖霊がいるのなら、この「間」はこの三者によって等しく共有されていると言えるであろう。三位一体の神は、物体的・時間的事物とは異なり、その内に分離や分裂は存在しないので、その「間」は空間的隠喩と考えられるからである。事実、グレゴリオスの「霊的誕生（pneumatikē gennēsis）」（Or, XXIX,4）という表現は、御父と御子の関係が、人間的肉体とではなく、本質的に聖霊と不可分の結び付きを持っていることを示唆している。さらにもし、この「間」が三者によって共有されるのなら、ここには御父と御子の共有する「間」と同様、御父と聖霊の共有する「間」、御子と聖霊の共有する「間」が存在することになる。そして、聖霊が御父と御子の「間」にいると言えるだけでなく、御父は御子と聖霊の「間」にいて、御子は御父と聖霊の「間」にいるとも言えるのである。したがって、御父、御子、聖霊は「三つの何か」（DT, V,ix,10）というアウグスティヌスの問いかけに対して、こうした意味で三つの「間」と答えることができるであろう。ギリシャ語の「間（mesos）」に由来する「中間子（meson）」という物理学の用語を利用すると、ここに三つの「中間子（meson）」が存在し、御父は御子と聖霊の、御子は御父と聖霊の、聖霊は御父と御子の「間」を取り持っているのである。「間」と呼ぼうと、

---

603 Cf. LaCugna, C. M., *God For Us*, pp.58f. グレゴリオスも、当時の哲学概念を自己の神学的目的のために活用している（Cf. Quasten, J., *Patrology Vol. III*, pp.249f.）。グレゴリオスとヘレニズムの関係については、cf. Norris, F. W., *Faith Gives Fullness to Reasoning*, pp.45,99f.,104f.,149; Pelikan, J., *Christianity and Classical Culture*.

604 したがって、御父と御子の「間」を聖霊と同一視することはできない。この点が、グレゴリオスの三位一体論とアウグスティヌスの三位一体論の重要な差異の一つである（Lossky, V., *The Mystical Theology of the Eastern Church*, p.81.）。

605 日本における最初のノーベル賞（一九四九年）受賞者である湯川秀樹

「中間子」と呼ぼうと、重要な点は、これらは他との関係を本質的に内包しているという点である。本質的かつ動的にそれは、あるものとまた別のあるものとの関係において存在しているのである。これと同様に強調しなければならない重要な点は、神はこの「間」を共有しているが、御父と御子の「間」、御子と聖霊の「間」、聖霊と御父との「間」は、それぞれ、関係の持ち方に関して異なるという点である。それぞれの「間」は、固有の機能を持っているのである。例えば、御父と御子の「間」は、子をもうけることを通して御父と御子を相互に区別する要因として働くが、この子をもうける「間」は、例えば御父と聖霊の発出の「間」とは異なる。したがって、「間」とは神における差異化の概念であると解釈できる。この「間」は、それぞれの「間」で異なった働きをするのである。この「間」の働きは、神概念に新しい解釈を与える。

　もし、日本の風土において人と人との間に生きる人が「人間」と呼ばれうるのなら、三つの「間」から成る神も「神間（しんかん）」と呼ばれうるであろう。この新語を造ることで、少なくとも一つの利点が見えてくる。先に見たように、「人間」が「人」そのものと人間関係を意味しうるように、「神間」も「神」そのものと、御父、御子、聖霊における神の内的関係を意味するものとして利用できる。存在するとは、普遍的に存在するか、個別に存在するかのどちらか一つとしか見なされなかったギリシャ哲学に対して、キリスト教の神論は、存在において共有関係がありうることを提示したのである。606 したがって、日本語の「人間」が人間の共有関係をも意味し、集合的にも個別的にも使われうるように、「神間」も神の内的共有関係を意味し、集合的にも個別的にも使われうると適切に言いうる。前節において、「言葉」は人となり、人と人との間に「人間」として宿ったことを考察したが、「言葉」が地上で取った「人間」という姿は、

　（一九〇七年──一九八一年）は、その「中間子」理論で著名である。「間」という概念を重視する日本の精神風土の影響が、彼の理論とその思考方法に大きな影響を与えていると思われる。

606　Gunton, C. E, *The Promise of Trinitarian Theology*, p.8.

神が内的に本質的に共有している「間」の反映と解釈できる。神は「神間」であるからこそ、「人間」となったのである。「言葉」は本質的に永遠に御父と聖霊の「間」にいるからこそ、地上において人と人との「間」に宿り、そこにおいて神の性質を反映させるのである。次に、この性質は具体的にどのようなものかを考察しよう。

第四節　神の和

前節では、ナジアンゾスのグレゴリオスの三位一体論を発展させ、御父と御子と聖霊が三つの「間」であることを確認した。つまり、彼は三位一体を論じる際に時間的、物理的概念を捨象し、自然界のものであれ、人間であれ、この世の三つ組みと類比して思索することに対して警鐘を鳴らし、御父、御子、聖霊という三位一体の神の中の相互関係に着目した。しかし、この神は深淵なる神秘であるため、把握するには人間の知性と理性が神格化され、神に知られ、神を知るという神との親密な関係を持たなければならない。こうして、彼は御父と御子の「間」を見出したが、ここから、御子と聖霊の「間」、聖霊と御父の「間」も成り立つのである。それでは、御父、御子、聖霊なる神は「一つの何か」と問われる時、何と答えるべきか。日本の精神風土に合った回答の可能性の一つは、「一つの和」であるが、これは神学的に支持しうるものか。この疑問に答えることがこの節の主たる関心である。これを検討するに当たり、「三世紀中葉におけるローマの最も学識のある長老」ノヴァティアヌス（二〇〇年頃ー二五七

607　興味深いことにグレゴリオスは、最後の審判後の「神々」の「間」にも言及している。救われた者（「神々」）と捨てられた者を分離し、神は「神々の間に（en mesō theōn）」立つ（Or, XXX,4）。これについては、cf. 詩編八二編一節（Cf. Hardy, E. R.[ed.], *Christology of the Later Fathers*, p.179.n.9.）。三位一体の神は、御自身の内において「神間」であるだけでなく、神格化された人々との関係においても「神間」なのである。

608　Bethune-Baker, J. F., *An Introduction to the Early History of Christian Doctrine*, p.107.

/二五八年)の著した『三位一体論』[609]（二五〇年以前[610]。以下引用は DT と略す）に焦点を当てよう。この『三位一体論』は、テルトゥリアヌスの『プラクセアス反論』の数十年後に著されたが、極めて組織的に構成されているので、「少なくとも四世紀までは、ノヴァティアヌスの『三位一体論』に比肩する著作は西方教会には存在しなかった」[611]と賞賛され、「西方教会のための教義学の案内書」[612]となった。西方教会においては、テルトゥリアヌスの「共同性（societas）」（AP, 18）という御父と御子の「愛」や「従順」（AP, 22）の関係を表す概念は、さらにノヴァティアヌスの「和」の概念によって発展していくことになった。[613]

ノヴァティアヌスの三位一体論を明確にするためには、彼が「真理

---

609 「この本の元々の題名は、知られていないが、正しい題名は『真理の基準（De regula veritatis）』か、『信仰の基準（De regula fidei）』であったと思われる」（DeSimone, R. J., "The Trinity [De Trinitate] Introduction," Novatian, *The Trinity*, p.23.n.1. ニカイア公会議とコンスタンティノポリス公会議の間の三位一体論論争に際して、筆記者が『三位一体論』という題にしたと考えられる[*idem*.]）。ノヴァティアヌス自身が、本書で「真理の基準」に頻々と言及している点から、これが元々の題名であった可能性が高い（DT, I,1; IX,1; XI,10; XVII,1; XXIX,19）。

610 Cf. DeSimone, R. J., "The Trinity (De Trinitate) Introduction," Novatian, *The Trinity*, p.14.

611 Vogt, H. J., "Novatian," Berardino, A. D.(ed.), *Encyclopedia of the Early Church Vol.II*, pp.603f.

612 Harnack, A. v., *History of Dogma Vol.2*, p.315. Cf. also Fortman, E. J., *The Triune God*, p.119.

613 テルトゥリアヌスの『プラクセアス反論』があったにもかかわらず、ノヴァティアヌスが『三位一体論』を著した理由の一つは、前者は父難説の反駁を主目的としていたが、ノヴァティアヌスは養子説をも反駁する必要があったためである（Cf. Novatian, *The Trinity*, p.105.nn.1f. ノヴァティアヌス自身による父難説と養子説の定義はそれぞれ、cf. DT, XXX,4, XXX,5）。また、もう一つの理由は、教会の成長と共に増加した受洗希望者の手引書としても必要とされたためである。ノヴァティアヌスの『三位一体論』のテキストとしては、Novatian, *Novatiani Opera* を利用し、引用については Novatian, *The Trinity*, ed. & tr. by DeSimone, R. J. の英訳にも負う。

の (verus)」や「真理 (veritas)」といった用語を好んで利用する点に留意することが重要である。彼にとってこれらの重要な語は、三位一体論的真理とキリスト論的真理の二つの側面を持っている。まず第一に、「御父、御子、聖霊」に対する信仰は「真理の信仰 (fides uera)」である（DT, XXX,1）。第二に、この三位一体論的真理は、「主なるキリスト・イエスもまた神であることは確かである」（DT, XXII,12）というキリスト論的真理と密接に関係している。三位一体論的真理は、御子の神性の欠落によって瓦解するからである。しかし、ノヴァティアヌスによれば、これこそ異端者たちのなそうとしたことなのであった。異端者たちは真理を承認しないだけでなく（DT, XXII,12）、真理に繰り返し反対し、御子は神であると同時に人でもあることを否定しようとする（DT, XXX,2,4,5）。このようにノヴァティアヌスの直面した問題は、御父と御子の関係の問題である。異端者たちは、御父なる神と御子の神性とを併置することは、二神論になると主張していたからである。つまり、ノヴァティアヌスが論証しなければならなかったことは、「一人の (unus) 神がいるという真理が、キリストもまた神であるというもう一つの真理によって危うくされない」ということである（DT, XXX,25）。真理のこうした二つの側面が、彼の『三位一体論』の縦糸と横糸を成している。[614] 彼は、主としてそれらを『三位一体論』で解明しようとしたのである。どのようにしてノヴァティアヌスは、異端者たちが矛盾すると考えたこの二つの側面を調停したのか。

(a) 神の和

異端的見解を論駁するために、ノヴァティアヌスは「和」の概念を導入する。『三位一体論』において基調を成しているこの「和」の概念には二つの側面があり、それは御父と御子の「和」とキリストにおける神性と人性の「和」である。また、これらの概念は相互に深く関係し、人間の「和」

---

614 「真理」に対する言及は、cf. DT, IX,2; XII,1; XX,1; XXII,12; XXIII,1,3; XXIV,4,11; XXXVIII,25; XXX,2,25.

第五章　神の和の神学の神学的基盤

にも大きな意義を持っている。「和」の概念は、真理の二つの側面を擁護するだけでなく、人間に対しても大きな含蓄を持っているのである。まず、御父と御子の「和」から検討しよう。

第一に、ノヴァティアヌスは、「和」の概念を御父と御子の関係を表現するために利用する。神が「一人（unus）」（DT, XXX,XXXI,passim）であることを主張するために種々の聖書箇所を引用する一方で、ヨハネによる福音書一〇章三〇節の「私と父とは一つ（unum）である」という文において、「中性形で記された『一つ（unum）』とは共同的な和（societatis concordia）を指し、人の一人たること（unitas）ではない」と指摘する（DT, XXVII,3）[615]。つまり、「一つ（unum）」とは数ではなく、「他者との共同性（societas alterius）」を指している（DT, XXVII,3）[616]。「一つ（unum）」である御父と御子の「区別（distinctio）」（DT, XXVII,5）を明示するために、ノヴァティアヌスは「一つ（unum）」の真意を言語学的に解明するだけではなく、聖書の例証にも訴える。例えば、コリントの信徒への手紙一の三章六節以下でパウロが「私は植え、アポロは水を注いだ。……植える者と注ぐ者は一つ（unum）です」と述べる時、これは両者の「和の一致（concordiae unitas）」（DT, XXVII,6）を示している。パウロとアポロは明らかに別々の「役割（officium）」（DT, XXVII,7）を持った「二人」（ヨハネによる福音書三章五節）の人であり、同一人物ではない。したがって、「一つ（unum）」とは、「一人」を表さず、「和」における一致を意味する。

御父と御子の間のこの「和」は、「判断（sententia）の一致」とか、「彼らの間にある（pertinere）愛の共同体（caritatis societas）」（DT, XXVII,4）[617]とも言い換えられている。この「間にある（pertinere）」という用語をノ

615　Cf. DT, XXXI,22.

616　ここでノヴァティアヌスは、明らかにテルトゥリアヌスのAP, 22に依拠している（Cf. AP, 19,25,26; Pollard, T. E., "The Exegesis of John X.30 in the Early Trinitarian Controversy," *New Testament Studies Vol.3 1956-1957*, pp.336f.）。

617　「愛（caritas）」は、amorやdilectioとも言い換えられている（DT, XXVII,4）。「判断（sententia）の一致」については、後に検討する。

ヴァティアヌスが、御父と御子の愛の存在の仕方を表現するために利用している点は興味深い。つまり、「間にある（pertinere）」とは、相手に届き、相互に関係を持つことを意味するので、[618]「愛」が御父と御子の間を取り持ち、両者の関係が保持されていることを意味する。この関係志向型の「和」は、神と人間の間の「和」にまで拡大する。

第二に、ノヴァティアヌスは、御子の二つの性質、神性と人性の関係を示すために「和」の概念を利用する。「二つの性質の和（concordia）によって結ばれている（sociare）主なるキリスト・イエスは、……神であり、人である」（DT, XXIV, 11）。[619]神性と人性を結ぶこの御子における「和」は、「キリストの誕生」（DT, XIII,3; XXIV,10）の出来事において生じた。この出来事において起こったことは、神性と人性という属性の交流である。つまり、「肉が神の言葉を担い、神の御子が肉の弱さを取った」のである（DT, XIII,5）。[620]これは、交流によって死すべき肉が「神の言葉」の不死を賦与されたことを意味する。[621]

この交流は、「地上的な物と天的な物の間の和」の出来事であり（DT, XXIII,7）、人間に対して救済論的展望を与える。これは「人間の救いのため」のものであり（DT, XXIII,7）、「神であり人である主なるイエス・キリスト」（DT, XXIII,8）において、神と人とが結ばれるのである。ノヴァティアヌスが、聖霊を「天的な誕生の聖別者（consecrator）、約束された継承物の保証（pignus）、言わば永遠の命の保証書（chirographum）」（DT,

---

618　Glare, P. G. W.(ed.), "pertineo," *Oxford Latin Dictionary*, p.1360.

619　「和（concordia）」と同様、「結び付ける（sociare）」という用語もノヴァティアヌスは用いている（DT, XXI,8; XXV, 5; XXIV, 10; XXIV, 11）。Cf. Wolfson, H. A., *The Philosophy of the Church Fathers*, p.390.

620　Cf. XIV,17. ノヴァティアヌスは、御子の神性と人性の「和」は「相互の絆で留められている（ad inuicem foederis confibulatione）」（DT, XXIV,11）と言い、この両性の交流は、「相互の結び付きのゆえに（per connexionem mutuam）」（DT, XIII,5）起こると述べるが、その「絆」や「結び付き」のアイデンティティーについては明示していない。

621　Cf. DT, XXV,11.

XXIX,16）と見なしていることを考慮すると、聖霊も人間の救いにおいて重要な役割を果たしていることが分かる。聖霊こそ、御子における神性と人性の交流を通して御父の「不死で永遠の」性質を人間に賦与する神である（DT, XXXI,1）。こうして、人間は「永遠と、さらに不死の復活」に導かれる（DT, XXIX,16）。

　第三に、御父と御子の間の「和」と御子における神性と人性の「和」は、人と人との間の「和」に深く関係している。ノヴァティアヌスは、「二人の人が一つの判断（sententia）、一つの真理（ueritas）、一つの信仰（fides）、一つの宗教（religio）を持ち、また、神を畏敬する（Dei timor）ことにおいて一つである時、その二人は、二人の人であっても、実際は一つ（unum）である。二人は、同一のことを認識する（ipsum sapio）なら、同一（ipsum）なのである」と述べる（DT, XXVII,8）。[622] ここでノヴァティアヌスが、神に対する人間の態度における一致を強調している点は重要である。この一致は、神が一人であり、御子も神であるという真理を持ち、そのような神に対する信仰を持ち、神を畏敬する宗教を持つ人々の間に限定されている。真理の神に対する同一の信仰においてのみ、人間は「一つ（unum）」に成れるのである。ノヴァティアヌスは、神の「和」とこの人間が「一つ（unum）」であることの関係をこれ以上敷衍しないが、もし、「和」が御父と御子の間で保持され、御子における神性と人性の「和」を通して聖霊によって人々に永遠の命が約束され、そして、その人々が「和」の神に対する同一の信仰を持つことにおいて「一つ（unum）」であるなら、神の「和」の反映として、人間にも神の「和」が賦与されていると解釈することができよう。神が「一つ（unum）」であるという「和」を保持しているのと同様に、信仰において人間も「一つ（unum）」であるという「和」を賦与されるのである。人々は「和」の神を信仰する時、人と人との間に「和」が与えられるのである。

　ノヴァティアヌスは、「和」という用語を利用して、一方で、御子は御

622　Cf. DT, XXVII,9.

父であると主張する父難説を反駁するために、「和」を保持している御父と御子の二人の主体が存在することを論証し、他方で、御子は元々単なる人間に過ぎなかったと主張する養子説を反駁するために、御子には人性と同様に神性があり、両者の間に「和」があると解説した。さらに、神の「和」は、御子のこの二つの性質の交流を通してもたらされる人間の救いの基盤であり、また人間の「和」の原型でもあると解釈できることも明白となった。

では、ノヴァティアヌスの「和」の概念そのものの由来は、どこにあるのか。『三位一体論』の最初の方の章では、彼は当時の宇宙論に基づいて、「和」をその観点から解説しているが[623]、彼の思索の主たる源泉は聖書であることは否定できない。したがって、聖書の幾つかの句と彼の「和」に関する見解を考察しよう。ここで、「判断（sententia）」という用語を検討する必要がある。この用語は、御父と御子の「和」の関係を示す時にも、その神の「和」の反映された人間の間の相互関係についても使われている唯一の用語である。すなわち、御父と御子は同じ「判断（sententia）」を持ち（DT, XXVII,4）、人間もこの神の「和」を反映して、相互に同じ「判断

---

[623] ノヴァティアヌスの「和」の概念の思想史的背景をなした著作として、キケロの『神々の性質（De natura deorum）』とアプレイウスの『世界について（De mundo）』が挙げられる（Daniélou, J., *The Origins of Latin Christianity*, pp.238f.）。キケロの『神々の性質』の宇宙論のテーマの一つは宇宙の調和であり、それは「物の調和（rerum consentiens）」、「調和（conspirans）」、「永遠の結び付き（continuata cognatio）」などの表現に見られ、アプレイウスは、「世界は、根本的に空気や水や土などの種々の要素の調和（concordia）である」と述べている（*idem.*）。ダニエルによれば、これらの二つの見解はそれぞれ、自然界の調和を強調するストア哲学的見解と「自然の異なった（disparibus）性質」の上に「和」が成立しているとするアリストテレス的見解であり、この両者がノヴァティアヌスの『三位一体論』に影響していると言う（Daniélou, J., *The Origins of Latin Christianity*, pp.239f.）。これらの影響の見られるノヴァティアヌスの天地創造論に関しては、cf. DT. II,1. また、ダニエルが続けて述べるように、ノヴァティアヌスの説くキリストの神性と人性という異なった性質の「和」も、これらの影響が考えられる（Daniélou, J., *The Origins of Latin Christianity*, p.240.）。

第五章　神の和の神学の神学的基盤

（sententia）」を持つ（DT, XXVII,8）。人間における「和」は神の「和」の反映であるから、まず神の「和」の文脈において、それがどのような含蓄を持って利用されているかを調べよう。

　ノヴァティアヌスは、御父と御子の間の「和」を「判断（sententia）の一致」（DT, XXVII,4）と言い換えているから、御父と御子が判断、すなわち「ある考え方、ないし意見」を共有していることを示す聖書箇所を『三位一体論』の中から探そう。最も明白な例は、「もし、キリストが心（cor）の秘密を見抜くなら、キリストは確かに神である。神のみが心（cor）の秘密を知っているからである」（DT, XIII,6）という箇所である。この箇所は、マタイによる福音書九章四節、ヨハネによる福音書二章二五節、列王記上八章三九節に基づいており、これらの句では、神、もしくは、御子が人間の心にあるものを見抜くことによって人間を判断することが述べられている。つまり、御父と御子は、人の心を見抜くという判断方法を共有している。しかし実際、御父と御子は判断方法だけではなく、判断行為の結果出てくるその判断内容をも共有している。この両者の緊密な関係は、御子の起源に由来している。ノヴァティアヌスが、御子は神性をも持った神の言葉であることを確証する時、彼は「私の心（cor）は、美しい言葉を押し出す」という聖書の句を引用する（DT, XV,6; XVII,3）。「言葉」、すなわち、御子は、御父の心の具現化であり、その結果彼らの判断は、その同一起源のゆえに必然的に同一になるのである。これらの考察から、御父と御子は人間の心を見抜くという共通の判断方法において「和」の関係を保持していると同時に、より本質的な意味で、御父と御父を起源とする

624　Glare, P. G. W.(ed.), "sententia 4," *Oxford Latin Dictionary*, p.1736. 御父と御子の共有する神の判断（審判）については、cf. Wainwright, A. W., *The Trinity in the New Testament*, pp.113,121.

625　Cf. Novatian, *The Trinity*, p.53.nn.14f.

626　Cf. 詩編四五編二節（Cf. Novatian, *The Trinity*, p.59.n.9）。この聖書箇所をロゴス論との関係で最初に神学的に利用したのは、セオフィロスである（Prestige, G. L., *God in Patristic Thought*, p.126. Cf *ibid.*, p.189.）。

627　Cf. DT, XXXI,13.

御子は同じ（con-）心（cor）を共有している、つまり、「和（con-cordia）」を保持しているという結論を出すことができる。したがって、ノヴァティアヌスの説く神の「和」の概念は、単に「道徳的一致」[628]という観点から説明しうるものではなく、むしろ、「彼はこの道徳的一致を超えてより形而上学的なものを見据えているようである」[629]と言えよう。当然のことながら、これとは対照的に、神の「和」の反映である人間における「和」は、先に見たように宗教的・道徳的な一致である。

　御父と御子の間の関係を示す用語としてテルトゥリアヌスは、「共同性（societas）」という用語を利用し、ノヴァティアヌスは「和（concordia）」という概念をさらに導入し、頻々と活用したが[630]、この「和」の概念の方が、次の二点で示唆に富む[631]。第一に、「共同性（societas）という用語は、結合

628　Kelly, J. N. D., *Early Christian Doctrines*, p.125. 同様の見解については、cf. Pollard, T. E., "The Exegesis of John X.30 in the Early Trinitarian Controversy," *New Testament Studies* Vol.3 1956-1957, p.337; Jordan, H., *Die Theologie der neuentdeckten Predigen Novatians*, p.112; DeSimone, R. J. *The Treatise of Novatian the Roman Presbyter on the Trinity*, pp.126,133. オリゲネスは、「調和（homonoia）」という用語を、御父と御子の関係を表現するために利用したが、これは存在論的な一致を示していなかった。「彼らは、二つの区別された存在であるが、精神的一致と同意と意志の一致において一つである」（Origen, *Contra Celsum*, VIII,12, pp.460f.）。ここで用いられた語句は、第二アンテオケ信条（三四一年）で繰り返されている（Cf. Origen, *Contra Celsum*, p.461.n.1.）。ストア哲学の用語であった「調和（homonoia）」は、宇宙の秩序とキリスト者の共同体を指すものとしてローマのクレメンスによってキリスト教神学へ導入された（Jaeger, W., *Early Christianity and Greek Paideia*, pp.13ff.,113f.n.3.）。「和（concordia）」や「調和（homnoia）」などの用語については、cf. Pétré, H., *Caritas*, pp.315ff.

629　Fortman, E. J., *The Triune God*, p.121.

630　ノヴァティアヌスの「共同性（societas）」の用法については、cf. DT, XXVII,9.

631　この点でノヴァティアヌスの三位一体論は、テルトゥリアヌスの三位一体論より進展していると言える。他の点に関しては、類似点が多い（Cf. Harnack, A. v., *History of Dogma Vol.2*, p.314; Quasten, J., *Patrology Vol.II*, pp.232f.）。例えば、神の像の理性的性質（DT, I,8; AP, 5）、御父と御子の所有関係（DT, XXVII,10,11; AP, 10）、神の王権の授受（DT, XXXI,19,20,21; AP, 4）、神の不変

（coniunctio）という用語と同様に、ギリシャ語の結合（sunapheia）という語の一般的な訳であり、……したがって、『合成』や『併置』を意味する」[632]ので、御父と御子の「共同性（societas）」と言えば、語源的には御父と御子が併置されている状態を意味する。そして、この語源的解釈は、御子と聖霊は御父に付加されているとテルトゥリアヌスが述べたこととも合致する（AP, 12）。これに対して、「判断の一致」と解説される「和」という概念は聖書的起源を持ち、「言葉」としての御子が御父の「心」に由来するという言明は（DT, XV,6; XVII,3）、本質的に相互浸透した両者の関係をより適切に表現している[633]。第二に、ノヴァティアヌスの「和」の概

性（DT, IV,4,6; AP, 27）において顕著な類似点が見られる。DT, IV,6 においてノヴァティアヌスは、テルトゥリアヌスの議論を復唱している。もし、神の名前である「私はある（quod est）」が変わるなら、「それは、以前の存在をやめて、その結果、以前の存在でないものに成り始める（desinit enim esse quod fuerat et incipit consequenter esse quod non erat）」（DT, IV,6）。この文は、テルトゥリアヌスの AP, 27: "desinit esse quod fuerat et incipit esse quod non erat" に由来する。

632　Wolfson, H. A., *The Philosophy of the Church Fathers*, p.390.
633　ノヴァティアヌスの教会政治的論敵であったカルタゴのキプリアヌスも、「和（concordia）」によって、「思考の一致と判断の一致（idem sensus et eadem sententia）」を意味している（『公同教会一致論（De Ecclesiae Catholicae Unitate）』8, cf. Bévenot, M., *Cyprian De Lapsis and De Ecclesiae Catholicae Unitate*, p.70.n.8.b:「コリントの信徒への手紙一の一章一〇節」。Cf. also『公同教会一致論』12,14）。そして、兄弟同士の和、すなわち教会の一致は、御父、御子、聖霊の一致に由来すると説く（『主の祈りについて（De Dominica Oratione）』23,『公同教会一致論』7）。しかし、ノヴァティアヌスと異なり、この一致はペテロの一者性、使徒たちの一致、司教の一致を通して実現されると論じる（『公同教会一致論』4,5,23）。つまり、キプリアヌスの「一致」と「和」の概念は、彼の教会論と密接に結び付いている（『公同教会一致論』6,24）。「この点でキプリアヌスは、ノヴァティアヌスの神学用語と思想を教会法と道徳性の観点から変革した」と言える（Koch, H., *Cyprianische Untersuchungen*, pp.93f.）。ダニエルによれば、キプリアヌスは、ノヴァティアヌスの「救われた者から成る共同体」という教会概念を「救いの機関」としての教会概念に、「疵の無い乙女」という教会のイメージを「恵み深い母」というイメージへ変革したのである（Daniélou, J., *The Origin of Latin Christianity*,

念は、神における御父と御子の「和」、御子御自身における神性と人性の「和」、人間における「和」の三つの「和」として表現することが可能であり、「和」によって神と人間の関係がいかに回復されるかを明示できる利点がある。以上二点に加えて、日本の精神風土との関係での利点が挙げられるが、これは後にまとめることにする。

　最後に、この「和」の概念を日本の精神風土においてどのように発展させ、利用することが可能なのかについて検討しよう。ノヴァティアヌスの『三位一体論』は、聖霊に関しては多くを語っていない（DT, XXIX）。これは、『三位一体論』が異端的キリスト論を反駁するために著されたものであり[634]、また、当時聖霊の神性を公的に攻撃する者は殆ど存在しなかったためである[635]。一方で、確かにノヴァティアヌスは、「神は霊であることを論じる時、『あらゆる霊は被造物である』とさえ主張しており、彼が聖霊をそのようなものとして理解していたという印象を与える」（DT, VII,4）[636]。しかし、他方で、聖霊を御子と同様に信仰の対象としての神と見なすべきであると彼は述べている（DT, XXIX,1）。聖霊はそのようなものとして、また「真理の霊」（DT, XXIX,3,7）として、「真理の基準を説明し」（DT, XXIX,19）、人間をすべての真理へ導くのである（DT, XXIX,7）。さらに、聖霊は不死を人間にもたらし（DT, XXIX,16）、「不朽にして不可侵の教会を永遠の純潔と真理の神聖さの内に保つ」（DT, XXIX,29）。要するに、ノヴァティアヌスは、御父や御子と同様の地位を聖霊にも与え、聖霊の外

---

p.438.）。

634　ノヴァティアヌスの神学には、教理史的な後退点もある（Kelly, J. N. D., *Early Christian Doctrines*, p.126.）。例えば、他のニカイア公会議以前の著作と同様、『三位一体論』には従属説的言明が見られる（DT, XVI,3; XXVII,12; XXVII,13; XXXI,3. Cf. DeSimone, R. J., *The Treatise of Novatian the Roman Presbyter on the Trinity*, pp.90f.）。

635　Cf. DeSimone, R. J., *The Treatise of Novatian the Roman Presbyter on the Trinity*, p.140.

636　Kelly, J. N. D., *Early Christian Doctrines*, p.126. Cf. DeSimone, R. J., "Introduction," Novatian, *The Trinity*, p.17.

第五章　神の和の神学の神学的基盤

的役割を強調しているのである[637]。

　したがって、神として聖霊は、御父や御子と等しいことを考慮すると、御父と御子の間の神の「和」は聖霊をも包含したものとして解釈することが可能である。つまり、本質的に聖霊は、御父と御子の共有している「和」を同様に共有しているのである。このことから、三位一体の神は、この神の「和」において一つであると言える。もし、先に見たように、御子は神性をも持つという真理が神の一体性という真理に抵触しないのなら、聖霊が神であるということも、神の一体性に抵触しないはずである。そして、同様にして、御父と御子の関係を「和」と表現できるなら、御父と御子と聖霊の関係をも「和」と表現できるはずである。なぜなら、ノヴァティアヌスにおいては、キリスト論的真理と三位一体論的真理は、不可分の関係を持っているからである。このように、御父と御子と聖霊が「和」を共有しているなら、具体的に御父と御子の間、御子と聖霊の間、聖霊と御父の間にもそれぞれ「和」が存在すると言えよう。しかし、これは三つの「和」があることを意味しない。ノヴァティアヌス自身の言葉によれば、聖霊も、御父や御子と同一の判断を持っており、神の同一の愛が御父と御子と聖霊に存在している（DT, XXVII,4）。三位一体の神においては、判断と愛は同一であり、したがって「和」は一つなのである。

　このような神の「和」の概念と日本の「和」の概念との類似点は顕著であり、日本人にとって理解し易い神概念であると思われる。つまり、日本の「和」が不和を回避するという点を強調しているのと同様に、ノヴァティアヌスの「和」の概念も、御父と御子に起源を持つ御子は「不和」を引き起こさず、二人の神でもないと述べている（DT, XXXI,13）[638]。ノヴァティアヌスは、御父と御子の関係において「不和」は無いと述べたが、先の議論に基づいて、御父と御子と聖霊の相互関係においても「不和」は無い

637　Studer, B., *Trinity and Incarnation*, p.73.
638　Cf. DT, XXXI,18. 興味深いことに、ローマのクレメンスは「調和（homonoia）」の重要性をコリントの教会における不和に対峙させている（Cf. Jaeger, W., *Early Christianity and Greek Paideia*, pp.113f.n.3.）。

と付け加えることもできよう。「不和」は根源的に「和」の神に異質な性質なのである。以上のことから、日本の精神風土においては、神の一体性は「実体（substantia）」や「本質（essentia）」という用語によって表現するより、むしろ「和（concordia）」と表現する方が適切である。そして、神が一体性の概念から切り離せないように、「和」の概念からも切り離すことはできないことを考慮すると、神はより適切に「神和（しんわ）」と表現することができよう。この神和性のゆえに、神は御子においても神性と人性の間の「和」を持ち、さらに人と人との間にも神の「和」を反映させるのである。

(b) 神の間と和

次章において神の「間」と「和」の概念を聖書に基づいて発展させる前に、そして、発展させるために、神の「間」と「和」についての本章の議論を整理し、それに基づいて日本風土における神論の新しい定式を提示することは有益であろう。本章では、神の根源的な性質として「間」と「和」について検討し、神は、「神間」ないし「神和」であると述べた。まず、この両者の相違点を、相互に比較しながら一層明確にしよう。

一方で、御父、御子、聖霊なる神は「神間」であると言う時、そこには具体的に御父と御子の「間」、御父と聖霊の「間」、御子と聖霊の「間」があることを意味する。御父と御子の「間」は、御子をもうける者と御子としてもうけられる者との差異が、御子をもうけるという永遠の行為自体によって生起する場である。聖霊が御父と御子との「間」にいるという事実は、聖霊がこの差異化の過程で働いていることを意味する。つまり、聖霊は命を与える者であり（ヨハネによる福音書六章六三節）、マリアの受胎においてその役割を果たしているように（ルカによる福音書一章三五節）、永遠の御子がもうけられることにおいて決定的な役割を果たしている。したがって、この「間」は聖霊によって御父と御子が区別される場であり、この概念は差異化の概念である。この解釈に基づいて、さらに別の二つの「間」についても、そこで生起していることを考察することができよ

第五章　神の和の神学の神学的基盤

う。御父と聖霊の「間」は、発出する者と発出される者との差異が、発出するという永遠の行為自体によって生起する場である。御子が御父と聖霊の「間」にいるという事実は、御子がこの差異化の過程で働いていることを意味する。つまり、御子は聖霊を御父から送り出す者であり（ヨハネによる福音書十五章二六節）、永遠の発出において決定的な役割を果たしている。したがって、この「間」は御子によって御父と聖霊が区別される場であり、この概念も差異化の概念である。御子と聖霊の「間」は、御子としてもうけられる者と発出される者との差異が、御父が御子と聖霊を別々の方法で送り出すという永遠の行為自体によって生起する場である。御父が御子と聖霊の「間」にいるという事実は、御父がこの差異化の過程で働いているということを意味する。つまり、御父は御子をもうけることによって送り出し、御父は聖霊を発出することによって送り出す。一体、「発出」が何を意味しているかについては、古今神学的に十分な解答が与えられていないが、ここでは、「もうける」という行為と「発出する」という行為が別々の異なった行為であり、概念であることが明確であるので、それで十分である。したがって、この「間」は御父によって御子と聖霊が区別される場であり、この概念も差異化の概念である。このように見てくると、神の「間」とは、御父、御子、聖霊を、相互の関係によって区別する場であり、概念であると言える。このような意味で、神には三つの「間」があり、それぞれ固有の働きをしているのである。

　他方、御父、御子、聖霊なる神は「神和」であると言う時、そこには一つの「和」があることを意味する。御父と御子の「間」では差異化が生起しているが、それにもかかわらずそこには「和」がある。同様のことは、御父と聖霊の「間」、御子と聖霊の「間」についても該当する。そこに「和」があるのは、御子がその起源を御父に持ち、聖霊もその起源を御父に持つためである。この同一起源のゆえに、御父と御子と聖霊は「和」を維持しているのである。したがって、「和」とは御父と御子と聖霊を根源的に統一する概念であると言える。このような意味で、神には一つの「和」があり、御父と御子と聖霊を神として永遠に統一しているのである。

ここで、差異化を行う「間」の概念も統一を行う「和」の概念も、神以外のものとの関係においてではなく、御父、御子、聖霊なる神において定義されている点に留意することは重要なことである。そして、両方がそのように定義されているということは、この両方の概念は相互に関係があることを意味する。もし、御父、御子、聖霊なる神において何らかの「間」が無ければ、そこには「和」も無いであろう。そこでは、何の内的区別も存在しない全くの神的一者だけが存在可能である。また、もし、御父、御子、聖霊なる神において何らかの「和」が無ければ、そこには「間」も無いであろう。そこでは、相互に何の相互関係も持たない絶対的に乖離した者が存在しているだけである。[639] したがって、神の「間」と神の「和」は常に共に存在しなければならない。このような側面からも、御父と御子の「間」の「和」、御父と聖霊の「間」の「和」、御子と聖霊の「間」の「和」、つまり、御父と御子と聖霊の「間」の「和」について解説することができるであろう。神の「和」とは、常に神の「間」の「和」であり、神の「間」とは、常に神の「和」の「間」なのである。

　以上のことから、御父と御子と聖霊なる神は「三つの何か」、「一つの何か」と問われるなら、躊躇なく「三つの間」、「一つの和」と答えることができよう。そして、神における「間」と「和」の働きの緊密さから、これらを結合して、「三間一和（さんかんいちわ）」という定式を作ることができよう。日本では、これまで御父と御子と聖霊なる神を表現するために、古代のキリスト教世界における用語の日本語訳に基づいて、「三」つの「位格」と「一」つの「実体」としての「三位一体」という定式を利用してきたが、明らかに「位格」にしろ「実体」にしろ、日本の風土に根付いた用語でないため、その真意に接近する際の障害となる。しかし、日本の精神風土が歴史的に培ってきた用語を使用するなら、日本の思考枠組みで神を理解する可能性が出てくるのである。そして、この方が受け手志向型

639　Torrance, T. F., *The Trinitarian Faith*, p.125 においてトランスは、「同一本質（homoousios）」の概念における同一性と区別性に言及している。

のキリスト教の神の方法に近いし、本章で検討したように、「間」と「和」の概念の両方が、教理史的に正統的な神学思想の系譜に連なる概念なのである。

「間」と「和」という用語は、種々の教理において利用可能である。先に見たように、神論、キリスト論、人間論などに応用できる。つまり、御父と御子と聖霊の「間」には「和」があり、御子は地上において人と人との「間」に「人間」として宿り、御子における神性と人性の「和」を通して、神と人の「間」に「和」が生まれ、人々に神の「和」が反映されて、人と人との「間」に「和」が保たれる。次の最後の章では、「間」と「和」のこれらの諸側面を、ヨハネによる福音書に基づいて、さらに詳細に検討しよう。

第六章　神の和の神学の聖書的基盤

　「間」と「和」という用語は日本の風土的用語であると同時に、その使用は神学的にも擁護しうるものであること、また、実際に正統的な神学思想の系譜にも属することがこれまでの議論で明白となった。その結果、日本の風土においては、伝統的な「三位一体」という定式よりも、むしろ、「三間一和」という定式を用いて御父、御子、聖霊なる神を一層適切に表現しうることも指摘した。ここで、定式自体は変更する必要がないという見解も全く不可能とは言えない。テルトゥリアヌスやアウグスティヌスやバルトが試みたことは、自分たちの文化的背景に依拠しつつ、定式を変更するのではなく再解釈しただけであり、同様にして、日本の風土にあっても定式を変更する必要はなく、それを保持したまま日本の風土的観点から再解釈するべきであると論じることも可能である。しかし、この議論は次の二点を正しく把握していないように思われる。第一に、テルトゥリアヌスやアウグスティヌスやバルトは、三位一体論の構築や解釈のための母体としてギリシャ・ローマ文化ないし、後代におけるその派生文化を共有しているが、日本の風土はそうした文化とは歴史的に長期間掛け離れた場所にある。第二に、その結果、日本の風土においては、そうした文化の中で育まれた種々の用語に基づく定式の真意を自分たちの生活とのかかわりにおいて深く理解することは非常に困難であり、多くの日本人にとって「三位一体」という定式は実際に現在も依然として不可解である。したがって、長期間日本の風土において培われてきた土着の用語を使用して、定式を新しく造り、御父、御子、聖霊なる神を日本人の存在と思考と実践の枠組みにおいて理解する試みを提示することは意味のあることである。

　こうした理解に基づいて本章では、前章で示唆した神と神との間の和、神と人間との間の和、人との人との間の和の三つの和について、聖書に基

づいて詳細に考察し、発展させる。その際、ヨハネによる福音書を利用する。特にこの福音書を選ぶのには、理由がある。ヨハネによる福音書は、「新約聖書神学の発展の頂点」[640]を極めており、神の内的な関係性[641]、神と人間との関係、人間の共同体の基盤に関して豊富な示唆を与えているためである。また、ヨハネによる福音書が、古代の三位一体論の形成に多大な貢献をしたのと同様に、日本の風土における三間一和論の形成にも重要な役割を果たすであろう。

そして、「三位一体論の思想に関する最高の聖書的パターンは第四福音書（ヨハネによる福音書）に見られるが、……そこには三位一体論の発展と解説のための多くの余地が残っている」[642]。つまり、古代の三位一体論の形成者たちがヨハネによる福音書に基づきながらも、自分たちの位置付けられた文化の世界観を援用して三位一体論を発展させ、その世界観においても理解されるように解説したのと同様に、日本の風土においても、ヨハネによる福音書に基づきつつ、日本の風土的用語を活用して三間一和論を発展させ、日本の風土においても理解されるように解説する必要があると言える。ここで、日本の風土に基づくと言う時、それは聖書の記された文化的状況を斟酌した解釈の重要性を無視することではなく、聖書の種々の概念をそれに相当すると思われる日本の風土的用語に置き換え、この枠

640　Smith, D. M., *The Theology of the Gospel of John*, p.57. Cf. *ibid.*, p.161.

641　Cf. Barrett, pp.91f.; Gruenler, p.vii; Kasper, W., *The God of Jesus Christ*, pp.247f.,303; Wainwright, A. W., *The Trinity in the New Testament*, pp.243,250,260ff. Masselink, W., *General Revelation and Common Grace*, p.375 でマッセリンクは三位一体の神の「和（concord）」は、ヨハネによる福音書において特によく表現されていると指摘している。ヨハネによる福音書の三位一体論の批判的評価については、cf. Robinson, J. A. T., "12 The Fourth Gospel and the Church's Doctrine of the Trinity," *The Twelve New Testament Studies*, pp.171-180. この注より、聖書注解書から引用する場合、その聖書注解書の著者名、巻（もしあれば）、頁のみを略記する。書名などについては、文献表を参照。なお、新約聖書のテキストとしては、*Novum Testametum Graece*, ed. by Nestle, E. & Aland, K. et al. を使用する。

642　Wainwright, A. W., *The Trinity in the New Testament*, p.260.

組みで福音の深さと広さを十分に動的に評価する機会を提示するのである。イェーガーが指摘するように、「歴史は、（ある概念の）過去から受け継いだ定義から始めることによって進展するのではなく、その定義を把握した上で、それを新しい目的のために適合させることによって進展するのである」[643]。この章が試みることは、ヨハネによる福音書を、その著された状況において把握した上で、現代の日本の風土という新しい状況に適合させることである。その際、福音を日本の風土によって希薄にすることなく、種々の文化が聖書の福音によって変革されていったように、日本の風土が福音によっていかに変革されうるかを提示しなければならない。この変革を通して初めて、福音の歴史は、聖書の背景をなした当時の文化と異なる文化ないし風土を持つ地域にまで、そして現代にまで進展するのである。

第一節　神と神との間の和

この節の主たる関心は、御父、御子、聖霊なる神の間と和の内実を一層明確にする点にある。前章の終わりに述べたように、間と和における差異化と統一化の概念は、一方が他方を前提としているという意味で、相互に補完的機能を持っている。したがって、これらを別々に取り扱うことは困難であるが、便宜上最初に、神の間の概念から検討しよう。

（a）神と神との間

先に見たように、神には三つの間がある。それらは、御父と御子の間、御父と聖霊の間、御子と聖霊の間である。ナジアンゾスのグレゴリオスにとって、これらの三つの間はそれぞれ、御子をもうける者と御子としてもうけられる者の差異、発出する者と発出される者の差異、御子としてもうけられる者と発出される者の差異によって特徴付けられる。しかし、子をもうけるという概念や発出するという概念は、その出来事の永遠性という

643　Jaeger, W., *Early Christianity and Greek Paideia*, p.118.n.15.

観点から見れば、行為者と被行為者の間の統一性をも示唆しうる。実際ヨハネによる福音書には、一方で、神の内的差異を示唆する箇所があると同時に、他方で、御父、御子、聖霊なる神の統一性を示唆する箇所も多くある。まず最初に、神の内的差異、つまり神と神との間について検討しよう。

御父と御子と聖霊の間は、まず、御子イエス・キリストの時代において区別を表す概念によって明示されなければならない。ヨハネによる福音書における区別の概念は、証言関係における用語に見られる。御父と御子と聖霊の間は、それは神の内的証言に基づく関係において明確に現れているのである。その三者の差異は、御父と聖霊が御子について証しをするという事実によって確証される。当時の文化的状況においては、妥当な「証言は知識、特に、目撃者の証言に基づいて」おり、当然この目撃者は証言される人とは別の人でなければならなかった。したがって、御子は、「もし、私が自分自身について証しをするなら、その証しは真実ではない。私について証しをなさる方は別（allos）におられる。そして、その方が私についてなさる証しは真実であることを、私は知っている」（五章三一節以下）と語った。この「別（allos）」という用語は御父を指しているから（五章三七節）、明らかに、この箇所は御子と御父が相互に異なる存在であることを示している。また、裁きにおいて御子は「ひとり（monos）」（八章一六節）ではなく自分以外の方、つまり、御子を遣わした御父と共にいる（八章一八節）。御子について証しをするのは、御父だけではない。御子が約束しているように、聖霊が来る時、聖霊も御子について証しをする（一五章二六節）。御子の約束は、証言の妥当性という観点から見る

644　御子の証しについては、cf. Westcott, pp.xlvff.

645　Bultmann, p.50.n.5. Cf. Schnackenburg, 2-p.120; Westcott, p.89.

646　ヨハネによる福音書からの引用についてのみ、章と節のみを略記する。律法の諸原則のヨハネによる福音書への適用については、cf. Brown, R., 1-p.223. Cf. also 八章一三節以下。

647　Cf. Barrett, p.264; Brown, 1-p.224; Bultmann, p.264; Schnackenburg, 2-p.121; Westcott, p.89.

と、聖霊が御子御自身とは異なる存在であるということを前提にしている。このことはまた、御父が「別の（allos）弁護者（paraklētos）を遣わして、あなたがたと一緒にいるようにしてくださる」（一四章一六節）という言明によっても示されている。この「別の弁護者」という聖霊の名前は、御父と御子と聖霊の差異を示唆している。つまり、この聖霊の名前は、御子が第一の弁護者であることを示し、そのようなものとして御子が御父から区別されるのと同様に、聖霊御自身も「弁護者」として御父から区別されること、またさらに、もう一人の「別の」弁護者として、第一の弁護者である御子からも区別されることを示唆しているのである。

648　Cf. Schnackenburg, 3-p.74. ワイルズによれば、「オリゲネスは、イエスが御父を御自身とは別（allos）の方と呼び、聖霊を別の弁護者（allos paraklētos）と呼ぶ福音書の表現に、三位一体の神の三つの位格の区別を基づけている」（Wiles, M., *Working Papers in Doctrine*, p.11.）。

649　したがって、ヨハネによる福音書における三位一体の定式は、御父、御子、弁護者となる（Dodd, p.226.）。

650　興味深いことに、幾つかのギリシャ語の前置詞は神の間を示唆している。聖霊が御父から出る時のその出方は、両者の間を示唆している。御子は、御父が弁護者なる聖霊、真理の霊を御父「のもとから（para）」送ると語っている（一五章二六節）。「この前置詞は、……源泉（eks、つまり「の中から」）ではなく、場所（「の横から」）を表している」（Westcott, p.224. 一六章二七節の注解においてもウェストコットは、同様にして御父と御子の区別、つまり、間を指摘している。Cf. Westcott, p.235. しかし、ブラウンは、このような ek と para の区別を認めない［Brown, 2-p.725.］。御父「のもとから（para）」来た御子については、cf. 一章一四節、六章四六節、七章二九節、一七章八節）。これは少なくとも、聖霊は御父の横に位置しており、御父の中心である心と間を保っていることを示唆している。さらに、「言は神（ton theon）と共に（pros）あった」と記される時（一章一節）、この「と共に（pros）」という前置詞は、御父と御子の間を示している。ここで、定冠詞付きの「神（ton theon）」は御父を指し、「と共に（pros）」は「の中に（en）」が曖昧にしたであろう、御父と言である御子の区別を明示しているからである（Plummer, p.64. 御父と御子の pros で結ばれた関係については、cf. 六章三七節、七章三三節、一三章一節、三節、一四章一二節、二八節、一六章五節、一〇節、一七章一節、二八節、一七章一一節、一三節、二〇章一七節）。つまり、御子は最初から一人ではなかった（Bultmann, p.32.）。確かに、弟子た

第六章　神の和の神学の聖書的基盤

(b) 神と神との間の和

　こうした神の間を統一する神の和とは何か。どのような点で、神は一つであると言えるのか。ここでは、神は内的に相互の知識、委託、栄光において一つである点に留意し、その内的関係を深める原動力である愛について考察しよう。[651]

　第一に、御父と御子の和は、相互の知識に基づく関係である。御父が御子とは別の存在であり、御子について証しするのと同様に、御子も御父について証しをする。それは御子が御父の目撃者として、御父を知っているからである。どのようにして、御子は御父を知っているのか。ヨハネによる福音書の序文（一章一節〜一八節）の最後の節が、御父と御子の関係を具体的な形で紹介している。「いまだかつて、神を見た者はいない。父の懐にいる（eis ton kolpon tou patros）独り子である神、この方が神を示さ

ちが御子を置き去りにした時でさえ、御子は御父が「共に（meta）」いたので、「ひとり（monos）」ではなかった（一六章三二節。Cf. 八章二九節）。「〝霊（to pneuma）〟が鳩のように天から降って、この方の上に（epi）とどまるのを見た」とバプテスマのヨハネが証言する時、この「の上に（epi）」という前置詞は、御子と聖霊の間を示唆している（一章三二節。Cf. 一章三三節）。聖霊は、御子の中に入らず、御子の上にとどまったのである。これは、聖霊が御子の存在や地上での業を侵害することなく、御子と共に力を持って働いていることを意味する。

651　マッセリンクは、神の和、神の中の相互に信頼し合う関係、相互に栄光を与え合う関係を神の「社会的な特質（social qualities）」として略述している（Masselink, W., *General Revelation and the Common Grace*, pp.375-378.）。ブラッケンは、三位一体の神の完全な「一致（unanimity）」は、相互の完全な自己認識、自己献身を通して保たれ、「不和（discord）」は排除されていると述べている（cf. Bracken, J. A., "The Holy Trinity as a Community of Divine Persons, I," *The Heythrop Journal Vol.XV*, p.181.）。こうした社会的三位一体論は、現在では広く知られている（Cf. Boff, L., *Trinity and Society*; Brown, D., *The Divine Trinity*; Gruenler, R. G., *The Trinity in the Gospel of John*; Gunton, C., *The Promise of Trinitarian Theology*; Gunton, C., *The One, The Three and The Many*; LaCugna, C. M., *God For Us*; McFadyen, A. I., *The Call to Personhood*; Meeks, M. D., *God The Economist*; Moltmann, J., *The Trinity and the Kingdom of God*; Zizioulas, J. D., *Being as Communion*.）。

たのである」（一章一八節）[652]。つまり、御父とこのような緊密な関係を保っている御子以外には、御父について証しをする資格を持っている者はいない[653]。御子は御父の懐にあって、御父を直接見ており、また知っており、それゆえ、御子のみが御父について証しをする十分な資格を有する。御子が御父の懐に存在論的に位置付けられていることが、御父の証言者、啓示者としての動的な役割に繋がっているのである[654]。懐は心の所在を象徴する部分であり、和とは同じ心の共有を意味することを考慮すると、ここで、御父と御子の間で保持されている存在論的な和が、知識を通して両者の動的な和に結び付いていると解釈できる[655]。ブルトマンが適切に表現しているように、「御父と御子の間の一致（一〇章三〇節）は、……御子は御父を知っているという言明（一〇章一五節、一七章二五節）によっても叙述されうる」[656]。

しかし、御子が御父にあって、御父を知っているということは、知識に基づく両者の関係の半分しか物語っていない。御父も御子にあって、御子

---

652 New Revised Standard Version の英訳聖書では、kolpos は「心（heart）」と訳されている。

653 Cf. Beasley-Murray, pp.4,16.

654 ウェストコットによれば、「父の懐に（eis ton kolpon tou patros）」（一章一八節）という表現自体が、御父と御子の動的な関係を示している。つまり、「懐において（en）」ではなく、「懐の中へ（eis）」という表現は、両者の「継続的関係の状態と運動の両方を表す」（Westcott, p.15. しかし、Barrett, pp.169ff.; Bultmann, p.82.n.2; Schnackenburg, 1-p.281 はこの節における en と eis の区別を認めない）。両者の一致と啓示者としての御子の密接な関係については、cf. Bultmann, pp.82f.: Schnackenburg, 1-p.278.

655 シュナッケンブルクによれば、「父の懐に（eis ton kolpon tou patros）」（一章一八節）という表現は、「神と共に（pros）」（一章一節）の別の表現方法である（Schnackenburg, 1-pp.280f.）。要するに、両者は並行表現である（Carson, p.135.）。この意味で、（後者に見られる）神の間と（前者に見られる）神の和は相互に密接な関係にあるという前章までの解釈と一致する。また、ヨハネによる福音書には、知識という語句に相当するギリシャ語名詞がなく、動詞形などで現れることも興味深い（Barrett, p.162; Brown, 1-p.514; Carson, p.138.）。

656 Bultmann, p.381.

を知っているのである。御子がユダヤ人たちに対して、「この神殿を壊してみよ」（二章一九節）と言った時、御子は「御自分の体のこと」（二章二一節）を意味していた。つまり、御子の体は神殿であり、「父の家」（二章一六節）、御父が住む場所である。御子が御父の懐に存在するだけでなく、御父も御子の中に住んでいるのである。より簡潔に表現すると、御子は御父の内にあり、御父は御子の内にある（一〇章三八節、一四章一〇節以下、二〇節、一七章二一節、二三節）。「御父と御子に特有の、相互の内住」[657]をこのことは示している。両者は、相互に浸透しているのである[658]。このような両者の存在は、命の無い静的なものではなく、命を持った動的な存在である（一章四節、五章二六節、六章五七節）[659]。ここから、両者の間を維持しているものは単なる関係というよりも、むしろ生きた交わり（communion）の和であると言うことができるであろう[660]。両者は相互にこの命を介して、動的な交わりを持っているのである[661]。この交わりの和は生きているからこそ、御子は御父を見（一章一八節、三章三二節、五章一九節以下、六章四六節、八章三八節）、また、御父から聞く（三章三二節、五章三〇節、八章二六節、二八節、四〇節、一五章一五節）ことができ[662]、それによって、御父を直接知ることができるのである[663]。そして、こ

657　Barrett, p.201.

658　Cf. Boff, L., *Trinity and Society*, pp.138,154.

659　ホジソンは、三位一体の神を生きた有機体と見なしている（Hodgson, L., *The Doctrine of the Trinity*, p.95. Cf. also *ibid*., pp.91,102,165; Boff, L., *Trinity and Society*, pp.124ff.; Dodd, p.194.）。同様にしてブラウンは、御父と御子の一致を「有機的一致」と呼ぶ（Brown, 2-p.776.）。アリストテレス哲学に対峙するキリスト教の神概念における存在と命の一致については、cf. Zizioulas, J. D., *Being as Communion*, pp.79ff.

660　Brown, 1-p.5.

661　Cf. Gunton, C., *The One, The Three and The Many*, p.163.

662　Cf. Bultmann, p.253.n.4.

663　C. スピックによれば、「知る」に相当する二つのギリシャ語、ginōskein と endenai はそれぞれ、聞くこと（指示）によって知ることと見ることによって知ること（「知る（oida）」と「見た（eidon）」は語源的に関係がある。）を意

の御子の御父に関する知識もまた一方的なものではなく、相互的なものである。[664]両者の存在の生きた交わりが相互的なものであるのと同様に、両者の知識も相互的なものである。[665]御子は御父を知っており（四章二二節、五章三二節、七章二九節、八章一四節、五五節、一〇章一五節、一一章四二節、一二章五〇節、一三章三節、一七章二五節）、知っている内容は特に、御父の御心や教えであり（四章三二節以下、五章三〇節、六章三八節以下、七章一六節以下、八章二八節以下、一二章四九節以下、一四章二四節）、また逆に御父も御子を知っている（一〇章一五節）。この両者の相互知識が可能なのは、両者が生きているだけではなく、相互に間があり、差異を保っているからである。もし、両者がすべての点で完全に同一であったなら、相手の内の何かを新しく知ることは不可能である。したがって、両者が相互に知り合っていることは、両者の差異を含んでいる。両者は、相手の内にある自分とは異なったものをも相互に知り合っているのである。この両者の知識は、次に何をもたらすのか。

　第二に、御父と御子の和は、相互の委託に基づく関係である。[666]知識に基づく関係は、委託に基づく関係に繋がる。御子には御自身だけが知っていて、弟子たちの知らない「私の食べ物」があり、それは「私をお遣わしになった方の御心を行い、その業を成し遂げることである」と御子は弟子たちに語り（四章三四節）、群衆には、御自身を遣わした御父を知っていると語っている（七節二九節）。したがって、御子の御父に関する知識は、御父が御自身を派遣したという知識にある。[667]この派遣において御父は、御子を見て信じる者が皆永遠の命を得て、御子がその人たちを終わ

味する（Brown, 1-p.514.）。

664 　御父と御子の相互関係については、cf. Appold, M. L., *The Oneness Motif in the Fourth Gospel*, pp.18ff.

665 　Dodd, p.187.

666 　ヨハネによる福音書においては、御父、御子、聖霊は相互に「信じる」という表現は現れない。「信じる」という表現は、創造者に対する被造物の依存を意味するからである（Barrett, p.307. Cf. Brown, 1-p.298.）。

667 　Bultmann, p.298.

りの日に復活させることを御自身の御心として御子に伝達している（六章三九節以下、一二章五〇節）。このため御父はすべてを御子にゆだね（三章三五節、一三章三節、一六章一五節、一七章七節、一〇節、一九章二八節）、御子が御父の業を成し遂げることができるようにする（五章三六節、九章四節、一〇章二五節、三二節、三八節、一四章三一節、一五章二四節、一七章四節、一九章二八節、三〇節）。具体的に御子にゆだねられたものとは、御父の言葉（一二章四九節以下、一七章八節）、すべての人を支配する権能（一七章二節）、裁きを行う権能（五章二二節、二七節、三〇節、八章一六節）、この世から取り出された人々（六章三七節、三九節、四四節、六五節、一〇章二九節、一七章二節、六節、九節、二四節、一八章九節）、永遠の命を与える権能（五章二一節、六章三九節以下、四四節、五七節、一〇章二八節、一七章二節）、そして、御父の名前である（一七章一一節以下）[668]。つまり、御子は御父の教えを垂れ、すべての人に対する裁きを行い、この世から取り出された人々を御父の名前によって守り、永遠の命を与えることを御父にゆだねられているのである。したがって、御父が御子にゆだねた「すべて」（三章三五節）とは、御子が御父の御心と業を成し遂げることにおいて一切制限を受けていない[669]。事実上、すべてを御父は御子にゆだねたのである。しかし、このことは、御父が御子にすべてゆだねて、御父は御子の業から超然としていることを意味しない。安息日に癒しを行った時、御子はユダヤ人たちに、御父は「今もなお働いておられる。だから、私も働くのだ」と語っている（五章一七節）。つまり、「父がなさることはなんでも、子もそのとおりにする」のである（五章一九節）[670]。また、御子のもとへ人々が来るのも御父が引き寄せているか

---

668 Cf. Dodd, pp.254ff. 三章三五節の注解において Schnackenburg, 1-p.388 は、「手にゆだねる」という表現は、権力と権威の委譲を意味し、救いに関するすべての権限が究極的に御子に与えられていることを意味すると解釈する。

669 Westcott, p.62.

670 Brown, 1-p.218 は、イエスが大工であり、大工は伝統的にその父に見習って仕事をする点に留意している。Cf. also Dodd, p.257.

第二部　三問一和論

らであり（六章四四節、六五節）、裁きの座には御子だけでなく御父も共におり（八章一六節）、御子に属する人々、すなわち、羊を守るのは御子と御父の両者である（一〇章二八節以下）。さらに、御子が人々に話す言葉は御自身のものではなく、御子の内にいる御父が御子の業を行っているのである（一四章一〇節）。したがって、「すべて」（三章三五節）が御父によって御子にゆだねられると言う時、これは、御父も御子の内にいて、共に働いていることを意味する。[671] 御父が御子の内に動的に存在しているということは、御父の持つすべてのものは、御子のものであるという事実と密接に関係しているのである（一六章一五節）。

　御父と御子の知識に基づく関係と同様、この委託に基づく関係もまた両者の生きた交わりの片面に過ぎない。御父が御子にいて、御子が御父にいるのと同様に（一〇章三八節、一四章一〇節以下、二〇節、一七章二一節、二三節）、御父のものはすべて御子のものであり、御子のものはすべて御父のものである（一七章一〇節）。つまり、御父と御子の委託の関係も相互的なものである。両者の存在論的な相互性は、その動的な委託という相互性と呼応している。「一つ」（一〇章三〇節、一七章一一節）と表現される相互の内在において、御父もまた御子と同様に御子の羊を守るという動的な側面をも持つことを考慮すると、御子が御父にいるということが、御子の持ち、守るものはすべて御父の持ち、守るものでもあるということにも繋がる。これは、すべのものが元々は御父に由来し、御子に委託されたものであることを考えると当然のことである。そして、御子は御自身の命までも御父に依拠していることから（六章五七節）、その存在と行動のすべてにおいて御子は、ゆだねられたものを逆に御父にゆだね返していると言える。このように、御子は御父に対して完全な信頼を持ってすべてを委託できるので、御子は命を再び受けるために捨てることもできるほどである（一〇章一七節）。御子がこの使命を遂行できるのは、御父がいつも御

671　Cf. Bultmann, pp.164f. 神の業の三位一体論的視点については、cf. Meeks, M, D., *God The Economist*, pp.132ff.

第六章　神の和の神学の聖書的基盤

子の願いを聞くことを知っているためである（一一章四二節）[672]。したがって、御子は御父が与えた苦難の杯を飲むことができ（一八章一一節）、すべてを成し遂げることができるのである（一九章二八節、三〇節）。では、この御父と御子の相互の委託の関係は、さらに何に繋がるのか。

　第三に、御父と御子の和は、栄光に基づく関係である。委託に基づく関係は、栄光に基づく関係に繋がる。御子が「私は、行うようにとあなたが与えてくださった業を成し遂げて、地上であなたの栄光を現しました」と御父に語ったように（一七章四節）、業を委託するという行為と栄光を表すという行為の間の密接な関係がここに示されている。御子が御父にゆだねられた業を成し遂げることは、そのまま御父の栄光を現すことに繋がっているのである。ここで栄光を現す行為には、御子が御父を現すことそのものと御父に栄誉を帰することの二つ側面がある[673]。第一に、御子が御父の栄光を現す行為は、御子が御父によって与えられたすべての人に永遠の命を与えることに集約される地上での業において、御父を現すことを意味する（一七章二節）[674]。この御子にゆだねられた業は元々は御父の業であり、地上においてそれを御子が成し遂げることによって、御子は人々に御父の威光を現すのである。御子のこの行為には、御子の御父に対する態度も現れている。つまり第二に、御子は御父にゆだねられた業を完全な従順を持って成し遂げることによって、御父に敬意を払っている（七章一八節、八章四九節）[675]。御子が与えられた使命に対して献身的に取り組むこと自体が、御父に対する尊敬を示しているのである。

　知識や委託に基づく御父と御子の関係が相互的であるのと同様に、栄光

672　したがって、御子の祈りは「神の御心の成就を意識しており、不確実な事柄の請願ではない」（Westcott, p.173.）。

673　「栄光（doksa）」の二重の意味については、cf. Bultmann, pp.268f.n.6., p.301. n.2, p.491; Dodd, p.208.

674　Cf. Bultmann, pp.491f.; Schnackenburg, 3-p.170.

675　Cf. Barrett, pp.425,504; Beasley-Murray, p.136; Schnackenburg, 2-p.218; Westcott, p.240.

に基づく関係も相互的である。「父よ、時が来ました。あなたの子があなたの栄光を現すようになるために、子に栄光を与えてください」（一七章一節。cf. 八章五〇節、五四節、一二章二三節、二八節）という御父に対する御子の語りかけは、この相互性を示している。ここでこの「時」とは、苦難と死の時を示唆しているから（一二章一六節、二三節以下、二七節以下、一三章一節、三一節以下、一七章一節）、地上における御子の苦難と死に基づく救済の業において、御子は御父の威光を現すのであり、御子が御父の威光を現すのはまさしく御父が御子において御自身を現すためであることが、ここで表現されているのである。ブルトマンが述べているように、「御父のドクサ（栄光）と御子のドクサは相互に切り離せない。というのは、もし、御父が御子の業を通して栄光を受けるのなら、つまり、御自身を現すのなら、同時に御子も（御父の）啓示者として栄光を受けるのである」。ここで重要な点は、御父が御自身の威光を現すことが、決して御子の死において終了していない点である。それは御子の死を通して、御子の復活と高挙に結び付いている（一二章三二節）。したがって、御父は御子においてその威光を現すだけでなく、御子を十字架に掛け、さらに、御子を天にまで高く引き上げることによって、御子に敬意を払っていると言える。

このように、御父と御子の栄光の授受の相互性は、二重である。第一に、

676　Barrett, p.501.

677　Bultmann, p.429. Cf. *ibid*., pp.491f.

678　Cf. Barrett, pp.166,423,502; Beasley-Murray, p.211. 御子の高挙と栄光の関係については、cf. Bultmann, pp.152f.n.4., p.350. p.432.n.2; Schnackenburg, 2-pp.382f. ヨハネによる福音書においては、痛みと苦難、そして、死までも神の栄光に繋がり、またそれによって克服される（一一章四節）。「受肉された方、十字架に付けられた方は、栄光を受けられた方である。イエスは、御父と共におられたのであり、常に共におられるからである。明らかに、ここに栄光の神学としての十字架の神学がある」（Appold, M. L., *The Oneness Motif in the Fourth Gospel*, p.230. Cf. *ibid*., p.286.n.3.）。ヨハネによる福音書におけるこのような視点から見ると、北森嘉蔵『神の痛みの神学』は「神の痛み」という一側面を強調し過ぎている。

御父が御子において御自身を現すように、御子は御父を現す。第二に、御子がゆだねられた業を従順に遂行することにおいて御父に敬意を表するように、御父は御子を十字架の上へ、そして、天へ引き上げることにおいて御子に敬意を表する。御父が御子に栄光を与えることは、御子が御父に栄光を与えること無しにはありえないし、その逆も同様である。というのは、御父の栄光はまさしく御子において現れるからである。この関係は極めて緊密なものなので、「神が人の子によって栄光をお受けになったのであれば、神も御自身によって人の子に栄光をお与えになる。しかも、すぐにお与えになる」（一三章三二節）。御父と御子の関係はこの「すぐ」結ばれているため、ヨハネによる福音書において御子の地上での「苦難、死、復活、昇天は、一つの短い行為と見なされており、……御父との共在における将来の栄光に繋がっている」のである。この関係は、地上での時間的な出来事に限られず、御父と御子の極めて本質的な関係であり、神の栄光は両者によって永遠に共有されていることが、御子の御父に対する言明から明白である。「父よ、今、御前で私に栄光を与えてください。世界が造られる前に、私がみもとで持っていたあの栄光を」（一七章五節）。

　御父と御子の生きた交わりの関係において、お互いを知り、すべてをゆだね、相手に栄光を与える行為は、このように相互に深く関連している。これらの知識と委託と栄光の行為が相俟って、御父と御子の間を結び付けているのである。御父と御子が栄光を与え合うことができるのは、両者がすべてを相互にゆだねており、相互にすべてをゆだねることができるのは、相互にすべてを知っているからである。そして、相互にすべてを知っているのは、両者が同じ心を共有しており、和を保っているからである。したがって、この和は単に存在論的なものではなく、知識と委託と栄光という行為を必然的に含む動的なものである。さて、ここで神の和に関する最も根源的な問いに直面する。どうして神は、相互に知り、ゆだね、栄光を与

679　Barrett, p.502.

680　Cf. Bultmann, pp.491f.

681　Brown, 2-p.606. Cf. Barrett, p.451; Beasley-Murray, p.246.

え合うるのか。つまり、なぜ神は和を保つのか。その理由は何なのか。ヨハネによる福音書は、これに対する明確な回答を提示している。

　神の和の関係における三つの側面の中で、最も明確な回答は、栄光の関係に対して与えられている。御子が御父に語っているように、「天地創造の前から私を愛して（hoti）、（栄光を）与えてくださった」のである（一七章二四節）。愛が動機となって、御父は御子に栄光を与えたのである。「天地創造の前から」という語句の示唆している通り、この愛も両者の関係において極めて本質的なものであり、「永遠の秩序に属している」のである。[682] この愛がそれほど本質的で永遠であるなら、先に見たように栄光と委託と知識の関係は不可分の関係にあるから、愛はまた、御父と御子の委託と知識の関係の動機でもあるはずである。次の句は神の委託の関係の動機を示している。「御父は御子を愛して、その手にすべてをゆだねられた」（三章三五節）。ここで「愛して」の「て（kai）」という用語は、hoti ほど明確に因果関係を示さないが、それにもかかわらず、「先に起こったことに由来する結果を導く」から、[683] この文は、御子に対する御父の愛によって、御父は御子にすべてを委託したことを意味している。同様の解釈は、知識の関係の動機を示した次の句についても可能である。「父は子を愛して（kai）、ご自分のなさることをすべて子に示される」（五章二〇節）。[684] つま

682　Westcott, p.248.

683　"kai 2.f.," Bauer, W., *A Greek-English Lexicon of the New Testament and Other Early Christian Literature*, p.393. Cf. Schnackenburg, 1-p.388:「制限なく与えることが愛の性質である」。Cf. also Segovia, F. F., *Love Relationship in the Johannine Tradition*, pp.161f.

684　Cf. Segovia, F. F., *Love Relationship in the Johannine Tradition*, p.162. この五章二〇節において、agapan ではなく philein が「愛する」の原語として利用されている。プランマー、シュナッケンブルク、ウェストコットは両者の意味の相違を認め、philein は特別な関係に基づく個人的な愛情を強調し、agapan は省察と認識に基づく配慮、尊敬などの一般的愛情を強調するという区別を認める（Plummer, p.137; Schnackenburg, 2-p.104; Westcott, p.85.）。しかし、こうした区別を認めない見解もある（Barrett, p.259; Brown, 1-p.214; Bultmann, p.253.n.2, p.397.n.2, p.488.n.1; Carson, p.251; Dodd, p.327.）。

り、御父は御子を愛しているため、御子にすべてを知らせ、ゆだね、栄光を与えるのである。存在論的に御子は御父の懐にいて、御父の愛が動的に働くことによって、御子は御父のすべてを知り、ゆだねられ、栄光を与えられるのである。そして、御父は常に永遠に御子を愛している。したがって、御父の愛は、御子に向かって外側に表現される時、具体的に知識、委託、栄光という形態を取ると言いうる[685]。この御父の愛もまた、神の愛の片面に過ぎない。

　神の知識、委託、栄光の関係が相互的であったのと同様に、愛の関係も相互的である[686]。一方で、御父は御子を愛し（三章三五節、五章二〇節、一五章九節以下、一七章二三節以下、二六節）、他方で、御子は御父を愛している（一四章三一節、一五章一〇節）。御子が「私が父を愛し（kai）、父がお命じになったとおりに行っていることを、世は知るべきである」（一四章三一節）と語っているように、御子は御父を愛しているから、御父からゆだねられた業を成し遂げる[687]。これは、御父への愛に基づき、業を成し遂げることにおいて、御子は御自身を御父にゆだねていることを示している。このように、御父は御子を愛し、業をゆだねる一方で、御子も御父を愛し、その業を成し遂げるのである[688]。もし、御父に対する御子の愛が両者の委託の関係と結び付いているなら、その愛はまた、委託と不可分の知識や栄光の関係とも結び付いているはずである。したがって、御父の愛が、御父の御子に対する知識と委託と栄光の関係を推し進めるように、御子の愛は、御子の御父に対する知識と委託と栄光の関係を推し進めると言うことができるであろう。知識と委託と栄光の関係において見られる神の和は、御父と御子の間の相互の愛と密接に繋がっている。それでは、両者が愛し合う理由をさらに探ることは可能であろうか。

　ヨハネによる福音書は、御子に対する御父の愛の理由に言及している。

685　Cf. Westcott, p.248.

686　Barrett, p.215.

687　Cf. Segovia, F. F., *Love Relationship in the Johannine Tradition*, p.159.

688　Segovia, F. F., *Love Relationship in the Johannine Tradition*, p.178.

「私は命を、再び受けるために、捨てる。それゆえ、父は私を愛してくださる」（一〇章一七節）[689]。これは単に、御子が十字架上の死に至るまで御父に完全に従い、その死の出来事の後、自動的に御父が御子を愛することを意味しない[690]。御父の愛は、御子の行為自体に基づく御子の功績によって動機付けられるのではない。つまり、御父の愛は、御子の成し遂げたことのみに基づくのではなく、むしろ、御子がどのように成し遂げたかに基づいている。この「どのように」は、次の節で説明されている。「だれも私から命を奪い取ることはできない。私は自分で（ap' emautou）それを捨てる」（一〇章一八節）[691]。誰一人として、御子の死を強要することのできる者は存在せず、「自分で」という語句が示しているように、御子のみが自発的にそうするのである[692]。御子の自由な意志のみが、御父の御子に対する愛の動機となる。

　この御子の自発的な行為は、死に繋がる苦難の道において頂点を極める[693]。御子はこの苦難の道を歩むに当たり、「主導権を持った者として」登場している[694]。御自身の裁判において御子は、「御自分の身に起こることを何もかも知っておられ、進み出て、『だれを捜しているのか』と言われた」（一八章四節）。御子は「起こることをすべて把握して」いたため、自発的に「進み出て」来たのである[695]。さらに、御子はペトロに対して「父がお与えになった杯は、飲むべきではないか」と非難している（一八章一一節）。ここで、この「杯」は苦難を象徴する杯であるから、御子の苦難は、御父からのものであるから、御子はそれを受け入れる[696]。先に見たように、

689　Cf. Segovia, F. F., *Love Relationship in the Johannine Tradition*, pp.162f.

690　Cf. Barrett, p.377.

691　Cf. Schnackenburg, 2-p.301.

692　Cf. Barrett, p.377. Cf. also Gruenler, p.xv.

693　Cf. Dodd, p.426; Westcott, p.249.

694　Bultmann, p.633.

695　Brown, 2-p.809.

696　Brown, 2-p.813. Cf. Moltmann, *The Trinity and the Kingdom of God*, p.76.

御子は御自身にゆだねられたすべてを成し遂げるが、この「すべて」の中から、最もおぞましい苦難も排除されることはない。この杯、苦難は、まさしく御父から与えられたものであるからこそ、御子はそれを進んで受け入れ、それを通して御父の栄光を表すのである[697]。苦難における御子の自発的な行為を最もよく表している表現は、十字架の最後の場面において見られる。「イエスは、……『成し遂げられた』と言い、頭を垂れて息を引き取られた」（一九章三〇節）[698]。通常なら、人は息を引き取ってから、力が抜けて、頭を垂れるはずである。しかし、御子の場合は逆であった。頭を垂れて、死ぬ姿勢になってから、自発的に息を引き取り、霊を引き渡したのである[699]。ここで、御子が後に弟子たちに聖霊を授けること（二〇章二二節）を考慮すると、御子は御自身の霊を御父に引き渡したと解釈することが可能である（ルカによる福音書二三章四六節）[700]。このように、御子は苦難の道において御自身のすべてを御父にゆだね、また、その最期に御自身の霊をゆだねることにおいて、御子は完全な自発性を保持していた。この御子の徹底した自発性の源泉をさらに突き止めることは可能であろうか。

　これについて、御子が御自身の命を捨てるという行為が自発的なのは、御子がそれを「捨てることもでき、それを再び受けることもできる」からであると言うことも可能である（一〇章一八節）。しかし、この文は、御子が命を捨てることができる理由に答えているのであって、御子が実際に捨てる理由そのものに答えてはいない。この一八節の最後の文が、この理由に答えている。御子は「これは、私が御父から受けた掟である」と述べている。御子の自発的な行為は、御父の「掟」に由来しているのである。掟は、拘束的なもののように聞こえるが、御子は御父の掟を自発的

697　Westcott, p.254.
698　Cf. Plummer, p.332; Schnackenburg, 3-p.285; Westcott, p.278.
699　Bultmann, p.675.n.1.
700　Barrett, p.554. しかし、Brown, 2-p.931; Bultmann, p.675.n.1 はこの解釈を採らない。

に、御父の御心に従って成し遂げるのである。ブルトマンの言葉を借りると、「啓示者(御子)がしなければならないこと、またできること、つまりその義務と権利は、同一の事柄である。彼の最も拘束的な義務は、彼の最も自由な意志の行為である」。この義務と権利の一致は、御子の意志が御父の意志と全く同一になる時、つまり、両者が完全な和を保つ時のみ可能となる。そして、御父と完全な和を保つために、御子は御自身を無にする(五章一九節、三〇節、七章一七節、二八節、八章二八節、四二節、一二章四九節、一四章一〇節)。御子は「御自身に対して無であるからこそ、絶対的な自由を持ち」、御父の御心を完全な自由を持って成し遂げることができるのである。これは、御父と御子の究極的な関係である。両者の愛には何の理由もない。自由以外の何の理由もない。そして、自発的な自由の行為は、拘束的な行為よりも、愛を一層価値あるものとする。この愛は一切の強制を受けず、本人の内から自由に出てくるものであるからこそ、尊いのである。他方、愛は自発的な自由の行為の幅を広げる。愛は自由のみをその動機とするため、愛の行為には制限がなく、無限の広がりを持つ。

　これまで御父と御子の生きた和の交わりについて考察してきたが、この交わりに聖霊はどのように関係するのであろうか。ヨハネによる福音書において、聖霊は御父や御子ほど頻々と登場しないが、それでも、以下に見るように、神として御父や御子と和を保っていることが分かる。聖霊が「別の弁護者」(一四章一六節)と呼ばれる時、御子が第一の弁護者であり、聖霊は御子の後に弁護者としての神の役割を果たすことが示唆されている。ウェストコットによれば、「この節は、弁護者の性質とその真の神

701　Bultmann, p.496. Cf. Plummer, p.222; Westcott, p.156. ユンゲルによれば、神はあらゆる制約と強制から自由であり、「神のみが理由なく愛し始めることができる」(Jüngel E., *God as the Mystery of the World*, p.327.)。

702　Bultmann, p.385.

703　Cf. Barrett, pp.461f.; Brown, 2-p.644; Bultmann, p.615; Schnackenburg, 3-p.74.

性をよく記している」[704]。つまり、御子と同様に、聖霊は単なる機能ではなく生きて働く神であり、このことは、聖霊が御子について証しをする「その方（ekeinos）」と呼ばれていることからも明白である（一五章二六節）[705]。御子が昇天して後、聖霊は御子の証言者として弟子たちをすべての真理に導きいれるが、その際、御子が御自身からは何もしなかったのと同様に（五章一九節、三〇節、七章一七節、二八節、八章二八節、四二節、一二章四九節、一四章一〇節）[706]、御自身のことを語らず、御自身が聞いたことを語る（一六章七節、一三節）。以上のことから、まず第一に、聖霊は御父や御子と知識に基づく関係を保っていることが分かる。聖霊は、御子の証言者として御子からすべてを聞いているはずであり、それによって御子を知っている。御子の知っているものは、すべて御父からのものであることを考慮すると、聖霊は御父をも当然知っている。また、逆に御父は聖霊を知っている。聖霊の知っているものはすべて、元々御父に由来しているからである。第二に、聖霊は御父や御子と委託に基づく関係を保っている。聖霊は弟子たちにすべてのことを教え、御子の言葉を思い起こさせ（一四章二六節）、来るべきことを告げる（一六章一三節）。つまり、御子が弟子たちに語っているように、聖霊は「私のものを受けて、あなたがたに告げる」（一六章一四節）。ここに、御子の業が聖霊に委託されることは明白である。しかし、御子の業は、御子御自身が「父が持っておられるものはすべて、私のものである」（一六章一五節）と語っているように、元々御父からゆだねられたものである。したがって、聖霊の業は、御子からだけでなく、御父からもゆだねられたものと言えるのである。他方、御子がその業を成し遂げる際、御自身のすべてを御父にゆだねていたように、聖霊も同様にしてその業を成し遂げる際、御自身のすべてを御子と御父とにゆだねると言えよう。第三に、聖霊は御父や御子と栄光に基づく関係を保っている。御子が聖霊について「その方は私に栄光を与える。私のものを受け

704　Westcott, p.205.

705　Barrett, p.482.

706　Cf. Barrett, p.489; Carson, p.540.

て、あなたがたに告げるからである」と語っているように（一六章一四節）、聖霊は御自身にゆだねられた業を成し遂げることによって、御子に栄光を与える。そして、この業は元々御父に由来するものであるから、それによって聖霊は御父にも栄光を与えているのである。さらに、もし、聖霊が御父に栄光を与えるのなら、御子が御父に栄光を与えるのと同じ理由で、御父が聖霊に栄光を与えているためである。最後に、ヨハネによる福音書は明確に述べていないが、聖霊の御父や御子に対する関係も、自発的な自由の愛のみを動機としていると類推することができるであろう。御父と御子の関係がそのようなものであり、聖霊も御父や御子と知識と委託と栄光の関係を持っているなら、当然愛の関係も共有されていると考えることが可能であろう。

　以上のことから、御父、御子、聖霊なる神は、自発的な自由の愛に基づいて、相互に知識と委託と栄光の関係を保っているという結論を出すことができよう。この愛は、神の生きた交わりの和にとって本質的なものである。この和の関係において、御父、御子、聖霊は相互的であることを確認したが、それにもかかわらず同時に、御父の存在と行為が常に御子と聖霊に先立っているように見える点で、同等ではないとも言いうる。つまり、御子の存在と行為はすべて、御父なしには不可能であるように見えるし、同様のことは、御子の業を受け継ぐ聖霊についても言えるであろう。御子と聖霊は、御父に従属しているのであろうか。この悪名高い難問をどう解釈すべきなのか。最後に、古代以来教会を悩まし続けていたこの問題を検討しよう。

　ヨハネによる福音書には、御父に対する御子の従属を決定的な形で表現していると思われる御子の言明がある。「父は私よりも偉大な（meizōn）

707　Cf. Schnackenburg, 3-p.136.

708　Cf. Barrett, p.514.

709　従属主義などの伝統的な異端は、キリスト教神学にとって永続的危険であり、歴史的のみならず類型学的・組織的に対処する必要がある（Moltmann, J., *The Trinity and the Kingdom of God*, pp.129ff.）。

方だからである」（一四章二八節）。この節は、従属説を説くアリウス主義者たちに援用されたが、正統派の神学者たちは二通りの対応をした。ある神学者は、人性における受肉の御子のみが御父より劣っていると解釈し、また別の神学者は、御父は本質的に何らかの優先性を持ち、御子は交流を通して神性を持つと考えた。この節のこうした解釈を困難にしている事柄の一つとして、ヨハネによる福音書には、御子の御父との同等性を示唆していると思われる箇所もあるという点が挙げられる。一見矛盾するこ

---

710 Cf. Barrett, C. K., *Essays on John*, pp.19-36; Boff, L., *Trinity and Society*, p.48; Torrance, T. F., *The Trinitarian Faith*, pp.224f.n.163; Wainwright, A. W., *The Trinity in the New Testament*, p.192.

711 Cf. Barrett, C. K., *Essays on John*, pp.26ff.; Westcott, p.213.

712 Cf. Wainwright, A. W., *The Trinity in the New Testament*, p.192. ヨハネによる福音書冒頭では、御子は神であり、神と共にいたと記され、また、天地創造に参与した言葉と見なされている（一章一節以下）。ブルトマンも、ここに「従属説の言明はない。言葉の地位は、神と等しいものである。言葉は神であった」と述べている（Bultmann, p.33. Cf. also Appold, M. L., *The Oneness Motif in the Fourth Gospel*, pp.22,283; Plummer, p.64.）。また、御子の「私は……である（egō eimi）」（八章二四節、二八節、五八節、一三章一九節）という言明と、旧約聖書における神の名前（出エジプト記三章一四節、申命記三二章三九節、イザヤ書四一章四節、四三章一〇節、一三節、二五節、四五章一八節、四六章九節、四八章一二節。Cf. Dodd, pp.93ff.,168; Wainwright, A. W., *The Trinity in the New Testament*, pp.90f.）との関連を否定することはできない。そのような者として御子は、一方で、裁き主として御父と共におり（五章二二節、二七節、三〇節、八章一六節）、他方で、救い主（三章一七節、四章四二節、五章二四節、六章四〇節、五四節、一二章四七節）、命を与える者、つまり、命のパン（六章三五節、四一節、四八節）、復活（一一章二五節）、また、命（一一章二五節、一四章六節）そのものである。さらに、敵対者からは、御子は「神を御自分の父と呼んで、御自身を神と等しい者」とし（五章一八節）、「自分を神としている」（一〇章三三節）と観察され、御子御自身も、御父と御子が「一つ（hen）である」ことを認識していた（一〇章三〇節）。この「一つ」とは、御父と御子が羊を守る力におけるものであり（一〇章二八節以下、一七章一一節）、また、御父と御子の本質における一致でもある（Cf. Westcott, p.159; Appold, M. L., *The Oneness Motif in the Fourth Gospel*, pp.272,282. n.1; Barrett, p.382. モルトマンはこの一〇章三〇節に関して重要なコメントを

のような節をどのように調和させることができるであろうか。

　第一に、御子は神ではなく崇高な被造物であるため、神である御父の方が偉大であるという極端なアリウス主義をどう反駁すべきか。このためには、ヨハネによる福音書において、このような比較の表現は、御父と御子の間の関係に限定されており、神は神以外のものと比較されえない点を指摘すれば十分である。「キリストは御自身を御父と比べているという事実

---

[713] している。「イエスが『私と父とは一つである』と言う時、『私と父は同一（heis）である』と言ったのではない。御子イエスと御父の一致は、別々の性格を保持し、実際にその別々の性格を条件付けている一致である」[Moltmann, J., *The Trinity and the Kingdom of God*, p.95.]。つまり、一致は区別を条件付け、和は間を条件付けるのである）。この両者の一致のゆえ、御子を見ること、知ること、受け入れること、信じることは、御子を送った御父を見ること、知ること、受け入れること、信じることに等しい（一二章四四節以下、一三章二〇節、一四章一節、七節、九節）。御子を憎むことさえ、御父を憎むことと等しい（一五章二三節）。また、トマスは、最後に御子が神であると告白している（二〇章二八節）。

713　確かに、神を人と比較しているように見える箇所もある。バプテスマのヨハネが、「私の後から（opisō mou）来られる方は、私より優れている（emprosthen mou）。私より先に（prōtos mou）おられたからである」と言う時（一章一五節、cf. 一章三〇節）、ヨハネは自分と御子を比較しているように見える。しかし、「私より先に（prōtos mou）おられた」という文は、「相対的なものではなく、（言わば）絶対的な優先性を表現している。……御子は単にヨハネと比較して先なのではない」（Westcott, p.13.）。御子のこの絶対的な優先性は、御子の先在性に由来する（Bultmann, pp.75f.）。そのため、ヨハネは「その人は私の後から来られる方で、私はその履物のひもを解く資格もない」（一章二七節）と告白している。ここで「ヨハネは実際、……『私は自分の証ししている方と比較して無である』と応答しているのである。……バプテスマのヨハネの言葉は、……奴隷のすることなら何でも──履物のひもを解くこと以外なら──僕は主人に行うことが期待されていた社会において、非常な謙遜を表している」（Carson, p.146.）。これは、ヨハネが御子とは、比較しうる僅かの関係さえないことを意味している。もし、何らかの比較しうる関係があったとしても、両者の絶対的な差異は二重の意味で広がるのみである。ヨハネが告白しているように、「あの方は栄え、私は衰えねばならない」（三章三〇節）。しかし、人間には、この偉大な御子を他の人間と比較する性向がある。サマリアの女は御子に、「あなたは、私たちの父ヤコブよりも偉

のですか」と尋ねている（四章十二節）。御子はこの問いには答えていない（Plummer, p.118.）。「永遠の命に至る水」（四章一四節）を与える御子は、井戸を与えることによって人々の喉の渇きを一時的に癒す人間とは比較できないからである。ユダヤ人たちが御子に、「私たちの父アブラハムよりも、あなたは偉大なのか」と言って挑発した時（八章五三節）、御子は「アブラハムが生まれる（genesthai）前から、『私はある』」と答えた（八章五八節）。ここで、出エジプト記三章一四節の「私はある」という神の名前と関連したこの『私はある』は、絶対的永遠の存在と御子の神性を示している。ユダヤ人たちの激しい反応はこのためである（八章五九節。Cf. Barrett, p.352; Plummer, p.202; Schnackenburg, 2-p.224; Westcott, p.140.）。この御子の応答は実質上、アブラハムとの比較の拒否である。genesthai という用語が示しているように、「この永遠の存在者と比較して、アブラハムは特定の時に生まれた人間である」（Schnackenburg, 2-p.223. Cf. Bultmann, p.327; Dodd, p.261.）。したがって、御子の回答は、「ノー（否）」ではなく、むしろ、「ノー・コメント」である。質問自体が間違っているのである。ところで、一〇章二九節の最初の文のテキストの混乱はよく知られている（Cf. Barrett, pp.381f.; Beasley-Murray, p.165; Brown, 2-p.403; Bultmann, pp.386f.n.3; Dodd, 433; Schnackenburg, 2-pp.307f.）。「私の父が私にくださったものは、すべてのものより偉大であ」ると訳出できるテキスト（新共同訳）と「私に彼らをお与えになった父は、すべてにまさって偉大です」と訳出できるテキスト（新改訳）がある。前者の方が、神は神以外のすべてのものと比較できないという解釈と一貫しているが、次のような理由でも、前者のテキストの方がより適切であると思われる。「私の父が私にくださったもの」とは信仰者のことであり、この信仰者が「すべてにまさって偉大です」という趣旨の文は、一つ前の節である一〇章二八節の「彼らは決して滅びない」と並行をなしている。つまり、一〇章二八節のこの「彼らは決して滅びない」という文の後に、「だれも彼らを私の手から奪うことは決してできない」（一〇章二八節）という文が続くのと同様に、一〇章二九節の信仰者は「すべてにまさって偉大です」という文の後に、「だれも（この信仰者たちを）父の手から奪うことはできない」（一〇章二九節）という文が続いているように、二八節と二九節は並行文である。「信仰者は一つの完全な体として一致しており、対抗するあらゆる権力よりも強力なのである。これが信仰者の本質的な性格である」（Westcott, p.159. ウェストコットはここで、ヨハネの手紙一の五章四節の「神から生まれた人は皆、世に打ち勝つ」を引用している）。信仰者は他のすべてより強いため、「決して滅びない」のである。しかし、最も真正なテキストは「私に彼らをお与えになった父は、すべてにまさって偉大です」と訳出できるものであることが判明したとしても、次の

そのものから、キリストはその天的な起源に基づき、神性を持つことは当然のことと見なされている」[714]。

次に、一見矛盾する二種類の聖句をどう調和しうるのか。正統派の最初の見解は、人性において御子は、種々の制限を受けるため御父よりも劣っているが、御子の神性は御父と等しいので、両者は同等であると説く。しかし、この見解は、今日概して支持しえない。御子が自己の存在の一部分を言わば不可侵の聖域とすることは、神の誠実さや真実さと一致しないからである。モルトマンが主張するように、「もし、神が自己と全く呼応しているという点において真実であるなら、神は自己の啓示においても自己と全く呼応している時のみ、神の啓示は真実でありうる。つまり、神が自己を啓示せず、自己の不可侵の栄光に満足することは、自己に反しているのである。……『キリストは常に真実であられる。キリストは御自身を否むことができないからである』（テモテへの手紙二　二章一三節）」[715]。そして、もしそうなら、「父は私よりも偉大な（meizōn）方だからである」（一四章二八節）と御子が語る時、御父は御子よりも、御子の人性と同様神性においても偉大なのである。御父が御子よりその人性において偉大であるのと同様に、神性においても御父は御子より偉大なのである。したが

ように解釈できるであろう。新約聖書ギリシャ語における比較級形容詞は、しばしば最上級としても用いられる。御「父は、すべてにまさって偉大です」と言われる時、御父は御子と聖霊を除けば、他のすべてのものの中で比較できないほどの最高の偉大さを持つとも解釈できる。つまり、これは単なる比較ではなく、事実上他の一切を拒絶した絶対的な至上性を意味すると考えられる。以上の、御子に対するバプテスマのヨハネの証し、御子が人間と比較される時の御子の反応、この一〇章二九節の解釈から、神は人間と比較されえず、神は神とのみ比較されうるという結論を出すことができる。神においては、比較自体が神としての同等性を示しているのである。

714　Brown, 2-p.654. イザヤ書四〇章一八節、二五節、四六章五節参照。
715　Moltmann, J., *The Trinity and the Kingdom of God*, p.53. Cf. *ibid.*, pp. 31,57,59,151,153,157,160. 本質における神と啓示における神の一致については、cf. also Boff. L., *Trinity and Society*, pp.164f,214f.; Rahner, K., *The Trinity*, pp.21ff.,34ff.,38.

って、ここで二つの疑問に答えなければならない。どのような点で、御父は人性における御子より偉大なのか。そして、どのような点で、御父は神性における御子より偉大なのか。

　どのような点で、御父は人性における御子より偉大なのかという疑問に対して、一三章一六節は一つの鍵を提示している。「僕は主人にまさらず、遣わされた者は遣わした者にまさりはしない」[716]。御父と御子との関係においては、「僕」、「遣わされた者」は御子に相当し、「主人」、「遣わした者」は御父に相当する。御子は「遣わされ者」として御父によってこの世に人間として送られ（三章一七節、三四節、四章三四節、五章二三節以下、三〇節、三六節、六章二九節、三八節以下、四四節、四六節、五七節、七章一六節、一八節、二八節以下、三三節、八章一六節、一八節、二六節、二九節、四二節、九章四節、一〇章三六節、一一章四二節、一二章四四節以下、四九節、一三章三節、二〇節、一四章二四節、一五章二一節、一六章五節、二七節、二八節、三〇節、一七章三節、八節、一八節、二一節、二三節、二五節、二〇章二一節）、地上で御父の業を成し遂げることにおいて、御父に仕えた。この意味で、御父は御子より偉大である。しかし、弟子の足を洗うことにおいて、弟子たちにとっての主人である御子は、僕である弟子に仕えている。これは、主人が僕に仕えるという「模範」（一三章一五節）である。ではなぜ、主人が僕に仕えることが規範なのか。それは、御子にとっての主人である御父が僕である御子に仕えているからである。神においてこの模範は、天界の秩序であると同時に、地上の秩序でもある。神は天と地において呼応しており、天界と地上の両方において、主人は僕に仕えているのである。先に見たように、御子の行為はすべて御父の行為であるから、御子が僕である弟子たちに仕えるのは、まさしく御父が僕である御子御自身に仕えていることを御子が見て、知っており、経験しており、それを地上においても実行しているためである。御父は、御子の地上での働きにおいて、先に見たように、御子と共に背後で働いている。

716　Cf. Brown, 2-p.655.

御父はこのように背後に下がり、御子を前面に押し出し、御子に仕えているのである。したがって、御子が地上で、御父に遣わされた者として御父に従い、仕えているのと同様に、御父も御子の地上での働きにおいて、御子に従い、仕えているのである。つまり、ある意味で、御父は御子より偉大であるが、また別の意味で、御子は御父より偉大なのである。御父と御子は、相互に仕え合う点で同等なのである。[717]

どのような点で、御父は神性における御子よりも偉大なのかという疑問は実際、正統派の第二の見解が明確にしようとしたものである。この見解は、「偉大」という概念を、神存在の内的な因果関係の観点から解説しようとする。つまり、御父は神的存在の源泉であり、御子は神性をこの御父に由来している[718]。しかし、これは御父が神性を御子に与える前は、御子は神性を持っていなかったことを意味するのではない。御子は永遠に存在する（一章一節以下）。したがって、御父は御子に神性を言わば永遠に与え続け、御子の存在を永遠に満たし続けていると言えよう。神における存在と不可分の関係にある命についても同様のことが言える。御父は御子に命を与える（五章二六節、六章五七節）。しかし、これは御父が御子に命を与える前は、御子は命を持たず、死んでいたことを意味するのではない。御子は永遠に生きているのである（一章四節）。したがって、同様にして、御父は御子に命を言わば永遠に与え続け、御子の命を永遠に満たし続けていると言えよう。この点に関して、御父は御子よりも偉大である。しかし、御子は神的存在と命を永遠に受けるだけではない。地上において御子は、御父の業を自発的に完全に成し遂げ、そうすることによって御子は、御父が行うのと同一の成果を発揮する。御子は、あたかも御父が行っているかのように、あたかも御父がそこにいるかのように、そして、あた

717　アッポルドはこの均衡を認めることができず、御父が御子より偉大であることを、御父と御子の「一つ」であるという同等性によって均衡を取ろうとしている（Appold, M. L., *The Oneness Motif in the Fourth Gospel*, p.21.）。同様の解釈は、cf. Schnackenburg, 3-p.86.

718　Barrett, p.468.

第六章　神の和の神学の聖書的基盤

かも御子が御父であるかのように、御父の業を成し遂げる。しかし、これは御父が地上にいなかったことを意味しない。御父は御子と常に共にいて、働いているのである。したがって、御子は地上での働きにおいて、御父をそこに存在させ続けていると言えよう。より明快に言うならば、御子は御父の掟を道徳的に成し遂げ、同時に、御父の存在を地上において自発的に自由に満たし続けているのである。神の存在のこうした相互の充溢作用は、御父と地上における御子の関係だけに限られない。神は真実であり、天の神と地の神において、永遠の神と啓示における神において、何の矛盾もない。この作用は、神における永遠の関係でもある。したがって、神存在の内的な因果関係において、確かに地上においては御父が優先しているように見えるが、御子は永遠に御父の存在を満たし続け、これを全く自発的に自由に行っており、この自由という点において、また、御父が御子の存在を満たし続けるように、御子も御父の存在を満たし続けるという相互性において、両者は本質的に同等なのである。御父が御子の存在を自由に満たし続ける点で、御父が御子より偉大と言えるなら、御子も御父の存在を自由に満たし続ける点で、同様にして御父より偉大と言えよう。両者が同等であるという時、こうした動的な関係が意味されているのである。[719]

　このように考えると、御子の御父に対する従属は、従来のように御父と御子の本質的同等性によって均衡を取るべきではなく、むしろそれは、御父の御子に対する従属によって均衡が取られるべきであり、それによって両者の本質的な同等性が確保されるのである。御父が御子に従属しているのと同じ程度に、御子は御父に従属しているため、両者は等しい。御父と御子は相互に同等に従属しているという意味で、これを同等従属説と呼ぶことができよう。この同等従属説が、両者の動的な同等関係を明示し、教会を長期間悩ましてきた従属説に対して十分な回答を与えることができるであろう。さらに、この説は御父と御子の関係だけではなく、御子と聖霊

---

[719] バレットは、御父に対する御子の全面的従順と、御父との「形而上学的関係」から、御子の身分の中に御父との「道徳的類似と本質的一致が含まれている」と論じる（Barrett, p.72）。

の関係、ひいては御父と御子と聖霊全体の動的な関係の解明にも重要な視点を提示するであろう。

　ヨハネによる福音書には、業に関して御子と聖霊を比較していると思われる箇所がある。「私を信じる者は、私が行う業を行い、また、もっと大きな業を行うようになる。私が父のもとへ行くからである」（一四章一二節）。直接的に言えば、ここでは信仰者の業と信仰者のそれより大きな業とが比較されている。しかし、信仰者の業とは実質上御子の「行う業」に基づいており、御子に対する信仰によって実行可能となるのである。では、信仰者の「もっと大きな業」を可能にするものは何か。それは、最後の「私が父のもとへ行くからである」という文が暗示している。信仰者がもっと大きな業を行うのは、御子が御父のもとへ行くためである。そして、御子が御父のもとへ行く時に、御子は代わりに聖霊を送ることを約束している（一六章七節）。つまり、もっと大きな業は、聖霊の業に基づいている[720]。したがって、一四章一二節で比較されているものは、根源的には御子の業と聖霊の業であると言えよう。では、どのような意味で聖霊の業は御子の業よりも大きいのか。もし、信仰者の業が聖霊の業に基づいているのなら、それは基本的に外的な物質的成功ではなく、信仰者の働きを通して具体化する霊的な効果である[721]。つまり、それは「神の力の人間の世界への浸透（一七章二節）、神の散らされた子たちの結集（一一章五二節）、不信仰な世の中に対する裁き（一六章八節以下）」などである[722]。これらの業は、聖霊の働き無くしては不可能であるから、信仰者の業がもっと大きくなるのは、決して信仰者自身がより偉大になるからではない[723]。したがって、信仰者の業がもっと大きくなるのは、聖霊御自身が、こうした終末論的な業において御子の業よりも偉大であるからにほかならない。ヨハネ

720　Bultmann, pp.610f. Cf. Brown, 2-p.633; Carson, p.496. これに対して Dodd, p.195 は御子による働きと理解する。

721　Cf. Bultmann, p.610; Westcott, p.204.

722　Schnackenburg, 3-p.72. Cf. Barrett, p.460.

723　Barrett, p.460.

による福音書は、御子の働きの進展とともにより一層大きな神の業が続いて起こることを示している（一章五〇節、二章一〇節、五章二〇節）。[724]御子の業が聖霊に引き継がれた後は、聖霊による神の業が続いて一層偉大になるのである。神は、啓示においてもその存在そのものにおいても同等であるという真実さに基づけば、これは聖霊がその業だけではなくその存在自体においても、終末論的に御子よりも偉大であることを意味している。つまり、聖霊は信仰者にすべてのことを教え、御子の話したことを思い起こさせ（一四章二六節）、御子のものを信仰者に告げる（一六章一四節）という点において、御子よりも偉大なのである。御子の業を引き受けて、聖霊は神の業を成し遂げ、あたかも聖霊が御子御自身であるかのように、あたかも御子御自身がそこにいるかのように、少なくとも御子が行うのと同等の効果をこの世に与える。さらに、御父と御子は一つであるため、聖霊はこれらの働きを、あたかも聖霊が御父御自身であるかのように、あたかも御父かそこにいるかのように行う。聖霊は、終末の業において主導権を握っており、そこに御父と御子を存在させ続けているのである。そして、実際に御父と御子はそこに存在し、共に働いているのである。つまり、聖霊は御父に由来する御子の業を道徳的に成し遂げると同時に、この終末の業において、御父と御子の存在を満たし続けているのである。この意味で聖霊は、御父や御子より偉大であると言える。他方、御父は聖霊を御子の名前で送り（一四章二六節）、御子も御父から聖霊を送り（一五章二六節、一六章七節）、聖霊はその引き継いだ使命を成し遂げる際に、御父と御子に完全に従っているという点で、御父と御子は聖霊よりも偉大であるとも言える。したがって、聖霊は、相互に同等従属関係を保っている御父と御子の両方に対して、同様にして、同等従属関係を保っているのである。とすると、御父と御子と聖霊は、御父と御子、御子と聖霊、聖霊と御父のすべての関係において、相互に同等に従属しているのである。御父は御子

724　Cf. Beasley-Murray, p.254; Appold, M. L., *The Oneness Motif in the Fourth Gospel*, p.91.

と聖霊に従属しており、それと同じ程度に御子と聖霊は御父に従属しており、このことは神のすべての関係について当てはまる。以上のことから、従来の御父と御子と聖霊という三位一体の順列のみを強調することは極めて不適切であり、神においてはどのような順列も可能なのである。御父、御子、聖霊の誰もが、最も従属的な位置を占めることができるのである。

このことを神の動的な知識と委託と栄光の関係の中で解説すると、御父、御子、聖霊の誰もが、相手を知り、業を委託し、成し遂げられた業に基づいて栄光を与える相互の関係において相手に従属し、自発的に相手に奉仕するのである。従属という概念はここではに何ら軽蔑的な意味を持たない。神の従属関係は、相互性と自発性と密接に結び付いているからである。

725　Cf. Gruenler, p.105:「御子が御自身を御父に従属させるのは、御子が御父より劣っているからではなく、三つの位格のすべてが究極的な敬愛と歓待を持って自己を他の位格に従属させることは、三位一体の家族の中での性質なのである」。Jenson, R. W., *The Triune Identity*, p.167 でジェンソンは、「御子は認識論的に優先しており、御父は存在論的に優先している。……しかし、『神は霊である』（ヨハネによる福音書四章二四節）という定義は、聖書における神の唯一の定義であり、聖霊は形而上学的に優先している」という観点から、御父、御子、聖霊のそれぞれの優先性の均衡を取る。Boff, L., *Trinity and Society*, p.146 は、「神においてすべては、『御父にも由来し（Patreque）』、『御子にも由来し（Filioque）』、『聖霊にも由来する（Spirituque）』」という三つの位格の相互浸透の教理によって従属説を克服しようとする。

726　聖書における別の順列として、「主イエス・キリストの恵み、神の愛、聖霊の交わり」（コリントの信徒への手紙二の一三章一三節）、「霊……主……神」（コリントの信徒への手紙一の一二章四節－六節）、「霊……主……父である神」（エフェソの信徒への手紙四章四節－六節）が挙げられよう（Cf. Gruenler, p.xviif. Cf. also Boff, L., *Trinity and Society*, pp.35ff.; Wainwright, A. W., *The Trinity in the New Testament*, pp.237ff.）。モルトマンは、*The Trinity and the Kingdom of God*, p.94 において、「キリストを派遣し、引き渡し、復活させる点において、この順列は御父－霊－御子である。キリストの主権と霊の派遣において、この順列は御父－御子－霊である。しかし、終末論的結末と栄光において、この順列は霊－御子－御父となる」と従来の三位一体論の順列を柔軟に修正する。

727　Cf. Gruenler, p.xvif.

まさしくこのため、神の従属関係は奉仕関係に等しい[728]。この相互の自発的奉仕を通して御父、御子、聖霊は、その和を深める。つまり、愛の性質は豊富な放出であり[729]、御父、御子、聖霊は相互に愛し合えば愛し合うほど、相互に自己を相手に知らせ、相互に知り合えば知り合うほど、相互に知っていることと知られていることが一致する。この過程において、御父、御子、聖霊は、一致を実現し、完成していく。さらにこの過程は、委託と栄光の関係において深められていく。御父、御子、聖霊は相互に知り合えば知り合うほど、何事でも相手に委託することができる。相手が自分と同様に、または、自分以上に立派にその業を成し遂げることを知っているからである。この業の交換により一致は深められ、一層大きな業を成し遂げることによって、その一致は成長していく。そして、成し遂げられた一層大きな業に基づいて、御父、御子、聖霊は相互に栄光を与え合う。相手の業は自分の業でもあり、相手の栄光は自分の栄光でもあるためである。このように、御父、御子、聖霊は相互に栄光を与え合えば与え合うほど、相互に反映された栄光の中で一致が一層深められる。神が相互に与えるものは神の内側におけるものと一致しているため、この栄光は表面的なものではなく、神の本質的な性質である。

したがって、御父、御子、聖霊は、すべて相互の従属関係において同等であり、「栄光を与える者が栄光を与えられる者より大きいのなら、相互に栄光を与え合う者同士は等しい」(DT, II,iv,6)とアウグスティヌスが瑣[730]

728　Cf. Gruenler, p.xvii.

729　Cf. Boff, L., *Trinity and Society*, p.5.

730　Cf. Gruenler, p.xi:「イエスの言明には、御父との同等の永遠性を表現するものと、御父に対する従順な僕としての姿を表現するものの二種類ある。同様にして、御父が御子によって敬意を払われる時、御父は神の家族を代表して、任命された代弁者としての御子に敬意を払い、栄光を与え、……御子の願いを忠実に聞き上げ、それに応答している。御父と御子は同様にして、その時における彼らの任命された代弁者、解釈者である聖霊に敬意を払う一方で、聖霊は御父と御子に逆に敬意を払い、彼らに奉仕している」。Cf. also *ibid*., p.104.

末的事柄として扱ったものを、中心課題として取り組む必要がある。この相互の動的な自発的過程を通して、神は和を実現していくのである。つまり、神は相互の愛に基づく知識と委託と栄光の関係において和を深める。この和が深められていくのは、神が不完全であるからではなく、神が成長しているからである。[731]

最後に、以上の考察に基づいて、神の知識と委託と栄光の和を推し進める神の愛の四つの特徴をまとめよう。

（1）神の愛は、自発的である。それは、決して強要されることがない。
（2）神の愛は、謙遜である。それは、自己を相手に従属させる。
（3）神の愛は、相互的である。それは、相手の愛に応答する。
（4）神の愛は、拡大する。それは、溢れ出て、自己以外のものに届く。

神の愛が自己以外のものに届くなら、それは神における三間一和の相互関係にとどまらず、神以外のもの、人間にも届くはずである。次の節では、神の愛に基づいて、神の和がどのようにして人間へ届くのかを検討しよう。

第二節　神と人間との間の和

御父と御子と聖霊の和は、自己充足的に御自身の内に閉じこもることなく、外へ向かって開放的に満ち溢れ、人間にまで達する。ここで「人間にまで達する」という時、神と人間とは一つではなく、根本的な相違があることを前提としている。この節では、神と人間のこの間について、また、神が神と人間との間に確立する和について考察しよう。

731　神の成長については、cf. Knight, G. A. F., *A Biblical Approach to the Doctrine of the Trinity*, pp.66ff.

(a) 神と人間との間

　神と人間との間は、神と神との間とは根本的に異なる。人間の罪が、神との関係において否定的な役割を果たし、人間を神から引き離しているからである。他方、神と神との間にはそのような関係は存在せず、差異化を行う三つの間は常に永遠に、統一化を行う神の和と呼応しており、均衡を保持している。ヨハネによる福音書は、パウロほど頻繁に人間の罪深さの問題に言及しないが[732]、神に対する人間の無知、不信仰、不遜といった否定的態度を実際に批判している。そして、これらの否定的態度は、言葉が肉となって私たちの「間」に宿られた時（一章一四節）、この受肉した神によって顕在化する。人と人との間への御子の受肉は、積極的側面においては、神に対する人間の和をもたらすが、否定的側面においては、神に対する人間の罪深さを晒け出す。まず最初に、受肉のもたらす否定的側面を検討しよう。

　まず第一に、神と人間との間は、神に対する人間の無知として現れる。受肉のもたらすこの暗い側面は、「あなたがたの間には（mesos）、あなたがたの知らない方がおられる」（一章二六節）というバプテスマのヨハネの言葉に現れている[733]。御子が人と人との間に宿り、御子と人とが間を共有する時、この間は否定的側面においては、無知という形で顕在化する。「世は言によって成ったが、世は言を認めなかった」（一章一〇節）。御子と人間の間には存在論的な根本的差異があるため、御子がこの世にいること、人と人との間にいることは、自動的に人間がその創造者を知ることにはならない。御子は上のものに属し、この世の人間は一般に下のものに属する（八章二三節）。御子はそのようなものとして、この世に属していない（一八章三六節）。したがって、御子をこの世の基準で理解しようとする人間のあらゆる試みは、御子を誤解するだけである。このことは、御子が「私は天から降って来たパンである」（六章四一節）と語った時のユダ

732　Smith, D. M., *The Theology of the Gospel of John*, pp.81f.
733　日本語訳では「中」となっているが、原語では「間（mesos）」となっている点に留意。

ヤ人たちの反応に明確に現れている。「これはヨセフの息子のイエスではないか。我々はその父も母も知っている」（六章四二節）。確かに、ユダヤ人たちは、エルサレムの人々と同様に（七章二七節）御子の地上での姿と起源を知っているが、その天的な起源については全く無知なのである（七章二八節、八章一四節、九章二九節）。ここではこの世の知識が、天の御国の知識を排除しているのである。地上の知識が天の知識を排斥しているのである。地上的な人間は、御子を外的に表面的にのみ知っており、その知識を自負し、それに安住することで、御子の真の起源と性質、つまり、御子が天からの救い主であることに完全に無知となっているのである。[734] ブルトマンが述べているように、「彼らの知識は、無知である。彼らの知識はそれ自体完全に正しいが、それによって、まさしく知る必要のあることを隠しているのである。彼らの知識は、イエスを認識することを不可能にするためだけに役立っている」[735]。新しく上から生まれなければ（三章三節）、人間は御子の存在と行為を正しく知ることはできないのである。[736]

第二に、神と人間との間は、神に対する人間の不信仰として現れる。御子に対するこの世の無知に言及した一章一〇節の後に、御子は「自分の民の所へ来たが、民は受け入れなかった」（一章一一節）という文が来ているように、神に対する無知は、神を受け入れないこと、神に対する不信仰と密接に関係している。御子の地上の起源を知っているという人間の自負は、御子の真の性質を受け入れることを不可能にするからである。[737] この

734　Cf. Schnackenburg, 2-p.147.

735　Bultmann, pp.297f. Cf. pp.62,230,336.

736　バプテスマのヨハネであろうと（一章三一節、三三節）、サマリアの女であろうと（四章一〇節、二二節）、弟子であろうと（四章三二節、一二章一六節、一六章一七節以下）、癒された男であろうと（五章一三節）、ファリサイ派の人であろうと（八章一九節）、ユダヤ人であろうと（八章四三節、五五節）、トマスであろうと（一四章五節）、僕であろうと（一五章一五節）、迫害者であろうと（一五章二一節、一六章三節）、神に対する無知はありうる。

737　五章四三節以下と一二章四四節以下が示唆しているように、（御子を）受け入れないことは、実質上（御子を）信じないことと同義である。

第六章　神の和の神学の聖書的基盤

世が御子を真に知らないのなら、この世は御子を真に信じることはできない。[738]このことは、御子の語る言葉についても言える（八章四三節）。この不信仰や受け入れないという表現は、提示されたものを拒否するという意味で、無知よりも強い否定的態度である。[739]御子を知らない人間が、御子や神的なものを受け入れることができないことを示す例は、ヨハネによる福音書には多く見られる。[740]その人々が信じることのできない理由は、無知の場合と同様、単に神に、そして、また御子に属していないからである（八章四七節、一〇章二六節、一二章三七節以下）。

　第三に、神と人間との間は、神に対する人間の不遜として現れる。ヨハネによる福音書では、不信仰な人間が神を侮蔑することを示す箇所も多く見られる。神を侮蔑する態度は、神に対する不信仰よりも攻撃的性格を持っているゆえに、一層強い否定的態度である。例えば、「私の言葉を守るなら、決して死ぬことがない」（八章五一節）という御子の言葉を受け入れることができないユダヤ人たちは、この世に属する人間として、御子に対して、「あなたが悪霊に取りつかれていることが、今はっきりした」（八章五二節。Cf. 八章四八節）と語っている。御子が述べているように、そのように言うことでユダヤ人たちは、御子を「重んじていない」のである（八章四九節。Cf. 七章二〇節、一〇章二〇節）。ユダヤ人たちはまた、安息日を遵守しない御子について、「罪ある人間」（九章二四節）と決めつけ

738　Cf. Bultmann, p.55; Schnackenburg, 1-p.258.

739　Plummer, p.69.

740　ファリサイ派の人（三章一一節）やこの世に属する人（三章三二節）は御子の証しを受け入れず、ユダヤ人は御子（五章四三節）も御子の語る言葉（八章三七節、四三節）も受け入れない。また、ファリサイ派の人は天上のことをも信じず（三章一二節）、ユダヤ人も（五章三八節、八章四五節以下、一〇章二四節以下。Cf. 五章四四節以下）この世も（一六章九節）、御父の遣わした御子を信じない。御子を表面的にしか見ない人は、御子を真に信じることがなく（六章三六節、一二章三七節）、御子が王の役人に皮肉を込めて語っているように、彼のような人は、地上的な印を見なければ決して信じない（四章四八節）。また、弟子の中（六章六四節、六六節）やイエスの兄弟（七章五節）の中にさえ信じない者がいる。

ている。彼らの地上の知識と判断が、栄誉を受けるべき方に栄誉を帰することを不可能にしているのである。神と神を侮蔑する罪深い人間の間を表している最も顕著な例は、十字架の光景において見られる。ユダヤ人たちは、「イエスを十字架に付けた。また、イエスと一緒にほかの二人をも、イエスを真ん中にして（mesos）両側に、十字架に付けた」（一九章一八節）。つまり、イエスは犯罪人と犯罪人の間に掛けられたのである。ルカによる福音書二三章三九節によれば、イエスと共に十字架に掛けられたこの二人の犯罪人の一人は、イエスをののしり、侮蔑している。[741] 御子とこの犯罪人の「間（mesos）」は、悲劇的に隔離したままである。

　ヨハネによる福音書においては、人間のこうした無知、不信仰、不遜といった否定的態度は、御子だけに対するものではない。「あなたたちは、私も私の父も知らない。もし、私を知っていたら、私の父をも知っていたはずだ」（八章一九節。Cf. 一六章三節）と御子がファリサイ派の人々に語っているように、もし、人々が御子を知らないのなら、御子以外によっては決して知られることのない御父を知ることはない。御子を見たり、御子に聞いたり、御子を知ることなしに、人々は御父を見たり（一章一八節、五章三七節、六章四六節）、御父に聞いたり（五章三七節）、御父を知ることはない（四章二二節、七章二八節、八章五五節、一五章二一節）。御子御自身も明確に述べているように、世は御父を知らないのである（一七章二五節）。さらに、新たに上から、つまり「霊から」（三章六節、八節）生まれた者ではないこの世の人々は、「真理の霊」である「この霊を見ようとも、知ろうともしない」（一四章一七節）。御父に対する無知と同様、聖霊に対する無知と御子に対する無知には深い関係がある。聖霊は御子のものを受けて、それを弟子たちに告げ（一六章一四節以下）、御子の語った

741　ここで、御子は真ん中という栄誉ある場所にあり、犯罪者の不遜な態度と見事な対比がなされている（Cf. Beasley-Murray, p.346 は Strack, H. & Billerbeck, P., *Kommentar zum Neuen Testament*, 1-p.835 に依拠している。これによれば、ユダヤ人の習慣では、三人の人がいる時は、真ん中が最も栄誉ある場所である。Cf. also Westcott, p.274.）。

言葉をすべて思い起こさせる（一四章二六節）。もし、人々が御子と御子の言葉を知らなければ、当然、聖霊における御子の業を認識できないし、聖霊を知ることもできないであろう。したがって、御子を知らない人々は、御父をも聖霊をも知ることができないのである。

　御子に対する人間の無知が、御父と聖霊に対する人間の無知に繋がるように、御子に対する不信仰と不遜は、御父と聖霊に対する不信仰と不遜に繋がる。御子は御父の名前で来たので（五章四三節）、御子を受け入れないことは、御父を受け入れないことに等しい。同様にして、聖霊の役割は御子の役割と不可分であるから、結局、聖霊を受け入れないことにも繋がる（一四章一七節）。また、御子が述べているように、「子を敬わない者は、子をお遣わしになった父をも敬わない」（五章二三節）。そして、もし、御子を敬わないのなら、御子について証しをする聖霊を敬うこともないであろう（一五章二六節）。以上のことから、神に対する無知、不信仰、不遜といった人間の否定的態度、すなわち、神との不和は、神と神との間の知識、委託ないしは信頼、栄光の和と対極をなしていることが分かる。ここで、神の和が愛をそうした和の動機であることを考慮すると、神に対する人間の不和の動機は、愛とは逆の何かであると類推しうる。それは何か。御子はこの点を明確に指摘している。「あなたたちの内には、神への愛がない」（五章四二節。Cf. 八章四二節、一四章二四節）。それは愛の欠如である。代わりにその人々が愛するものは、光ではなく闇である（三章一九節）。その人々の闇に対する愛は、光に対する憎しみである。神に対するこの憎しみは、具体的に御子の迫害（五章一六節、一五章二〇節）、御子の殺害の試み（五章一八節、七章一節、一九節、二五節、八章三七節、四〇節、一一章五三節）という形で顕在化する。神と人間の間は究極的に神に対するこの憎しみにおいて現れる。「だれも行ったことのない業を、私が彼らの間で（en）行わなかったなら、彼らに罪はなかったであろう」（一五章二四節）。彼らの「間」で、つまり、彼らと神の間で行われた神

742　日本語訳では「間」であるが、原語では「中（en）」である点に留意。

第二部　三間一和論

の業が、人間の罪、人間の神に対する憎しみ（一五章一八節、二三節）を晒け出すのである。ではなぜ、人々は神を憎むのか。御子はその理由を明示している。「『人々は理由もなく（dōrean）、私を憎んだ』と、彼らの律法に書いてある言葉が実現するためである」（一五章二五節）[743]。人々が神を憎む理由は、逆説的に、理由がないためである。人々は御子を見、また、御子は人々に語りかけたのに、それでも人々は御子を憎んだのである。そして、他に理由がないのなら、その責任は憎む行為を行っているその本人以外に求めることはできない。したがって、御子は「今は、彼らは自分の罪について弁解の余地がない」（一五章二二節）と語ったのである。神に対する人間の理由なき憎しみは、人間のその罪を最も邪悪なものとする。憎しみの原因は、人間のその罪にしか求めることができないからである。

　ヨハネによる福音書は、人々の罪の原因についてこれ以上解説せず、人間の罪を所与のものと見なしている[744]。その代わり、罪人に対する神の裁きに注意を向ける。神に対する理由なき憎しみに基づく人間の無知、不信仰、不遜は、神の裁きに直面する。御子が宣言しているように、「御子を信じる者は裁かれない。信じない者はすでに裁かれている。神の独り子の名を信じていないからである。光が世に来たのに、人々はその行いが悪いので、光よりも闇の方を好んだ。それが、もう裁き（krisis）になっている」（三章一八節以下。Cf. 八章二一節、二四節、二六節、一二章四八節、一四章二四節）。ここで「裁き（krisis）」という用語は、結果を意味する「裁き（krima）」とは対照的に、裁きの過程を意味するから、終末的に裁きはすでに始まっているのである。つまり、人間はすでに別々の方向へ移動し始めているのである。ある人は救いの光へ、別の人は裁きの闇へ向かっている[745]。人と人との間に御子が現れたことは、罪人に対する裁きの宣言であると同時に、その裁きの始まり、過程なのである[746]。裁きは、救

743　Cf. 詩編六九編五節（Cf. Barrett, p.482.）。
744　Smith, D. M., *The Theology of the Gospel of John*, p.81.
745　Beasley-Murray, p.51.
746　Westcott, p.56.

いの光を見ずに神の怒りを受けることであり（三章三六節）、この神の裁きは、御父だけのものではなく、御子のものでもあり（五章二二節、三〇節、八章一六節、九章三九節、一二章四八節）、また、聖霊のものでもある（一六章八節、一一節）。[747] したがって、罪人は御父、御子、聖霊の裁きを引き起こし、この裁きは義なる神と罪深い人間との間を広げ、また深めるのである。

（b）神と人間との間の和

　神と人間との間は、暗い「闇」の側面においては、罪深い人間を神から引き離す裂け目であるが、明るい「光」の側面においては、神が人間との間に確立する和によって満たされうるものである。この和は、神によって人間との間に確立されるゆえ、神と神との間の和と同様に、知識と信仰と栄光の関係によって特徴付けられる。神はどのようにして人間との間にこのような和を造り出すのかを考察しよう。

　まず第一に、神と人間との間の和は、知識に基づく関係である。この関係はどのようにして生じるのか。特に、どのようにして人間は神を知るようになるのか。「父の懐にいる独り子である神、この方が神を示されたのである」（一章一八節）。[748] 御父と和を保っている御子が、主権的に神を知らせたのである。このために、神は神に関する情報のみを天から地へ送ることなく、神御自身である御子がこの世を訪れたのである。つまり、御子は、「肉となって、私たちの間に宿られた」（一章一四節）。ここで「肉」とは、「神と区別されたものとしての人間の性質を最も徹底した形で表している」。[749]「肉となって」という表現は、御子御自身が「神的領域とは全く異なるこの世の人間的領域」に入ったことを意味している。[750] そして、

747　Barrett, p.339.
748　Cf. Barrett, p.81：「イエス御自身が御父を知っており、イエスの働きはこの知識を人々に伝えることにあると要約できる」。
749　Barrett, pp.164f. Cf. Schnackenburg, 1-pp.267f.
750　Bultmann, p.62. cf. Barrett, p.165.

御子は「私たちの間に」宿ったのである（一章一四節）[751]。一方で、御子は御父との間に和を保持している神であり、他方で、人と人との間の人間である。したがって、「真に神、真に人間として、御子は神と人間との間の存在論的調停者」であり[752]、神と神との間の和が、神と人間との間を調停するのである。神と人間との間の暗い側面の一つは、先に見たように、神に対する人間の無知であったが、これは神と神との間の和の特徴の一つである知識によって克服され、人間は神の内的な知識を通して、神を知りうる[753]。

　このことは、良い羊飼いの譬え（一〇章一節以下）において、明確に叙述されている。「羊飼いは自分の羊の名を呼んで連れ出す」（一〇章三節。Cf. 一〇章二七節）。これは羊飼いが、各々の羊の名を知っていることを意味する[754]。また逆に、連れ出された羊は羊飼いの声を知っているので、付いて行く（一〇章四節。Cf. 一〇章三節、二七節）。「しかし、ほかの者には決して付いて行かず、逃げ去る。ほかの者たちの声を知らないからである」（一〇章五節）。羊飼いと羊は、相互に知り合っているのである[755]。この相互知識の根拠は、羊飼いである御子御自身が明確にしている。「私は自分の羊を知っており、羊も私を知っている。それは父が私を知っておられ、私が父を知っているのと同じである（kathōs）」（一〇章一四節以下）。ここで、二つの重要な事柄が示唆されている。第一に、「同じである（kathōs）という用語は、……単なる比較以上のものを示している。御父なる神と御子の関係は、イエスとイエス御自身の羊との交わりの原型で

751　Barrett, p.165.

752　Barrett, pp.74f. テモテへの手紙一の二章五節では、御子は神と人間との間の「仲介者（mesitēs）」と表現されている。御子が真に神であり、真に人であるという主張は、キリスト教の比類無き宣言である（Cf. Jenson, R. W., *The Triune Identity*, pp.61,64,66,83.）。

753　Cf. Westcott, p.14.

754　Plummer, p.217.

755　御子と弟子たちの相互関係については、cf. Appold, M. L., *The Oneness Motif in the Fourth Gospel*, pp.18f.

第六章　神の和の神学の聖書的基盤

あり、また、その理由でもある」[756]。神と神との間の知識の関係は、神に対する人間の知識の関係に先立っているのである。第二に、神における知識の関係は相互的であったが、神と人間との知識の関係は、不平等における相互性を持つ。「私は自分の羊を知っており、羊も私を知っている」（一〇章一四節）とあるように、最初に羊飼いが羊を知り、その上で、羊は羊飼いを知るのである。すなわち、羊飼いの知識は、羊の知識に先立つ[757]。したがって、神における相互の知識に基づく和の関係を人間との知識の関係に反映させるのは、羊飼いである御子であって、人間にはその主権性はないのである。

では羊である人間は、神の何を知るのか。御子を知る人間は御父を知り（一四章七節。Cf. 一〇章三二節、一七章六節、二六節）、御子の御父からの由来を知り（一七章三節、八節、二五節）、御父の言葉を知り（一七章八節、一四節）、御子が御父から聞いたすべてを知り（一五章一五節）、これらすべてが御父に由来することを知る（七章一七節、一七章七節）[758]。要するに、人間は御父と御子の存在論的、動的な関係、つまり、御父と御子の和を知るのである。そして、人間が御父と御子をそのような者として知るなら、人間は聖霊をも知るのである。御子が約束しているように、「父は別の弁護者を遣わして、永遠にあなたがたと一緒に（meta）いるようにしてくださる。……あなたがたはこの霊を知っている。この霊があなたがたと共に（para）おり、これからも、あなたがたの内に（en）いるからである」（一四章一六節以下）[759]。ここで、人間が神を知るようになる決定的理由が明白である。聖霊が人間と共におり、人々の内にいるからである[760]。

756　Schnackenburg, 2-p.297. Cf. Barrett, p.375; Carson, p.387; Plummer, p.221; Westcott, p.155.

757　Cf. Bultmann, 383.

758　Cf. Bultmann, 32.

759　Cf. The British Council of Churches, *The Forgotten Trinity 2*, p.23:「霊は神が私たちの父であり（ガラテヤの信徒への手紙四章六節）、イエスが主である（コリントの信徒への手紙一の一二章三節）ことを教える」。

760　Barrett, p.463. Cf. Plummer, p.279; Schnackenburg, 3-p.76; Westcott, pp.205f.

人間とのこうした親密な関係に基づいて、聖霊は人間にすべてのことを教えるのである（一四章二六節、一六章一三節）。聖霊の業を通して、人間は御子が御父におり、人間が御子の内におり、御子が人間の内にいることを知る（一四章二〇節）。先に見たように、御子は御父の内におり、御父も御子の内におり、相互に知り合っている。もし、そうなら同様にして、人間が御子の内におり、御子が人間の内にいるということは、御子と人間が、また、御子を通して神と人間が相互に知り合いうることを示している。そして、神が主権的に、御自身における知識の関係を人間に反映させて、人間に御自身を知らせるのである[761]。このようにして、神と人間との無知の間は、神と神との間の知識の和によって満たされるのである。

　第二に、神と人間との間の和は、委託と信仰に基づく関係である。神に対する人間の知識の関係は、神に対する人間の信仰の関係と深く結び付いている。実際、ヨハネによる福音書では、神を知っている人が神を信じるようになる多くの例を挙げている[762]。この福音書には、御子を表面的にし

---

[761] 御子と、御子を通して神を真に知らない人は、御子によって否定的な知られ方をする。御子はそのような人の心の中（二章二五節）、神に対する愛の欠如（五章四二節）、誤解（六章一五節）、悪意（六章六四節、一三章一一節、一八節）を知っていた。

[762] Cf. Bultmann, pp.69f.n.4. 弟子たちは、カナでの婚礼で現された御子の栄光を見て、御子を信じ（二章一一節）、生まれつき目が見えなかった人は、癒されて後御子を見て、信じ、礼拝している（九章三七節以下）。確かに、多くの人（一〇章四二節）や多くのユダヤ人（一一章四五節、一二章一一節）が、御子のすることを見て、信じている。シモン・ペトロともう一人の弟子は、空の墓を見て信じた（二〇章八節）。また、見るだけではなく、聞くことも信仰へと繋がる。バプテスマのヨハネの役割は御子について証しをすることであり、それは、すべての人が信じるためである（一章七節。Cf. 一章三二節以下）。十字架の光景を見た証人（一九章三五節）やヨハネ自身（二〇章三一節）の役割も同じである。さらに、多くのサマリア人は、イエスと出会ったサマリアの女の証言によって御子を信じ（四章三九節）、それ以上の人々が、御子の語る言葉によって信じた（四章四一節）。御子の羊が御子の声を聞き、従う（一〇章二七節）のも、羊が御子の声を知っており（一〇章四節）、御子を信頼しているからである。信頼していなければ、羊は決してついて行かないで

か知らない人が見せかけの信仰しか持っていないことを示す例も多く記録しているが、もし、人々が御子を真に知れば、人々は御父に引き寄せられて常に御子を信じるようになる。その人々は、御父が御子に与えた人々であり（六章三七節、三九節、一七章六節、八節）、神に属し（八章四七節）、御子の羊であり（一〇章四節、二六節以下）、真理に属する（一八章三七節）[763]。

したがって、ヨハネによる福音書では、神に対する人間の態度としての「知る」と「信じる」という用語は、しばしば殆ど同義語として利用される[765]。シモン・ペトロは、「あなたこそ神の聖者であると、私たちは信じ、また知っています」と告白している（六章六九節。Cf. 一一章二七節、二〇章三一節）。また、御子の行っている御父の業を信じることは、「父が私の内におられ、私が父の内におられることを……知り、また悟る」ことと切り離せない（一〇章三八節。Cf. 一四章一〇節以下、二〇節、一七章二一節）。知り、理解することと信仰の密接な関係は、御子に対する弟子たちの信仰告白によっても明白である。「あなたが何でもご存じで、だれもお尋ねする必要のないことが、今、分かりました。これによって、あなたが神のもとから来られたと、私たちは信じます」（一六章三〇節。Cf.

あろう。

763　御子の印を見ることは、必ずしも真の信仰に至らない。御子はある時、御自身の印を見て、信じた人々を信用しなかった（二章二三節以下。Cf. Bultmann, p.131）。御子に対する同様の表面的な信仰は、ガリラヤの人々（四章四五節）や群衆（六章三〇節）などにも見られる。議員の中には、信仰を公に告白できない者もいた（一二章四二節）。また、御子の語る言葉や証しを聞くこと自体によって、常に人々が真の信仰に至るわけではない。信仰を持ったユダヤ人の中には、イエスを殺そうとしている者もいた（八章三一節以下）。

764　Cf. Schnackenburg, 1-p.261:「ヨハネにおいては、……信仰者をイエスに引き付け、ゆだねるのは御父である」。

765　Cf. Barrett, p.307. したがって、信仰を知識より劣るものと解釈したグノーシス主義は、ヨハネによる福音書とは全く異質である（Smith, D. M., *The Theology of the Gospel of John*, pp.98f. Cf. Barrett, pp.81f.）。

一六章二七節)。他方、弟子たちのこうした信仰を、御子も確認している。弟子たちは、御子が御父から出て来たことを「本当に知り」、御子が御父に遣わされたことを「信じた」と御子は御父に語っている(一七章八節。Cf. 一七章二一節、二三節)。したがって、ヨハネによる福音書では、「『信じる(pisteuein)』と『知る(ginōskein)』は、その目的語に関して区別されていない」と言える。そして、知り、信じることは一言で言うと、御子の御父との密接な関係、御父と御子の和である。つまり、もし、人間が真に御子を信じるなら、人間は御子を遣わした御父をも信じ(一二章四四節、一三章二〇節。Cf. 六章二九節、一一章四二節、一六章二七節、三〇節、一七章二一節)、両者の相互内住も信じるようになる(一四章一〇節以下)。御子が弟子たちに、御父なる神と自分とを信じなさいと語ったように(一四章一節)、両者に対する信仰は不可分なのである。

　このような真の信仰は、内的に敬虔なものであると同時に、外的に活発なものである。もし、人間が真に御子を信じるのなら、御子が「私を信じる者は、私が行う業を行い、また、もっと大きな業を行うようになる」(一四章一二節)と語っているように、人間はその信仰を実践するようになる。先に見たように、信仰者の行う業は御子の業であり、また、もっと大きな業は聖霊の業である。このことは二つの重要な事柄を意味する。第一に、御子と聖霊は、ここで信仰者に業を委託している。御子と聖霊は、信仰者を知っており、それゆえ信頼することができ、業を委託することができるのである。第二に、逆に信仰者も、御子と聖霊を知っており、信じており、それゆえ、自分たちを御子と聖霊に完全にゆだね、その業を行うことができるのである。御子と聖霊の業が密接に関係しているように、信仰者の御子に対する信仰と聖霊に対する信仰も密接に関係している。

766　Bultmann, p.435.n.4.

767　Brown, 2-p.625.

768　Cf. Lindars, B., John, p.40:「読者はイエスを信じるように呼びかけられている。それは、自己を彼にゆだねることを意味する」(Cf. also *ibid.*, p.73.)。Cf. also Boff, L., *Trinity and Society*, p.160.

つまり、信仰者が御子を知り、信じることと、聖霊を知り、受け入れることは不可分である（一四章一七節）[769]。ここで、「受け入れる」という用語は事実上、「信じる」という意味であるから[770]、真の信仰者は御子だけではなく聖霊も、そして、この両者と不可分の御父なる神をも信じ、自己を神にゆだね、神の業を実践し、他方、その神は御自身の業をそのような信仰者に委託しているでのある。神と信仰者の関係は、このように相互的であるが、それは同等の関係ではない。御子が御父に「私を世にお遣わしになったように、私も彼らを世に遣わしました」と語っているように（一七章一八節。Cf. 一三章二〇節）、信仰者が御子によって世に送られ、神の業を行うことは、御父と御子との間の業に関する委託の関係がその原型となっているのである。神御自身の内の相互の委託関係があって初めて、信仰者と神との信仰に基づく関係が生まれるのである。御父による御子の派遣が、御子による弟子たちの派遣に先立つのは、このことを示している。この弟子の派遣は時間的に限定されたものではなく、未来に向かって開かれている。後に御子が弟子たちに、「父が私をお遣わしになったように、私もあなたがたを遣わす」（二〇章二一節）と述べ、息を吹きかけ、聖霊を与えたように（二〇章二二節）、聖霊によるより大きな業を行うことを通して、弟子たちは神との信仰と委託の関係をさらに深めていくのである。神と罪人との間は、人間の神に対する無知と不信仰であり、それに対して、神と

769　Bultmann, p.616.

770　ヨハネによる福音書で「信じる」の同義語として用いられている語句には、「に来る」（三章二〇節以下、五章四〇節、六章三五節、三七節、四四節以下、六五節、七章三七節）、「食べる」（六章四七節、五〇節以下）、「飲む」（四章一四節、六章五三節以下、七章三七節、三九節）、「従う」（三章三六節）、「ついて行く」（一章三七節以下、四〇節、四三節、六章二節、八章一二節、一〇章四節以下、二七節、一二章二六節）、「言葉にとどまる」（五章三八節、八章三一節）、「言葉を守る」（八章五一節以下、一四章二三節、一五章二〇節、一七章六節）、「掟を守る」（一四章二一節、一五章一〇節）、「受け入れる」（一章一二節、三章一一節、三二節以下、五章四三節、七章三九節、一二章四八節、一三章二〇節、一四章一七節、一七章八節）などがある。Cf. Beasley-Murray, p.217.

神との間の和は知識と委託の関係である。したがって、神が主権的にこの和を人間に反映させるなら、人間は神を知り、神を信じ、神に自己をゆだねる関係を保ち、深めることが可能となる。人間を神から隔離させるその間は、神の和によって満たされうるのである。知識と委託の関係である神と神との間の和によって神と人間との間に和を確立する可能性が、ここに与えられている。

　第三に、神と人間との間の和は、栄光と尊敬に基づく関係である。神と人間との信仰と委託の関係は、神と人間との栄光と尊敬の関係に密接に結び付いている。真の信仰は単に省察的なものではなく、実践的なものであり（一四章一二節）、真の信仰者が行う業は根本的に神が信仰者との和において行う業である。したがって、神の業を成し遂げる時の御父、御子、聖霊の相互の委託の関係が、相互の栄光の関係に繋がるように、神の業を行う人間と神との信仰と委託の関係も、相互の栄光の関係に繋がるはずである。人間の行う神の業が、神の主権的働きによって可能となり、人間が神の業に参与するなら、神の内の相互関係が、神と人間との相互関係においても反映されるはずである。次に、神の内の栄光の相互関係が人間との関係においてどのように反映されるのかについて検討しよう。

　十字架での死を頂点とする神の業を成し遂げる時、御子は御父と聖霊によって栄光を受けることを先に見たが、信仰者がこの神の業に参与することが許される時、御子は、神の業を行うことを通して神の栄光を現す信仰者によっても栄光を受ける。信仰者は栄光ある神の業を行うこと自体によって、御子に栄光を与えるのである。さらに、信仰者は神の業を行うことによって、神の御心に完全に従順になるため、神を敬う。御子が御父に語った「私は彼らによって栄光を受けました」との言葉には（一七章一〇節）、この栄光と尊敬の二重の意味が含まれている。[771] この意味での栄光は単に過去の出来事ではなく、未来の出来事でもあり、御子がこの世に弟子たちを遣わし（一七章一八節。Cf. 一三章二〇節）、さらに、聖霊と共に

771　Cf. Westcott, p.242.

遣わし（二〇章二一節以下）、弟子たちが神の業を将来にわたって継続し、神に栄光を与えることが期待されている。このような栄光は御子だけに対するものではなく、同時に御父と聖霊に対するものでもある。ぶどうの木の譬え話において（一五章一節以下）、農夫と木と枝はそれぞれ、御父、御子、人間を表しており、御子が「あなたがたが豊かに実を結び、私の弟子となるなら、それによって、私の父は栄光をお受けになる」と語っているように（一五章八節）、人々が御子の業を御子との和において首尾よく行うことで実を結ぶなら、農夫である御父もまた、栄光を受ける。それは、農夫である御父は、御自身の育てているぶどうの木である御子の栄光によって栄光を受けるからである。「私の名によって願うことは、何でもかなえてあげよう。こうして、父は子によって栄光をお受けになる」（一四章一三節。Cf. 一五章七節、一六章二三節以下、二六節）という御子の約束も、人々の御子との繋がりが栄光ある業を通して御父とも繋がっていることを明示している。同様にして、もし、人々が聖霊のより大きな業を首尾よく行うなら、聖霊は確かに栄光を受け、同時に、その栄光は御父と御子によっても共有されるであろう。

しかし、ここで、人々が神に栄光を与えることができるのは、神がまず最初に人々に栄光を与え、人々がそれを自分たちにおいて、そして、それを通して神に向かって反射しているためであることに留意しなければならない。ヨハネによる福音書は、冒頭においてすでにそのことを示唆している。「言は、自分を受け入れた人、その名を信じる人々には神の子となる資格を与えた。この人々は……神によって生まれたのである」（一章一二節以下）。信仰者は、神の子となる栄光ある身分を与えられる。まず、神が栄光を信仰者の誕生において与えるのである。この「言」とは「神」であり（一章一節）、人間を照らす光であり（一章四節、九節）、この光を信じる人は、「光の子」となる（一二章三六節）。信仰者は、光の子として、光である神によって栄光を受けている。光の子である限り信仰者は、その存在と行動のすべてにおいて、神の栄光を自分自身において輝かせ、それを神に照り返しているのである。

第二部　三間一和論

以上の考察から、神と人間の栄光と尊敬の関係に関して、三つの重要な側面を指摘できるであろう。第一に、神の内の栄光の和に参与することによって、人間は神と栄光の関係を保持することができる。第二に、神と人間のこの和の関係は、神が人間に神の子という栄誉ある地位を与えることで人間に栄光を与え、神の栄光を宿す光の子として栄光の道を歩ませ、他方、信仰者は神に与えられた栄光を神に帰し、また、神の業を従順に行うに当たり神を敬うことによって神に栄光を与えるため、相互的であると言える。しかし、この栄光の関係は、神がまず主権的に人間に栄光を与えるため、同等の関係ではない。第三に、神に対する人間の無知と不信仰に見られる神と人間との間が、神に対する人間の知識と信仰の和によって満たされるように、神に対する人間の不遜に見られる神と人間との間は、神と人間の栄光と尊敬の和によって満たされうるであろう。

　このように、神と人間の間に橋を架けるのは神の主権的な働きであり、神に対して無知、不信仰、不遜の態度を取る人間を神と結び付けるものは、神の知識と委託と栄光の和である。もしそうなら、神がそうする動機は何であろうか。何が神の人間との間の和を可能にするのであろうか。それは、御父と御子の知識の関係の動機が愛であったように（五章二〇節）、人間に対する神の愛である（一四章二一節）。人間に対する御子の愛が、神御自身を人間に知らせるのである。この神の愛を明らかにするために、御子が実際にどのようにして、それを弟子たちに実践したかに焦点を当てよう。

　御子が弟子の足を洗ったことは、弟子に対する御子の愛を究極の形で示した最高の出来事の一つであろう。この出来事において御子は、「世にいる弟子たちを愛して、この上なく愛し抜かれた」（一三章一節）。足を洗うことは奴隷の役目であったことを考慮すると、御子は弟子たちを御自身の奴隷とせず、御自身が言わば彼らの奴隷になったのである（一三章五節）[772]。弟子たちに対する愛のゆえに、御子御自身が身をかがめ、彼らに仕

---

[772] Cf. Smith, D. M., *The Theology of the Gospel of John*, p.118:「足を洗うことは最も謙遜な奉仕であり、通常奴隷によってなされ、目上の者が目下の者や僕にすることは確かになかった。それにもかかわらず、イエスはこの謙遜な

えた。このようにしてのみ、弟子たちは御子と関係を持つことが可能になる（一三章八節）。御自身が謙遜になり、他者に仕え、関係を生み出すことは、神の愛の本質的な性質である。この神の愛は、御父、御子、聖霊が相互に保っている愛に由来する。先に見たように、この愛を動機とする神の和は、相互に等しく仕え、相互に等しく従属する関係である。弟子たちに対する御子の謙遜な行為も、この神が神と神との間で相互に実践している和の本質的な性質なのである。ここで、御子が弟子たちを愛する理由も、さらに明確になる。御子御自身が弟子たちに、「父が私を愛されたように、私もあなたがたを愛してきた」（一五章九節）と語っているように、神の内における相互の愛の実践が、人間に対する神の愛の原型となっているのである。この愛に基づいて神は、御自身を人間に現し、知らせた（一四章二一節）。

　神と人間の知識、委託ないし信仰、栄光の関係が相互的であったように、両者の愛の関係も相互的である。もし、御子が人間を愛し、御自身を知らせるなら、人間は御子を知ることができる。そして、もし、人間が御子を真に知るなら、彼を信じ、彼に栄光を与える。これらの人間の態度の背後には、神に対する人間の愛がある。御子が弟子たちに語っているように、「あなたがたは、私を愛しているならば、私の掟を守る」（一四章一五節）。御子に対する愛に基づいて、弟子たちは御子の語る言葉を受け入れる。逆に言うと、弟子たちが御子の掟を受け入れることは、弟子たちが御子を愛していることの証明である（一四章二一節）。そして、この愛は御子だけに対するものではなく、御父と聖霊に対するものでもある。もし、弟子たちが御子の掟を守るなら、御父と聖霊の掟をも守るはずである。御子の掟は御父に由来し、それは聖霊に受け継がれるからである。この御父、

　　奉仕を御自分の弟子たちになされた」。Cf. also Barrett, p.440; Beasley-Murray, p.233; Bultmann, p.466; Carson, p.462.

773　Cf. Gruenler, pp.90f.

774　Cf. Brown, 2-p.646: 神に対する「愛とその掟を守ることとは、同一の生き方の二つの異なった側面である。愛は掟を守ることを動機付ける」。

御子、聖霊の結び付きに基づいて、御子の掟を守ることは御父から愛されることにも繋がり（一四章二一節、二三節。Cf. 一六章二七節、一七章二三節、二六節）、同様にして、聖霊から愛されることにも繋がるであろう。このように、神と人間の愛は相互的なものであるが、神と人間の知識、委託ないし信仰、栄光の関係と同様に、これは同等の関係ではない。人間の神に対する愛は、神が最初に人間を愛され、それがどのようなものであるかを示したことによって可能となる。「模範」（一三章一五節）は常に御父、御子、聖霊なる神から人間に与えられる。「私が父の掟を守り、その愛にとどまっているように、あなたがたも、私の掟を守るなら、私の愛にとどまっていることになる」と御子が弟子たちに語っているように、人間が神の掟を守ることも、神との愛の関係を保つことも、神御自身の内のそのような関係が模範となっていて、それが人間に反映されるためである。

　ヨハネによる福音書においては、人間に対する神の愛が、人間に対する御子の愛から切り離せないように、抽象的な概念や観念ではなく、常に具体的な特定の出来事である。「神は、その独り子をお与えになったほどに、世を愛された」（三章一六節）[775]。ここに、この世に対する神の愛が、御自身の独り子を遣わすだけでなく、与えるという具体的な特定の出来事として表現されている。この「与える」という用語は、受肉のみならず、十字架上での御子の苦難をも指し示している[776]。神は、愛において御子を人と人との間に送り、神と人間との間に和を創造し、御子は続けて十字架の死に至るまで神と人間とに仕えた[777]。受肉から十字架に至るまで、御子は最大限謙遜にこの世に仕えた[778]。この謙遜な御子の奉仕をペトロが拒んだ

775　Cf. Dodd, p.307: この節は、この福音書における根本的なテーマである。

776　Cf. Westcott, p.54. Cf. also Plummer, p.106.

777　Brown, 1-p.134.

778　Dodd, p.200 でドッドは、この十字架において神の愛が「極めて具体的に、現実的に」表現されていると強調している。

779　Gruenler, pp.xf.

のは、彼の高慢のせいであったように（一三章八節）、一般に人間がこの御子を受けれないのは、人間の高慢のせいである。ブルトマンが論じているように、このペトロの拒絶の言葉は、「救いの業を低いものにおいて見出すことに対する拒否、神を僕の形において見出すことに対する拒否」を表している。しかし、人間に対する救いの神の関係は、従属の関係である。神は、救いを必要とする人間に対して僕の形で出会う。このようにしてのみ、神は人間との間に和を創造するのである。自分の命は謙遜な低き僕によってではなく、高貴な名誉ある人によって取り扱われなければならないという人間の高慢は、この和を破壊するのみである。先に見たように、神に対する人間の憎しみには理由がない。謙遜な僕に対する憎しみには理由がない。その理由はただ、人間の罪の内にのみ存在する。罪は言い換えると、人間の自己愛であり、これによって人間は、高慢にも自分で想定している高貴で名誉ある自己の姿を愛する。人間のこの自己愛と神に対する憎しみはひどく呼応している。

　それにもかかわらず、人間の神に対する憎しみは、神の愛によって克服され、根絶され、満たされる可能性がある。人間に対する神の愛が、神に対する人間の愛を呼び出し、人間が神を知り、信じ、神に栄光を与え、それによって、神の和が神と人間との間を埋める可能性がある。神と人間の悲劇的な間は、神の愛の主権的働きによって現実となる和の創造の場でもある。先に見たように、神と人間の和の無い間は、神の裁きを引き起こすだけであるが、人間が自己の高慢に基づいて自己と自己の命を愛することをやめ、それを憎むなら、永遠の命が人間に約束されている（一二章二五節）。

　最後に、神と人間の間の和がもたらす永遠の命について検討しよう。ヨハネによる福音書においては、和という用語は出て来ないので、いかにして、神に対する人間の知識、信仰、栄光の関係が神との一致に繋がり、人

780　Barrett, p.441.

781　Bultmann, p.468.

第二部　三問一和論

間に永遠の命をもたらすのかについて考察しなければならない[782]。

　永遠の命について、ヨハネによる福音書は極めて明快な記述をしている。御子が御父に、「永遠の命とは、唯一の真の神であられるあなたと、あなたのお遣わしになったイエス・キリストを知ることです」と確認しているように（一七章三節）、御父なる神を知り、御父の遣わした御子を信じること、つまり、派遣を通して保持されている両者の和を知ることが永遠の命に結び付いている[783]。人間が神を真に知ることは、御自身を知らせる神のみによって可能となり（一七章六節）、この真の知識は神を信じることと不可分であるから、神に対する信仰も人間の永遠の命と結び付いている（五章二四節、六章四〇節）[784]。したがって、ヨハネによる福音書には、神を信じる人が永遠の命を持つようになることを示した言明が多い（三章一五節、一八節、三六節、六章四七節、八章五一節、一〇章二七節以下、一一章二五節以下）。このことが強調されているのは、まさしくヨハネによる福音書は、信じる者が「命を受けるため」に書かれたからである（二〇章三一節）。神の愛が御父、御子、聖霊を相互に生かしていることを先に見たが、人間に対する神の愛が同様にして、信じる人々に命を与え、生かす。「神は、その独り子をお与えになったほどに、世を愛された。独り子を信じる者が一人も滅びないで、永遠の命を受けるためである」（三章一六節）。この永遠の命を人間は実際に、どのように受け取るのか。信じるということは、神と神の愛が提示するものを受け入れることである。つまり、信仰者とは、御子を神によって捧げられた物として受け入れる者のことである[785]。御子御自身がこのことを、飲食という観点から譬えによって説明している。「人の子の肉を食べ、その血を飲まなければ、あなたたちの内に命はない。私の肉を食べ、私の血を飲む者は、永遠の命

782　Cf. Appold, M. L., *The Oneness Motif in the Fourth Gospel*, pp.284f.

783　Bultmann, p.491.

784　Cf. Westcott, p.87:「永遠の命の二つの条件は、（1）御子によってなされた啓示を知ることと、（2）その真理を信じることである」。

785　Westcott, p.54.

第六章　神の和の神学の聖書的基盤

を得、私はその人を終わりの日に復活させる」(六章五三節以下。Cf. 六章二七節、三三節、三五節、四一節、四八節、五〇節以下)。多くの学者が指摘するように、これは聖餐式に関係する言明である[786]。肉と血は、「(ヘブル語の『肉と血』という慣用句が示すように)受肉した神の御子の全生涯」を指す[787]。そして、特に肉は受肉によって始まった御子の命の始まりを(一章一四節)、血は十字架上で流されたため、十字架で頂点に達した御子の命の終わりを象徴している(一九章三四節)[788]。したがって、御子の肉を食べ、血を飲むことは、御子の全生涯を受け入れることを意味する。そして、このことを通して御子と信仰者は、相互に内在するほど密接な関係に入る。これは、「私の肉を食べ、私の血を飲む者は、いつも私の内におり、私もまたいつもその人の内にいる」という御子の約束である(六章五六節)。ここで重要なことは、この節の後半部分の語順である。御子の肉を食べ、御子の血を飲むことで、その人の内にまず御子が入るのではなく、御子がまずその人々を御自身の内に招き、そのようにして初めて、人々はその内に御子を持つのである。この同等ではないものの、相互の内住関係は、人間に対して決定的な結末をもたらす。人間が御子の内にいるとは、御子は御父と聖霊と不可分であるから、人間が三間一和の神の内にいることと同義である[789]。三間一和の神は、相互に生きた関係を保っている。御父、御子、聖霊は生きた和を保っており、この生きた和が、神と人間との関係においても反映されると御子は述べている。「生きておられる父が私をお遣わしになり、また私が父によって生きるように、私を食べる者も私によって生きる」(六章五七節。Cf. 五章二六節)。しかし、このことは御父と御子のみが人間に命を与えることを意味しているのではない。永遠の命を与えることにおいて、聖霊の役割も無視されてはならない。「永

786　Cf. Barrett, p.299; Brown, 1-pp.284f.; Bultmann, p.235; Schnackenburg, 2-pp.60ff.

787　Barrett, p.299.

788　Cf. Westcott, p.107.

789　Cf. Carson, p.298. Cf. also Barrett, pp.299f.

遠の命を与えるのは〝霊〟である」（六章六三節）。命を与える者としての聖霊に関するいくつかの重要な記述がヨハネによる福音書にはある。御子が、「私が与える水はその人の内で泉となり、永遠の命に至る水がわき出る」と語り（四章一四節）、御子を信じる者は「その人の内（koilia）から生きた水が川となって流れ出る」（七章三八節）と語った時、この「水」によって御子を信じる者が「受けようとしている〝霊〟」（七章三九節）を意味していた。したがって、ここでは、御子が信仰者に聖霊を与え、聖霊が同時に信仰者に永遠の命を与えることが示唆されているのである。御父、御子、聖霊は生きた和を保っており、御子の全生涯を受け入れる信仰者は、この生きた三間一和の神に参与するのである。聖霊は信仰者の「内（koilia）」（七章三八節）にまで浸透することから、信仰者は三間一和の神と心深く関係し、聖霊を通して三間一和の神の内に招き入れられていると言えよう。三間一和の神の命は永遠であり、その命に参与する信仰者の命も、参与している限り永遠である。その結果、信仰者は死んでも生きる。御子は「復活であり、命である」ため（一一章二五節）、信仰者は復活して永遠に生きるのである。

御子を知り、信じることだけでなく、御子に栄光を与えることも、神が人間に与える永遠の命と深く関係している。先に見たように、御子を真に知り、真に信じる人は神の子であり、神から生まれた者である（一章一二節以下）。これを光という観点から言い換えると、御子が述べているように、「光の子となるために、光のあるうちに、光を信じなさい」となる（一二章三六節）。光を信じることによって、人間は光の子となり、その存

790　Cf. Barrett, p.304.
791　Cf. Brown, 1-p.292.
792　「『内、ないし腹（koilia）』という用語は、『心（kardia）』の類義語として用いられるし、時々七十人訳旧約聖書においてそのように利用されている」（Beasley-Murray, p.116. Cf. Schnackenburg, 2-p.156.）。
793　「私は復活であり、命である」（一一章二五節）という文は、現在形である点にウェストコットは留意している。復活は単に未来の出来事ではない（Cf. Westcott, p.168; Plummer, p.241; Schnackenburg, 2-p.330.）。

在と行為のすべてにおいて、そのような者として、その光によって神に栄光を与えるのである。この光は神であり、神が命の神であるのと同様に、光は命の光である。「私は世の光である。私に従う者は暗闇の中を歩かず、命の光を持つ」(八章一二節。Cf. 一二章四六節)。暗闇の中を歩くことは、神の裁きの下を歩くことを意味し、命の光を持つことは、神の命の中を歩くことを意味する。人間がこの神の光の中を歩む限り、人間は生きて、その光によって神に栄光を与えるのである。このように、神に対する人間の栄光の関係も、神に対する人間の知識と信仰の関係と同様に、永遠の命と繋がっていることは、言わば当然のことである。この知識と信仰と栄光の関係は、神の愛によって真に可能となるものなら、実際それらは一つであり、分離できないからである。そして、人間の引き起こした神との無知と不信仰と不遜の間は、知識と信仰と栄光の和によって満たされる可能性がここにある。つまり、神に対する人間の憎しみによって引き起こされ、神の怒りと裁きに達する間は、神の愛によって可能となり、永遠の命に達する和によって満たされうる。神と人間との間の和の実現を最も鮮明に描いた箇所も、やはり十字架上での御子と犯罪人との会話である。ユダヤ人たちは、「イエスを十字架に付けた。また、イエスと一緒にほかの二人をも、イエスを真ん中にして (mesos) 両側に、十字架に付けた」(一九章一八節)。ルカによる福音書二三章四〇節以下によれば、御子と共に十字架に付けられた犯罪人の一人は改悛の情を示しており、その人に御子は、「あなたは今日私と一緒に楽園にいる」と明確に語った(ルカによる福音書二三章四三節)。先に見たように、もう一人の犯罪人は、御子をののしったことを考慮すると、ここに「すべての人間の代表者が揃っている。それは、罪無き救い主、救われた改悛者、裁かれた冒瀆者である」[795]。御子と冒瀆者との間は裂かれたままであるが(Cf. 八章二三節)、御子と改悛者との間は永遠の命に繋がる神の和によって満たされたのである。不信仰者に

794　Cf. Schnackenburg, 2-p.422.
795　Plummer, p.328.

第二部　三問一和論

とって十字架は神の裁きの象徴であるが、信仰者にとっては永遠の命の象徴なのである。

この節の冒頭で、御父と御子と聖霊の和は、外へ向かって溢れ出て、人間にまで達すると述べたが、この出来事は十字架を通して起こることを、御子は象徴的に地上での最期において示した。そしてさらに、十字架に基づくこの和は、神と人間との間の和だけではなく、人と人との間にまで達し、そこに神と神との間の和をもたらすのである。最後に神によって可能となる人と人との間の和について検討しよう。

第三節　人と人との間の和

この最後の節の目的は、これまでに考察した神と神との間の和と神と人間との間の和の視点から、日本の風土的用語である間と和の概念を批判的に評価し、変革する点にある。戦時中日本において、和の概念や人間論が日本の全体主義的な国家主義によって容易に悪用された事実に警戒する者は、そうした概念自体を完全に葬り去らなければならないと主張するであろう。確かに、こうした概念に徐々に付加されて行った否定的な内容や意図は完全に排除しなければならないという点までなら誰でも賛成しうるであろう。しかしながら、和といった概念や日本の人間論に見られる日本的な思考枠組みまで完全に排除しなければならないのであろうか。また、そうすることができるのであろうか。神は、肉を持った人間が堕落したからといって、肉を取ることを決して拒否しなかった。逆に神は、肉を持った人間が堕落したからこそ、肉を取り、聖化し、救いの業を決定的な形で進められたのである。同様にして、神は、和の精神を持った人間が堕落したからといって、和の精神を決して拒否しないであろう。逆に神は、和の精神を持った人間が堕落したからこそ、和の精神を変革し、和の精神によって日本における救いの業を進める可能性があると言えるであろう。

(a) 人と人との間

　三間一和の神において、間と和の働きは完全な均衡を保持している。神間の統一化を行う神和は、三つの間の区別が無くなるほど神間の働きを抑制することはない。また、御父、御子、聖霊の差異化を行う神間は、一つの和が保てなくなるほど神和の働きを抑制することはない。三間一和の神においては、この二つの力は完全に釣り合っている。[796] しかし、この世においては、統一化と差異化の二つの力のうち、どちらか一方が他方を凌駕する傾向がある。この不均衡を示す代表的な例を二つ挙げよう。

　日本において、人と人との間は、人と人との和によって過度に抑制される傾向がある。人と人とを区別する間と、それによって確保される個別性や特殊性は、人々の集団性や同質性によって圧倒され易い。[797] 自己と非自己の区別は峻別されず曖昧であり、自己の属する集団に対する順応が至上命令となる。こうした傾向がいかに危険かは、先に述べた通り、日本において歴史的に明白である。これと比較して、人間に対する御子の接し方は極めて印象的である。「その光は、まことの光で、世に来てすべての人を（panta anthrōpon）照らすのである」（一章九節）。ここで目的語の「すべての人を（panta anthrōpon）」は複数形ではなく単数形であり、「一人ひとりを」という含蓄であるから、光なる御子は、一人ひとりを集団においてではなく、個別に照らすことを意味している。[798] 受肉において御子は、無名の人々の中に宿ったのではなく、むしろ、個別の人と人との間に宿り、一

796　Cf. Meeks, M. D., *God The Economist*, p.113:「キリスト教の社会的三位一体論は、人間の個別性も社会性も犠牲にしない。人間の相互交流は、個別性と社会性が相互に由来し、相互において存在していることを意味している。私たちは、他者との関係における存在である。人間であるということは、神御自身の交わり（koinōnia）のために創造された社会的存在を保つことである。教会の交わりは、神御自身の命の交わりを模範とすべきである」。Cf. also Boff, L., *Trinity and Society*, pp.5f.,84.

797　Boff, L., *Trinity and Society*, p.151 は同様の傾向を社会主義の中に認める。

798　Plummer, p.68. Cf. Appold, M. L., *The Oneness Motif in the Fourth Gospel*, pp.265f.,268; Käsemann, E., *The Testament of Jesus*, p.31; Westcott, p.7.

人ひとりを知ろうとしたのである。良い羊飼いが自分の羊の名前を全部知っているように、御子は御自身に属する羊の名前の一つひとつを知っている（一〇章三節）[799]。したがって、御子は人間を単に数や性別や人種で取り扱うことはない（四章七節以下）。名前は、一人ひとりに個別に与えられているもので、その名前を持った人間にそのようなものとして、他人から区別された存在として接する。御父と御子の間に区別があるように、その神の性質を反映した人間一人ひとりにも区別が存在するのである[800]。

　他方、西洋において、人と人との間は、人と人との和が保持できなくなるほど過度に拡大する傾向がある。これは日本の集団主義の対極をなしている。特に、西洋の極端な個人主義を、この代表例として挙げることができるであろう。この個人主義における間は、相互に人を疎外し、相互に知り会える距離にあっても、知り合うこともなく、知らないふりをし、無関心を貫き通す。自分の利益にならない他者の事柄に、かかわりを持つことを極力避ける。こうした態度の背後では、自己の事柄や利益に対する過度の関心や愛があり、それが、他者の事柄や利益に対する無関心や嫌悪とひどく呼応している。聖書に記録されている最初の殺人者カインは、弟アベルを殺したが、それは主がアベルとその献げ物に目を留め、カインとその献げ物に目を留めなかったため、カインがアベルを憎んだことに由来する[801]。カインは自分の献げ物と自分のみに関心があり、それのみを愛しており、そのことが弟に対する憎しみという形で、この出来事を通して顕在化したのである。主がアベルを殺したカインに、「弟アベルはどこにいるのか」と尋ねたところ、カインは、「知りません。私は弟の番人でしょうか」と答えている（創世記四章九節）。ここでカインは、アベルを自分から最大限引き離し、もはや両者の関係が持てなくなるようにした。最も近い関係を持っているはずの弟を、最も遠い関係に位置付けようとしたのである。これに対して、神と神との間は、相互について証しをすることがで

799　Plummer, p.217.
800　Appold, M. L., *The Oneness Motif in the Fourth Gospel*, pp.282, 286.
801　Cf. 創世記四章一節以下.

きなくなるほど離れていない。先に見たように、聖書において神間は、相互に対する証言関係という観点から明示されている。その三つの間は、相互に証しのできる距離であり、それゆえ、相互に知り合える距離である。決して、相互に知り合えないほど乖離した距離ではなく、知ることを通して、相互に信頼し、物事を委託し、それを成し遂げることによって相互に賞賛し合うことのできる距離である。この神の性質が人間に反映されるなら、相互に和を保てる間が人間に確保されうるのである。

　以上、歪曲された間を、人間に対する神の接し方と、証言関係における神の間との比較において略述した。繰り返し述べているように、神の間と神の和は相互に完全な均衡を保持しており、歪曲された人間の間の種々の弊害を顕在化し、人間における間と和の不均衡を示唆する。そして、神において間は和と完全な均衡を保っているように、人間においても間を、神の間のみならず、神の和を反映した人間の和によって変革し、理想的な均衡を保つようにする道が残されている。つまり、人間において、和が歪曲されている限り、間も歪曲されたままであるし、その逆もまた真である。人間の間と和とその不均衡は、神の間と和とその完全な均衡によってのみ変革されうるのである。したがって次に、日本の和が神の和によってどのように変革されうるかを考察しよう。

（b）人と人との間の和
　最初に、日本的な和の典型的な否定的側面を三つ挙げよう。
　第一に、日本において、人間の和はしばしば強制的に保持される。集団自体の和の重要性が過度に強調され、各個人の意志と権利は容易に抑圧される。
　第二に、日本において、人間の和はしばしばその集団に属さない人や、その集団の因習や実践に馴染まない人に対して排他的である。この和は、静的かつ同質的で、それに異質なものに対しては硬直的である。つまり、この集団の内部の者が外部の者とうまく和合してやっていくことは甚だ困難である。

第三に、日本において、そして日本に限らず、人間の和はしばしば過度の平等主義によって保持されている。これは第二の側面で挙げた同質性と関連することであり、その集団の構成員は同質であると想定するがゆえに、すべての構成員が人間として平等でなければならないとするものである。[802] これは確かに妥当な主張であるが、それが過度になる時、次のような点で非難を完全に免れうるものではない。自分は他者より劣った者として見られてはならないという主張の裏には、自分は他者より優れていなければならないという高慢が隠れていないであろうか。他者より低い者として見られてはならないという主張の裏には、他者に対する支配欲が潜んでいないであろうか。もし、人間が多くの点で他者との平等を目指し、または、他者を凌駕しようと過度に競争するなら、相互に軋轢や衝突を引き起こすことは避けられないであろう。キリスト教の観点から見れば、人間には正確な意味で平等な点は、その罪を除いては存在しない。人間は罪深さという点においてのみ、正確な意味で平等なのである。したがって、罪人としての人間は、相互に軽蔑し合い、名誉を毀損し合う点で等しいという言う方が、真実に近いのではないであろうか。罪人が、他者を自己に従属させようと躍起になる方が、一般的な現象であると言えないであろうか。こうした歪曲された和の概念に対して、弟子たちに対する御子の命令は、極めて示唆に富み、意義深い。その命令のどのような点が、こうした和を変革しうるであろうか。ニーバーが述べているように、ヨハネによる福音書は、キリストを「人間の行為の変革者」と見なしている。[803] 再び、ヨハネによる福音書に戻り、この変革のための鍵を探そう。

　御子は洗足において、弟子たちが相互にどのような関係を持つべきかを命じている。それは、明確で具体的な命令である。「主であり、師である私があなたがたの足を洗ったのだから、あなたがたも互いに足を洗い合わなければならない」（一三章一四節）。これは、御子が弟子たちに垂れた

802　ここでは、人間の平等性の法的・政治的側面にではなく、その倫理的・道徳的側面に言及する。

803　Niebuhr, H. R., *Christ and Culture*, p.204.

「模範」であり（一三章一五節）、「愛」の実践である（一三章一節）。したがって、御子はまた弟子たちに、「あなたがたに新しい掟を与える。互いに愛し合いなさい。私があなたがたを愛したように、あなたがたも互いに愛し合いなさい」とも語っている（一三章三四節。Cf. 一五章一二節、一七節）[804]。つまり、弟子たちは、御子が彼らを愛しているという事実に呼応して、相互に愛し合わなければならないと命じられているのである。御子は、御父との相互の愛の関係に呼応して（一五章九節、一七章二三節）、弟子たちを愛していることを考慮すると、御子による愛の命令は、究極的に神の愛の相互関係に基づいていることが分かる。この神の愛が、人間相互の愛の規範なのである[805]。このことは、弟子たちの相互の和の関係の在り方に大きな意義を与える。神の愛は、知識と委託と栄光を通して保たれている神和の根本的な動機である。もし、御子が弟子たちに、神の愛に倣って相互に愛し合うようにと命令しているのなら、弟子たちも、相互の知識と委託と栄光を通して和を保つことを命じられていると言えるであろう。

したがってまず第一に、三間一和の神が完全に自発的に、自由に相互に愛し合い、また、人間をも愛しているように、弟子たちは相互に自発的に、自由に愛し合わなければならない。弟子たちは、誰かの、もしくは、何かの強制によって相互に愛するべきではない。強制された愛は、神以外のものに基づく歪曲された愛である。神が自発的に、自由に弟子たちを愛したからこそ、弟子たちは愛する力を得るのである。弟子たちに対する神の愛は、弟子たちの相互の愛の実践を促すだけである。弟子たちが相互に自発的に、自由に愛することができるのは、相互にそのように愛するように強制されているからではなく―これは明らかに自己矛盾である―、御子との結び付きによって、神の自由な愛の和に参与しているからである。このようにして可能になる弟子たちの自由な愛は、それが他の物や、自己自身の

---

[804] Cf. Barrett, p.452.

[805] Cf. Barrett, pp.452,476. 神の内的な愛が、人間に対する愛と、そして、人間相互の愛と結び付いている。これをブラウンは、「愛の鎖」と呼ぶ（Brown, 2-p.682.）。

みの内に由来するものではなく、むしろ、三問一和の神との和合した自己に由来するという点で価値あるものである。

　第二に、三問一和の神が完全に相互の奉仕関係、つまり、同等従属の関係において愛し合い、また、人間をも愛しているように、弟子たちは相互の奉仕関係、同等従属の関係において愛し合わなければならない。神と神との間において相互に仕え合い、肉を取って人間にも仕えた神が、いかに謙遜であるかを知っている弟子たちは、同様にして謙遜に相互に仕え合うべきである。相互に対する高慢で支配的な態度は、相互の軋轢と衝突を引き起こすだけであるが、相互に対する謙遜な態度は、友好的な関係を作り出し、それを深める。この友好関係において仕えられる人は、神がどのようにして、また、どれほど自分たちのために仕えたかを知っているため、逆に他の人にも仕える。このようにして、この奉仕は相互的であり、すべての弟子は自己を他者に従属させる。そして、弟子たちはこの従属性のため、決して自分が他者と同等であるとか、他者より優れているとは主張しないし、そうなろうと躍起にならない。御子も弟子たちに、お互いに平等になれとは決して命じなかった。[806]御子の命令は、相互に愛し、仕えることである。しかし、逆説的に、相手に仕えることを徹底することのみによって、この奉仕が相互的であるがゆえに、弟子たちは自然と平等になっているのである。すべての弟子が相互に同じように、等しく自己を他者に従属させ、仕えることによって、彼らは平等なのである。弟子における平等性は、弟子という身分のみにおける平等性ではなく、むしろ、その弟子の奉仕における謙遜さの平等性である。[807]この同等従属関係は、先に見た単

806　Cf. Gruenler, p.21:「キリスト者は、神が社会的な愛において完全であるように（マタイによる福音書五章四八節）、完全になることを希求すべきである」。つまり、神は平等になれと命じているのではなく、完全になれと命じているのである。

807　残念ながらこうした視点は、人間の平等主義的共同体に言及している Boff, L., *Trinity and Society*, p.11 や LaCugna, C. M., *God For US*, p.274 では強調されていない。三間一和の神の同等従属性と弟子におけるその反映を、ヨハネによる福音書に基づいて解説してきたが、日本の伝統的な作法であるお辞

なる平等主義より未来に対して開かれており、動的である。平等主義においては、一度何らかの平等が達成すると、少なくとも平等を目指していた努力は終わり、それは現状維持の努力となる。しかし、他者に仕えることの努力にはその性質上終わりがなく、その相互性は人間関係を時とともに動的に深め続けていくからである。さらに、同等従属関係は、単なる平等主義より創造的である。人間が他者との平等を目指し、または、他者を凌駕することを目指すことが、真剣に、そして、熱心になればなるほど、自己の領域を越えて、他者の権利と意志を侵害する可能性が出て来る。しかし、弟子たちは、相互に謙虚に引き下がり、相手の活動する場を与え、背後で仕えることを通して、共に生きる場を造り出すことができる。人間が相互に凌駕しようと躍起に競争している世界においては、一度ある人が引き下がると、他者が直ちに侵入し、支配するが、弟子たちの間では相互に譲り合うことを通して、共に生き、働く交わりが生まれるのである。[808]

　ヨハネによる福音書は、弟子たちが、神の愛に基づいて具体的にどのように相互に奉仕すべきかということに関しては詳述していない。それは、あたかも弟子たちの自由と自発性にゆだねられているかのようである。し

儀は、この同等従属性を理解する際に役立つであろう。例えば、もし、二人の比較的年配の礼儀正しい日本人が長期間親友関係を保っていて、久しぶりにどこかで再会すれば、その人たちは深く何度もお辞儀をするであろう。その人たちのお互いの地位が近ければ近いほど、二人はあたかも両者の間に鏡でもあるかのように、同じようにお辞儀をする。三人でも、それ以上の場合でも、同様のことが起こるであろう。御父と御子と聖霊も、その存在と行為のすべてにおいて相互に同等に深くお辞儀をし、敬意を払い合っているのである。十五世紀のロシアのＡ・ルブレフによる三位一体の聖画像は、この様子を恐らく最も美しく描いている。The British Council of Churches, *The Forgotten Trinity 2*, p.26 は、この種の聖画像に三位一体の和、すなわち「心の一致（a common mind）」を観察している。

808　Cf. Boff, L., *Trinity and Society*, p.120. Cf. also Jüngel, E., *God as the Mystery of the World*, p.391:「愛の出来事は、自己退却と新しい創造的自己関係性の最も徹底的な出来事である」。カスパーは、「自意識の過剰な現代人は、他者を競争相手としか見ていない」と正鵠を射た表現をしている（Kasper, W., *The God of Jesus Christ*, p.285.）。

かし、三間一和の神の愛が、弟子たちの相互の愛の模範であるなら、弟子たちも同様にして、相互に知り合い、信頼してゆだね合い、賞賛し合う関係を保ち、そういうことを通して和を深めていくべきである。もし、弟子たちが、神和と真に堅固な関係を保っているなら、これは可能であろう。つまり、神の主権性によって可能となる神と人間との間の知識と委託と栄光の関係が、さらに、神によって人と人との間の関係に反映される可能性がある。弟子たちは神に倣って相互に知り合い、神の業を相互に委託し合い、その業が成し遂げられることを確認して賞賛し合うことができるのである。このようにして、弟子たちは神和に倣い、この世において相互の和を深めていくことができる。

したがって、まず最初に、弟子たちは相互に十分知り合うべきである。特に、相互の間、つまり、相互を区別している差異を知り合う必要がある[809]。一人ひとりが、神によって与えられた固有の賜物を持っているという認識に基づいて、弟子たちは、相互に神の業を適切に配分し合い、相互に委託することができる。各自の賜物に応じて、一人ひとりが固有の神の業を受け持つ。弟子たちは、この配分された神の業を相互に協力しながら遂行し、神の業が完成へ向けて成し遂げられていく過程を賞賛し合う。一人ひとりが、その委託された業において神の栄光を見ると同時に、個別の業を全体として見る時に、そこに大きな神の栄光の全体像が見えてくるからである。相互に知り、委託し、栄光を与え合うこの関係において、弟子たちは一致を一層深めていく。一人ひとりは、固有の働きをしているが、同じ神の業に携わっているという点で一つなのである。弟子たちのこの一致、つまり、この和が、神の栄光の和の反映であり、神の主権性によって現実に可能となる出来事なのである。

弟子たちに委託された神の業に言及する時に、先に見たように、この神の業が可能となるのは根本的に神が働いているからであるという点に留意

---

809 他者の内に自己とは異なったものを見つけることの重要性については、cf. Moltmann, J., "Knowing and Community," Rouner, L. S.(ed.), *On Community*, pp.162-176. 特に、cf. *ibid.*, p.171.

しなければならない。三間一和の交わりにおいて委託の関係を保持している御子が、弟子たちを遣わし、弟子たちを通して業を成し遂げ、また、聖霊と共に遣わし、再び弟子たちを通して聖霊の力によってより大きな業を成し遂げるのである。そして、これらの神の業はすべて、弟子たちとその業が三間一和の神とその躍動的な和に統合されることによってなされるのである。[810] 弟子たちは、言わば神の内にあって、神と完全に和合して働くのである。神が御自身の三間一和の中に弟子たちを招き入れることによってのみ、弟子たちは相互に愛し、知識と委託と栄光の関係を通してその和を深めることが可能となる。[811] さらに、もし、弟子たちが三間一和の神の中にあって、その和を反映しているのなら、三間一和の神が御自身の交わり以外のものにも広がっていったように、弟子たちは、自分たちの交わり以外のものにも広がっていくことができるはずである。

したがって第三に、三間一和の神が完全に包括的、拡大的であるように、弟子たちもその和において包括的、拡大的でなければならない。ヨハネによる福音書は、このことを弟子たちの一致の包括性、拡大性という観点から説明している。この一致は、どのようにして拡大するのか。まず初めに、この一致が拡大するためには、それが堅固な基盤に根差していなければならない。堅固な基盤がなければ、どんな一致も脆弱なものとなるであろう。したがって、弟子たちのために御子は御父に、「私に与えてくださった御名によって彼らを守ってください。私たちのように、彼らも一つとなるためです」と祈っている（一七章一一節）。弟子たちが一つになるためには、彼ら自身の人間的努力ではなく御父の名前が必要なのである。[812] この

810　モルトマンは、この統合を神との友情関係という観点から説き（Moltmann, J., *The Trinity and the Kingdom of God*, p.222.）、グリュンラーは、神の家族と子供という観点から説く（Gruenler, p.xi.）。Cf. Jones, L. G., *Transformed Judgment*, pp.38,74. ケーゼマンによれば、キリスト者の一致は「天の（神の）結束」を表現している（Käsemann, E., *The Testament of Jesus*, p.67. Cf. *ibid*., pp.67ff.）。

811　変革されたキリスト者の生活については、cf. Niebuhr, H. R., *Christ and Culture*, p.205.

812　Cf. Käsemann, E., *The Testament of Jesus*, p.58:「ヨハネによる福音書におけ

名前は、御子に与えられているものなので、弟子たちをその一致において守っているのは、御父と御子の両方である（一〇章二八節以下）。御父と御子はこのことを、御父と御子の一致が弟子たちの一致の規範となるような形で行っている。ケーゼマンの言葉によると、「御子に対する御父の関係と御父に対する御子の関係が、（弟子たちの）真の結束の原型」なのである[813]。先に見たように、この原型である御父と御子の一致から聖霊を排除することは不可能であり、この一致は存在論的であると同時に、躍動的である。それゆえ、御父と御子と聖霊は、その存在だけではなく、行動においても、つまり、愛に基づいて、知り、委託し、栄光を与えることにおいても一つなのである[814]。要するに、三間一和の神は、生きることにおいて、命において一つなのである。弟子たちは、いかにしてこの命における一致を自分たちの間に反映させることができるのか。御子が御父に、弟子たちのためだけではなく、弟子たちの言葉を通して信じるようになる人々のためにも祈る時（一七章二〇節）、御子は、これを明確にしている。御子は御父にこう祈っている。「父よ、あなたが私の内におられ、私があなたの内にいるように、すべての人を一つにしてください。彼らも私たちの内にいるようにしてください」（一七章二一節）[815]。つまり、神の相互内住における一致が信仰者の一致の究極的規範であり、信仰者はこの一致に統合されるようにして形成されるのである[816]。モルトマンが述べているように、「弟子たちの相互の交わりは、御父と御子の一致に似たものでなければならない。しかし、それは三位一体の一致に似なければならないだけではない。それはさらに、三位一体の一致の中における一致でなければならない。それは、神との交わりであると同時に、それを超えて、神の中における交

　　　るキリストは、人間に一致を命ずることはなく、その一致を神に祈る」。

813　Käsemann, E., *The Testament of Jesus*, p.69. Cf. Barrett, p.508; Boff, L., *Trinity and Society*, pp.7,11,119; Gruenler, p.125.

814　Cf. Westcott, p.243.

815　Cf. Bultmann, p.514.

816　Cf. Brown, 2-p.769; Schnackenburg, 3-p.190.

わりなのである」[817]。そして、もしそうなら、信仰者たちの一致は単なる道徳的な一致ではなく、それ以上のものである。ウェストコットの注解によれば、「（あなたが私の内におられ、私があなたの内にいるようにとあるようにここで）神の命のエネルギーの相互交換が行われている。この交換が、教会の構成員の調和の取れた関係と対応する。つまり、ここで信仰者の真の一致は、聖なる三位一体の一致と比較されており、その三位一体の一致のように、目的や感情や愛情といった単なる道徳的一致を遥かに超えた一致として提示されている。それは、明確には把握できないが、ある神秘的な形態における生きた一致（vital unity）である」[818]。先に見たように、この生きた一致は信仰者が御子の肉を食べ、血を飲むことによって、すなわち、

---

817 Moltmann, J., *The Trinity and the Kingdom of God*, pp.95f.

818 Westcott, p.246. ウェストコットは、ローマの信徒への手紙一二章五節、エフェソの信徒への手紙四章四節を参照している。Cf. Brown, 2-p.776; Plummer, p.303; Schnackenburg, 3-p.191. 三位一体の神の人間への反映については、cf. also Gruenler, pp.x,xix,1f.,18,26. ここでバレットの次のコメントも重要である。「教会の一致は単に同意の問題ではなく、構成員が各自の個性を失うことをも意味しない。教会の一致は、御父と御子の一致と厳密な類比をなしている。……御父と御子は一つであるにもかかわらず、区別を保っている」（Barrett, p.512. 三位一体の神の中の区別と一致については、cf. also Kasper, W., *The God of Jesus Christ*, p.291; Knight, G. A. F., *A Biblical Approach to the Doctrine of the Trinity*, pp.17,20,48. ガントンは神を、集団主義でも個人主義でもない、関係における位格の一致、すなわち、「交わり（communion）」と呼ぶ [Gunton, C. E., *The One, The Three and the Many*, p.215. Cf. also Boff, L., *Trinity and Society*, pp.133,137,150; Zizioulas, J. D., *Being as Communion*]。ブラッケンは、「共同体における位格（persons-in-community）」と呼ぶ [Bracken, J. A., "The Holy Trinity as a Community of Divine Persons, I," *The Heythrop Journal Vol.XV*; Bracken, J. A., "The Holy Trinity as a Community of Divine Persons, II Persons and Nature in the Doctrine of God," *The Heythrop Journal Vol.XV*. Cf. LaCugna, C. M., *God For US*, pp.288ff.])。したがって、キリスト者の「一致は画一性ではなく、結束性を意味する。それは、異なった人々の間の緊張に満ちた相互交流である」(Käsemann, E., *The Testament of Jesus*, p.56. Cf. Moltmann, J., "Knowing and Community," Rouner, L. S.[ed.], *On Community*, p.170; Yu, C. T., *Being and Relation*, pp.228ff.)。

御子の全生涯を受け入れることによって可能となる。そして、御子の全生涯を受け入れる人は命を受け、それを豊かに持つ（一〇章一〇節）。神が与える命は、豊富なのである。これは、単に神が信仰者に永遠の命を与えるだけではなく、信仰者の命が豊富に溢れ出て、他者にまで届くような形で、神が永遠の命を与えることを意味する。御子はこのような命の源泉であり、「生きた水が川となって流れ出るように」（七章三八節）、信仰者を通してこの命が多くの人に到達し、浸透していくのである。したがって、三問一和の神に統合された信仰者は「二次的な意味で、生きた水の源泉」である[820]。

このように、信仰者の一致は拡大し、他者へ届くことから、宣教の働きと繋がっていることが分かる[821]。御子によると、すべての人の一致に対す

819　Schnackenburg, 2-p.293.

820　Barrett, p.328.

821　同様のテーマは、一〇章一六節と一一章五一節以下において、ユダヤ人と異邦人という観点から説かれている。御子は、囲いの中に御自身の羊を飼っているが、「私には、この囲いに入っていないほかの羊もいる。その羊をも導かなければならない。その羊も私の声を聞き分ける。こうして、羊は一人の羊飼いに導かれ、一つの群れになる」と語っている（一〇章一六節）。この「囲いに入っていないほかの羊」とは、異邦人のことである（Barrett, p.376.）。御子の群れはユダヤ人以外の人にまで拡大し、その人たちを招き入れる。異なった羊が囲いの中で共に生きるが、それぞれは分離せず「一つの群れになる」。つまり、「神の新しい共同体は、……分離を起こさないまま、大きな一つの共同体に成長する」（Schnackenburg, 2-p.300.）。この共同体を形成し、成長させ、結束させるものは、十字架における御子の死である（Cf. 一二章二四節以下）。大祭司カイアファの預言によれば、イエスは「国民のためばかりでなく、散らされている神の子たちを一つに集めるためにも死ぬ」のである（一一章五二節）。御子の死はユダヤ人のためだけではなく、「キリストを受け入れ、水と霊によって生まれる神の子供たちである」（Barrett, p.407. Cf. Brown, 1-p.440ff.）異邦人のためにも決定的な意味を持っている（Cf. Schnackenburg, 2-p.350.）。神の愛の拡大的性質については、cf. Jüngel, E., *God as the Mystery of the World*, pp.368f.,384. Cf. also Kasper, W., *The God of Jesus Christ*, p.307. 教会の種々の機関の開かれた姿については、cf. McFadyen, A. I., *The Call to Personhood*, pp.243f.

る御子御自身の祈りが献げられたのは、御父が御子を遣わしたことをこの世が信じるためである（一七章二一節）。この世の人々がどのようにして信仰を持ち、永遠の命を持つようになるのかについて、その手掛かりを御子は続けて示唆している。「あなたがくださった栄光を、私は彼らに与えました。私たちが一つであるように、彼らも一つになるためです。私が彼らの内におり、あなたが私の内におられるのは、彼らが完全に一つになるためです」（一七章二二節以下）。先に見たように、神の栄光は、神によって委託された神の業を成し遂げる弟子たちに与えられ、反映される。そして、弟子たちがその業を信仰深く行えば行うほど、神におけるその一致は一層堅固なものとなっていく。弟子たちは、一人ひとりが自分に委託された固有の神の業に携わっているが、それらはすべて、神の業として一つであり、すべての弟子が信仰を持って各自の神の業を協力しながら行う時、一つの偉大な神の業の栄光が全体として現れ、全体の一致が確認できるようになる。弟子たちがこのようにして働くことができるのは、彼らが神の一致において保持されている神の命によって生かされ、また、その命の中で生かされているからである。[822] この神の命の中で、弟子たちの一致が神の全体的な栄光という形で現れる時、この世の人々もそれを知ることができるようになる。御子が御父に祈っているように、この弟子たちの一致によって、「あなたが私をお遣わしになったこと、また、私を愛しておられたように、彼らをも愛しておられたことを、世が知るように」なる（一七章二三節）。つまり、弟子たちが神の名前において一致を保つことを通して、この世の人々は神の一致を知り、御父と御父によって遣わされた御子の一致が愛によって支えられ、この愛によって神は弟子たちをも愛していることを知るようになるのである。さらに、先に見たように、弟子たちに対する神の愛は、弟子たちが相互に愛し合うことを促し、この相互の愛[823]

822　Cf. Westcott, p.246.
823　一七章二六節によれば、神の先行的な啓示によって、神の愛が弟子たちの内に実現する（Cf. Barrett, p.515.）。相互的な愛については、cf. Bultmann, p.513. Cf. also Schnackenburg, 3-p.191.

によってすべての人は、弟子たちが御子の弟子であることを知るようになる（一三章三五節）。神に由来するこの弟子たちの愛こそ、彼らが協力して神の業を行う時の根本的な動機である。したがって、神の一致が神の愛を証しするように、弟子たちの一致は彼らの相互の愛をこの世の人々に対して証しする。神の愛を規範とした弟子たちの愛が、栄光ある神の業の遂行という形で、この世の人々の目に鮮明に映るのである。

　これらのことを和という観点から表現すると、次のようになるであろう。弟子たちの一致、すなわち、和を形成し、守るものは、神和であり、弟子たちの和は神と彼らとの間の和を通して神和の中に統合され、さらに、弟子たちの和は、神和に倣ってこの世の人々にまで拡大し、その人々を招きいれる。この過程は、弟子たちが神と和合し、また、弟子同士で和合して、神の栄光ある業を遂行して行く過程であり、この世の人々は、この過程において弟子たちの間の和における相互の愛とその由来を知るようになるのである。

　今や、この世の和と神和の相違点は明白である。この世の和は強制的で、平等主義的で、排他的である。これとは対照的に、神和は自発的で、同等従属的で、包括的である。そして、この世の和は、神和によって変革される時、その時のみ神と人間に奉仕しうるのである。この変革は神の主権性によってのみ可能となり、代表的な役割を果たすのは広義の弟子たちである。弟子たちは、聖霊の力においてこの世に遣わされたからである（二〇章二一節以下）。御子が聖霊を弟子たちに与えた時、御子は彼らに息を吹きかけた（二〇章二二節）。この光景は、「最初の人の創造と同様の重要性を持った出来事を描写している。……これは新たな創造の始まりであった」[824]。この世の和は、新しく創造されることによって変革されなければならない。しかし、これはまず、この世の和が完全に抹殺され、それから神が和を無から創造することを意味しない。「主なる神は、土の塵で人を形づくり、その鼻に命の息を吹き入れられた。人はこうして生きる者とな

824　Barrett, p.570.

った」（創世記二章七節）。神は御自身の目的のために、地の塵であっても利用することができる。その神は続けて、同様にして地の塵に由来する弟子たちを利用して、御自身の目的を達成することができるであろう。もし、そうなら、神はこの世の塵に等しいこの世の和を利用して、御自身の目的を達成することもできるであろう。しかし、神の目的のために、本質的に必要なことがある。この世の和は、新しく命の息を吹き入れられ、そして、吹き入れ続けられなければならない[825]。神がこの世の和に命の息を吹きいれる時のみ、この世の和は、生きた和となるのである。つまり、聖霊の働きによってこの世の和は、それ自体において十分に神和を反映し、神和となるのである。これは、常に神の主権性によってのみ可能となる。聖霊は弟子たちの間に残されたのであり、その弟子たちが言わば神の代理として、この世の和の変革に携わっているからである。ヨハネによる福音書においては、聖霊を残すことと平和を残すことは、深く関係している。御子は聖霊を送る約束をする時、「私は、平和（eirēnē）をあなたがたに残し、私の平和を与える」とも語っている（一四章二七節。Cf. 一六章三三節）。そして実際、御子が弟子たちに聖霊を与える直前に、御子は「あなたがたに平和があるように」と語っている（二〇章一九節、二一節）。これは何を意味するのか。三つの重要な点をここから導き出すことができよう。まず第一に、御子はこの言葉によって、この世の支配者（一四章三〇節）、この世における苦難（一六章三三節）、ユダヤ人たちからの攻撃（二〇章一九節、二六節）に対する自分たちの安全を危惧する弟子たちを励ましている。第二に、弟子たちに対する御子の「心（kardia）を騒がせるな。おびえるな」（一四章二七節）という言葉を考慮する必要がある。弟子たち

825　Cf. Niebuhr, H. R., *Christ and Culture*, p.205:「一般的にヨハネの関心は、この世における人間の生活の霊的変革に向けられており、時間的存在を全く霊的な存在と取り替えることや、現在の物理的環境や人間の肉体を新しい物理的・形而上学的創造物と取り替えることや、時間的なものから永遠のものへの漸進的上昇に向けられてはいない」。Cf. also McFadyen, A. I., *The Call to Personhood*, p.246:「変革においては、原型は保持されたままであり、その原型の現実が、結果としての変革に対して重要な役割を果たしている」。

の心は、生きた聖霊が住む場所である（七章三八節）。そして、その心が聖霊に満たされているなら、すべての不安は無くなり、彼らは勇気が与えられる。彼らが聖霊を心に持つということは、彼らがすべて、同じ聖霊に満たされた共通の心を持つこと、つまり、彼らは同じものを共有しているという点で相互の和を保っており、さらに、神を共有しているという点でも神和を共有していることを意味する。したがって、御子の与える「平和」は、神和であるとも言えよう。第三に、御子は、この和を弟子たちの「間に（eis to meson）」（二〇章一九節、二六節）与える[826]。弟子たちのそれぞれの心が種々の危惧で乱される時、彼らの和は脆弱になり、容易に崩壊する。彼らの間は、広がるのみである。御子が弟子たちの「間に」立ったのは、不安によって拡大するその間を満たすためである。弟子たちが真に結束し、勇気を得るためには、彼らの心が何か共通のもので満たされなければならない。そして、御子の残す聖霊のみが、弟子たちの間を埋めることができるのである。したがって、「あなたがたに平和があるように」（二〇章一九節、二一節、二六節）とは、単なる挨拶の言葉ではなくて、人と人との間に与えられる神和であり、弟子たちにとって神から与えられた特権なのである。

　和の交わりが人と人との間にすでにあるということは、信仰者に対する神の約束である。「この交わりは未来の約束ではなく、人と人との間において、共同体と共同体との間において、現在私たちの間に生起していることなのである」[827]。どれほどこの世に困惑し、苛まれたとしても、信仰者は三間一和の神の中に統合されており、この神和の中で生かされており、この神和に基づいて、命の和を広げていくことができる。自発的で自由であり、相互に奉仕し、拡大する神の愛の和に基づいて、人間は相互に知り、信頼し合い、ゆだね合い、栄光を与え合うことで、相互に生かし合い、永遠の命を現実に持つことができる。このような実践によって保持される和

826　ここは、原文に従い直訳した。
827　Boff, L., *Trinity and Society*, p.163. このテーマは、ドッドの実現された終末論と一致している（cf. Dodd, pp.6f.）。

は、この世の和とは異なる。御子が語っているように、御子は和を「世が与えるように与えるのではない」(一四章二七節)。それは将来的な希望でも、一時的な緩和剤でもない。神和は、御父、御子、聖霊によって現実に与えられている生きた和なのである。

したがって、信仰者の祈りは、決して「私たちの父よ、私たちの間に和を与えてください」ではなく、常に「私たちの父よ、私たちの間に和を与えてくださったことを感謝します」でなければならない。

結　章

　神の和の神学は始まったばかりである。それは、地上における御子の働きの終結と共に始まる。人と人との間の和の現存は、御子の最後の約束であると同時に、この神学の開始点である。しかし、人と人との間の和を保つためには、常に同時に神と人との間の和を通して、神と神との間の和に依存しなければならない。この神と人との間の和と神と神との間の和に基づく時のみ、人と人との間の和は、真に現実に神と人間とに奉仕するものとなる。つまり、人と人との間の和は、神と人との間の和を通して、神と神との間の和に変革される時のみ、真に生きた和となってこの世に永遠の命を与えるのである。神の和の神学は、この過程を解説することを試みる神学である。

　神の和の神学が日本のキリスト教神学としての十分な形態を取るためには、さらに、キリスト教神学の伝統、聖書、日本の風土を一層咀嚼しなければならない。

　第一に、神の和の神学は神学として、神学思想史において、神を共同体や和という観点から解説したり、神と人間の、そして、人と人との共同性や調和を説いた先達の種々の知恵に負わなければならない。歴史上のある重要な神学者がそうした観点を持っていないとしても、その神学者が自己の置かれた文化的状況の中で、どのようにして自己の神学方法論を確立しているのかをそこから学び取り、日本の風土と神学の関係についての考察を深めることができよう。また、神の和の神学は、和について論じている以上、神と自然、人間と自然の調和に関する諸問題にも取り組む必要がある[828]。生態学に対する神学的関心と責任は、今後も増大するであろう。

828　Cf. Takenaka Masao, *God is Rice*, pp.19ff.

第二に、神の和の神学はキリスト教神学として、常に神学の基本である聖書に帰り、そこから繰り返し、繰り返し始めなければならない。聖書は、キリスト教神学の基本書である。本書ではヨハネによる福音書に焦点を当てたが、他の書も同様にして、神の和の視点から精査しなければならない。ヨハネは、いかに聖書は読まれ、研究されるべきかを示唆しているが、これは他の書に取り組む時にも参考となるであろう。ヨハネは、神についての証言者であり（一九章三五節、二一章二四節）、イエスに愛された弟子である（二一章二〇節、二四節）。ヨハネはそのような者として、食事では「イエスの懐に（en tō kolpō tou Iēsou）寄り掛かっていた」（一三章二三節。Cf. 一三章二五節、二一章二〇節）。この「イエスの懐に（en tō kolpō tou Iēsou）」という語句は、「父の懐にいる（eis ton kolpon tou patros）独り子である神」（一章一八節）[830]という御子に関する語句を思い起こさせる。御父の懐にいる御子が、御父と聖霊を啓示したように、御子の懐に寄り掛かった弟子ヨハネが、御子を、そして、御子を通して御父と聖霊を聖書において人々に知らせ広めたのである。つまり、御父と和を保っている御子が、三間一和の神をこの世に知らせたように、御子と和を保っていた弟子ヨハネが、三間一和の神を聖書に記録したのである。したがって、この福音書が真に理解されるためには、読者は著者ヨハネと、また、神とも同じ心を持たなければならない。そして、神の主権的な働きによって人間は神と和合することを考慮すると、このために、読者は自己の心が神にかたくなにされ、理解する力が取り去られることのないように祈ることが求められている（Cf. 一二章三九節以下）[831]。このことは、聖書の他の書に関しても言えるであろう。読者は著者と、そして、神と和合する時のみ、聖

829　ここは、原文に従い直訳した。

830　Cf. Barrett, p.446; Beasley-Murray, p.238.

831　Cf. 一三章二節。この節は、悪魔がイスカリオテのシモンの子ユダの「心（kardia）」に、イエスを裏切る考えを入れていたことを記した箇所である。神と最も不和であった人の心が、悪魔によって支配されていたことを示す顕著な例の一つである（Cf. 一三章二七節）。

書において記された事柄を深く理解できるのである。

　第三に、神の和の神学は日本のキリスト教神学として、日本の精神風土を批判的に研究し、評価しなければならない。日本の風土においてキリスト教の神を解説し、理解するには、日本の風土に生きている人々の存在と思考の枠組みによって、神を解説しなければならない。これが可能であるのは、決して人間の努力によるからではなく、十分に謙遜な神が、御自身を特定の文化に適合させることができるからである。日本において、神は人と人との間に人間として宿り、和を残したと解釈することによって、人々が神を日本の風土的用語で深く理解し、評価し始める機会が出てくる。しかし、同時に、どのような人間の概念も精神も、それが神と人間とに真に奉仕しうるような形に変革されなければならない。そして、これも可能である。それは、堕落後にも人間に何らかの善が残っているからではなく、肉を持った人間が堕落したために、神御自身が肉を取り、贖罪の業を決定的な形で進め、最後に聖霊を残したからである。信仰者は、この聖霊の力によってこの世の和を変革する力と勇気を与えられるのである。

　最後に、キリスト教の神学に、神の和という視点を与えた日本という風土は、ある意味で、今後の世界の縮図の一つであり、世界に対して一つのグローバルな視点を提示することが可能である点を指摘したい。本書においては、和を風土的、神学的、聖書的に考察してきたが、その精神は今後の世界に奉仕しうるものの一つである。つまり、日本の人々は、自然的要因によって限定された場所に、長期間多くの人が定住してきたため、相互に和を尊ぶ必要があった。そして、今や世界は、交通や通信手段やコミュニケーションの発達による国際化の進展とともに、日一日と狭くなり、人と人との間、地域間、国家間の交流が盛んになり、他方では、原子爆弾による地球そのものの壊滅の危機も無視することができなくなってきている。このような世界にあって、相互の和を個人、地域、国家、地球のそ

832　カウフマンは、人類の歴史において前代未聞の核による全滅という可能性のある現代において、神学もそうした状況に敏感でなければならないことを力説する（Kaufman, G. D., *Theology for a Nuclear Age*）。

結　章

れぞれのレベルで保ち、深めることは、疑い無く必須の課題である。そして、神の和を与えられている信仰者は、神の主権的な力に基づくこの世の変革者として、その真価を発揮することができるであろう。これは、神の和の神学も現代世界に対して奉仕しうるものであることを意味する。この神学は日本のみならず、共生のために和の思想が必須である世界に対しても奉仕しうるであろう。そして、三間一和の神に見られる共生の原型を説き明かし、広げていくことで、この神学はこの世に対して新たな命を与えうるであろう。

年　表

年	著作	著者
90年頃	ヨハネによる福音書	ヨハネ
213年	『プラクセアス反論』	テルトゥリアヌス
250年以前	『三位一体論』	ノヴァティアヌス
335／6年	『受肉論』	アタナシオス
380年	『神学演説集』	ナジアンズスのグリゴリオス
400－416年	『三位一体論』	アウグスティヌス
1932年	『教会教義学Ⅰ／1』	カール・バルト
1934年	『人間の学としての倫理学』	和辻哲郎
1972年	『人と人との間』	木村敏
1977年	『「日本らしさ」の再発見』	浜口恵俊

文献表 一

Altendorf, E., *Einheit und Heiligkeit der Kirche Untersuchungen zur Entwicklung des altchristlichen Kirchenbegriffs im Abendland von Tertullian bis zu den Antidonatischen Schriften Augustins*, (Berlin: Verlag von Walter de Gruyter & Co., 1932)

Anderson, J. F., *The Bond of Being An Essay on Analogy and Existence*, (London: B. Herder Book, 1949)

Anderson, J. F., St. *Augustine and Being A Metaphysical Essay*, (The Hague: Martinus Nijhoff, 1965)

Anderson, J. F., *Reflections on the Analogy of Being*, (The Hague: Martinus Nijhoff, 1967)

Appold, M. L., *The Oneness Motif in the Fourth Gospel Motif Analysis and Exegetical Probe into the Theology of John*, [Wissenschaftliche Untersuchungen Zum Neuen Testament 2.Reihe], (Tübingen: J.C.B. Mohr [Paul Siebeck], 1976)

Armstrong, A. H., *An Introduction to Ancient Philosophy*, (London: Methuen & Co., 1947)

Armstrong, A. H., *St. Augustine and Christian Platonism*, [The Saint Augustine Lecture 1966], (Villanova, PA: Villanova University Press, 1967)

Armstrong, A. H. (ed.), *The Cambridge History of Later Greek and Early Medieval Philosophy*, (Cambridge: Cambridge University Press, 1967)

Athanasius, *St. Athanasius On the Incarnation*, tr. by Robertson, A., (London: David Nutt, 1911, 3rd.)

Athanasius, *St. Athanasius On the Incarnation The Treatise De Incarnatione Verbi Dei*, ed. & tr. by a Religious of C.S.M.V., intro. by Lewis, C. S., (London; Mowbray, 1953)

Athanasius, "On the Incarnation of the Word," *Christology of the Later Fathers*, [The Library of Christian Classics Vol.III], ed. by Hardy, E. R., tr. by Robertson, A., (London: SCM Press, 1954), pp.55-110.

Athanasius, *Athanasius De Incarnatione An Edition of the Greek Text*, ed. by Cross, F. L., (London: SPCK, 1957)

Athanasius, "On the Incarnation of the Word," *A Select Library of Nicene and Post-*

Nicene Fathers of the Christian Church Second Series Vol.IV St. Athanasius: Select Works and Letters, ed. & tr. by Robertson A., (Grand Rapids, MI: Wm. B. Eerdmans Publishing Company, 1980), pp.31-67.

Avgvstinvs, *Sancti Avrelii Avgvstini De Trinitate Libri XV (Libri I-XII)*, [Corpvs Christianorvm Series Latina L Avrelii Avgvstini Opera Pars XVI, 1], Cvra et Stvdio W. J. Mountain Avxiliante Fr. Glorie, (Tvrnholt: Typographi Brepols Editores Pontificii, MCMLXVIII）＝ アウグスティヌス『三位一体論』中沢宣夫訳（東京大学出版会，1975）

Avgvstinvs, *Sancti Avrelii Avgvstini De Trinitate Libri XV (Libri XIII-XV)*, [Corpvs Christianorvm Series Latina LA Avrelii Avgvstini Opera Pars XVI, 2], Cvra et Stvdio W. J. Mountain Avxiliante Fr. Glorie, (Tvrnholt: Typographi Brepols Editores Pontificii, MCMLXVIII）＝ アウグスティヌス『三位一体論』中沢宣夫訳（東京大学出版会，1975）

Augustine, *Saint Augustine The Trinity*, [The Fathers of the Church A New Translation Vol.45], tr. by McKenna, S., (Washington, D.C.: The Catholic University of America Press, 1963)

Augustine, "The Letters," *A Select Library of the Nicene and Post-Nicene Fathers of the Christian Church First Series Vol.I The Confessions and Letters of St. Augustine, with a Sketch of His Life and Work*, ed. by Schaff, P., tr. by Cunningham, J. G., (Grand Rapids, MI: Wm. B. Eerdmans Publishing Company, 1988), pp.209-593.

Augustine, "On the Holy Trinity," *A Select Library of the Nicene and Post-Nicene Fathers of the Christian Church First Series Vol.III St. Augustine: On the Trinity Doctrinal Treatises Moral Treatises*, ed. by Schaff, P., tr. by Hadden, A. W. & Shedd, W. G. T., (Grand Rapids, MI: Wm. B. Eerdmans Publishing Company, 1956), pp.1-228.

Augustine, *Augustine: Later Works*, [The Library of Christian Classics Vol.VIII], ed. & tr. by Burnaby, J., (London: SCM, 1955)

Augustine, *The City of God*, tr. by Bettenson, H. with an Intro. by O'Meara, J., (New York: Penguin Books, 1984)

Ayers, R. H., *Language, Logic, and Reason in the Church Fathers A Study of Tertullian, Augustine, and Aquinas*, (Hildesheim: Georg Olms Verlag, 1979)

Balthasar, H. U. v., *The Theology of Karl Barth Exposition and Interpretation*, tr. by Oakes, E. T., (San Francisco, CA: Communio Books Ignatius Press, 1992)

Barnes, T. D., *Tertullian A Historical and Literary Study*, (Oxford: The Clarendon Press, 1971)

Barrett, C. K., *The Gospel According to St. John An Introduction with Commentary and Notes on the Greek Text*, (Philadelphia, PA: The Westminster Press, 1978, 2nd.)

Barrett, C. K., *Essays on John*, (London: SPCK, 1982)

Barrett, D. B. (ed.), *World Christian Encyclopedia A Comparative Survey of Churches and Religions in the Modern World A.D. 1900-2000*, (Oxford: Oxford University Press, 1982)

Barth, K., *From Rousseau To Ritschl being the translation of eleven chapters of Die Protestantische Theologie Im 19. Jahrhundert*, tr. by Cozens, B., (London: SCM Press, 1959)

Barth, K., *Anselm: Fides quaerens intellectum Anselm's Proof of the Existence of God in the Context of his Theological Scheme*, (London: SCM Press, 1960)

Barth, K., *The Epistle to the Romans*, (Oxford: Oxford University Press, 1968)

Barth, K., *Die Kirchlkiche Dogmatik I Die Lehre vom Wort Gottes, I*, (München: Chr. Kaiser Verlag, 1932) = Barth, K., *Church Dogmatics I/1 The Doctrine of the Word of God*, ed. by Bromiley, G. W. & Torrance, T. F., tr. by Bromiley, G. W., (Edinburgh: T. & T. Clark, 1975)

Barth, K., *Church Dogmatics I/2 The Doctrine of the Word of God*, ed. by Bromiley, G. W. & Torrance, T. F., tr. by Thomson, G. T. & Knight, H., (Edinburgh: T. & T. Clark, 1956)

Barth, K., *Church Dogmatics II/1 The Doctrine of God*, ed. by Bromiley, G. W. & Torrance, T. F., tr. by Haire, J. L. M., Johnston, W. B., Knight, H. & Parkrer, T. H. L., (Edinburgh: T. & T. Clark, 1957)

Barth, K., *Church Dogmatics III/2 The Doctrine of Creation*, ed. by Bromiley, G. W. & Torrance, T. F., tr. by Bromiley, G. W., Fuller, R. H., Knight, H. & Reid, J. K. S., (Edinburgh: T. & T. Clark, 1960)

Battenhouse, R. W. (ed.), *A Companion to the Study of St. Augustine*, (Oxford: Oxford University Press, 1955)

Bauer, W., *A Greek-English Lexicon of the New Testament and Other Early Christian Literature*, [A translation and adaptation of Walter Bauer's Griechisch-Deutsches Wörterbuch zu den Schriften des Neuen Testaments und der übrigen urchristlichen Literatur Fourth Revised and Augmented Edition 1952], by Arndt, W. F. & Gingrich, F. W., (Chigago: The University of Chicago Press, 1957)

Beasley-Murray, G. R., *John*, [Word Biblical Commentary Vol.36], (Waco, TX: Word Books, 1987)

Beasley-Murray, G. R., *Gospel of Life Theology in the Fourth Gospel*, (Peabody, MA: Hendrickson Publishers, 1991)

Bender, W., *Die Lehre über den Heiligen Geist bei Tertullian*, [Pascher, J., Mörsdorf,

K. & Tüchle, H. (eds.), Münchener Theologische Studien im Auftrag der Theologischen Fakultäts München II. Systematische Abteilung 18 Band], (München: Max Hueber Verlag, 1961)

Benson, E. W., *Cyprian His Life, His Times, His Work*, (London: Macmillan and Co. Ltd., 1897)

Berardino, A. D., *Patrology Vol.IV The Golden Age of Latin Patristic Literature from the Council of Nicaea to the Council of Chalcedon*, tr. by Solari, P., (Westminster, MD: Christian Classics, 1986)

Berardino, A. D. (ed.), *Encyclopedia of the Early Church Vol.I*, produced by the Institutum Patristicum Augustinianum and translated from the Italian by Walford, A., (Cambridge: James Clarke & Co., 1992)

Berardino, A. D. (ed.), *Encyclopedia of the Early Church Vol.II*, produced by the Institutum Patristicum Augustinianum and translated from the Italian by Walford, A., (Cambridge: James Clarke & Co., 1992)

Berkhof, H., *Two Hundred Years of Theology report of a personal journey*, tr. by Vriend, J., (Grand Rapids, MI: Eerdmans, 1989)

Berkouwer, G. C., *The Triumph of Grace in the Theology of Karl Barth*, (London: Paternoster Press, 1956)

Bethune-Baker, J. F., *An Introduction to the Early History of Christian Doctrine To the Time of the Council of Chalcedon*, (London: Methuen & Co., 1903)

Bethune-Baker, J. F., "Tertullian's Use of substantia, natura, and persona," *The Journal of Theological Studies 4*, (London: Macmillan & Co., 1903), pp.440-442.

Bévenot, M., "Primatus Petro Datur St. Cyprian on the Papacy," *The Journal of Theological Studies New Series 5*, (Oxford: The Clarendon Press, 1954), pp.19-35.

Bienert, W. A., "Zur Logos-Christologie des Athanasius von Alexandrien in Contra Gentes und De Incaratione," Livingstone, E. A. (ed.), *Studia Patristica Vol.XXI*, (Leuven: Peeters Press, 1989), pp.402-420.

Boff, L., *Trinity and Society*, [Liberation and Theology 2], tr. by Burns, P., (Kent: Burns & Oates, 1988)

Boman, T., *Hebrew Thought Compared with Greek*, [The Library of History and Doctrine], tr. by Moreau, J. L., (London: SCM Press, 1960)

Bonner, G., "Augustine's Conception of Deification," *The Journal of Theological Studies New Series Vol.37*, (Oxford: The Clarendon Press, 1986), pp.369-386.

Bonner, G., *God's Decree and Man's Destiny Studies on the Thought of Augustine of Hippo*, (London: Variorum Reprints, 1987)

Bouillard, H., *The Knowledge of God*, tr. by Femiano, S. D., (London: Burns & Oates, 1969)

Bourke, V.J., *Augustine's Quest of Wisdom Life and Philosophy of the Bishop of Hippo*, (Milwaukee, WI: The Bruce Publishing Co., 1945)

Bourke, V.J., *Augustine's View of Reality*, [The Saint Augustine Lecture 1963], (Villanova, PA: Villanova University Press, 1964)

Bracken, J. A., "The Holy Trinity as a Community of Divine Persons, I," *The Heythrop Journal Vol.XV*, (London: Heythrop College [University of London], 1974), pp.166-182.

Bracken, J. A., "The Holy Trinity as a Community of Divine Persons, II Person and Nature in the Doctrine of God," *The Heythrop Journal Vol.XV*, (London: Heythrop College [University of London], 1974), pp.257-270.

Bradshaw, T., "Karl Barth on the Trinity: A Family Resemblance," *Scottish Journal of Theology Vol.39 No.2*, (Edinburgh: Scottish Academy Press, 1986), pp.145-164.

Bradshaw, T., *Trinity and Ontology A Comparative Study of the Theologies of Karl Barth and Wolfhart Pannenberg*, (Edinburgh: Rutherford House Books, 1988)

Bray, G., "The Doctrine of the Trinity in Augustine's De Civitate Dei," *European Journal of Theology 1:2*, (Carlisle: Paternoster Periodicals, 1992), pp.141-149.

The British Council of Churches, *The Forgotten Trinity 1 The Report of the BCC Study Commission on Trinitarian Doctrine Today*, (London: The British Council of Churches, 1989)

The British Council of Churches, *The Forgotten Trinity 2 A Study Guide on issues contained in The Report of the BCC Study Commission on Trinitarian Doctrine Today*, (London: The British Council of Churches, 1989)

The British Council of Churches, *The Forgotten Trinity 3 A Selection of Papers presented to the BCC Study Commission on Trinitarian Doctrine Today*, ed. by Heron, A. I. C., (London: The British Council of Churches, 1991)

Bromiley, G. W., *An Introduction to the Theology of Karl Barth*, (Edinburgh: T. & T. Clark, 1979)

Brown, C., *Karl Barth and Christian Message*, (London: Tyndale Press, 1967)

Brown, D., *The Divine Trinity*, (London: Gerald Duckworth & Co., 1985)

Brown, J., *Subject and Object in Modern Theology*, (London: SCM Press, 1955)

Brown, R. E., *The Gospel according to John (I-XII) Introduction, Translation, and Notes*, [The Anchor Bible Vol.29], (London: Doubleday, 1966)

Brown, R. E., *The Gospel according to John (XIII-XXI) Introduction, Translation, and Notes*, [The Anchor Bible Vol.29A], (London: Doubleday, 1966)

Bubacz, B., *St. Augustine's Theory of Knowledge: A Contemporary Analysis*, [Texts and Studies on Religion Vol.11], (New York: The Edwin Mellen Press, 1981)

Buber, M., *I and Thou*, tr. by Kaufmann, W., (New York: Charles Scribner's Sons, 1970)

Bultmann, R., *The Gospel of John A Commentary*, tr. by Beaseley-Murray, G. R., ed. by Hoare, R. W. N. & Riches, J. K., (Philadelphia, PA: The Westminster Press, 1971)

Burnaby, J., *Amor Dei A Study of the Religion of St. Augustine*, (London: Hodder & Stoughton, 1938)

Busch, E., *Karl Barth His Life from Letters and Autoboigraphical Texts*, tr. by Bowden, J., (London: SCM Press, 1976)

Campenhausen, H. v., *The Fathers of the Greek Church*, tr. & rev. by Garrard, L. A., (London: Adam & Charles Black, 1963)

Campenhausen, H. v., *The Fathers of the Latin Church*, tr. by Hoffmann, M., (London: Adam & Charles Black, 1964)

Carson, D. A, *The Gospel According to John*, (Leicester: Inter-Varsity Press, 1991)

Chadwick, H., *Augustine*, (Oxford: Oxford University Press, 1986)

Coakley, S., "Why Three? Some Further Reflections on the Origins of the Doctrine of the Trinity," Coakley, S. & Pailin, D. A. (eds.), *The Making and Remaking of Christian Doctrine Essays in Honour of Maurice Wiles*, (Oxford: Oxford University Press, 1993), pp.29-56.

Cockrane, C. N., *Christianity and Classical Culture A Study of Thought and Action Form Augustus To Augustine*, (London: Oxford University Press, 1944)

Colish, M. L., *The Stoic Tradition: From Antiquity to the Early Middle Ages. Vol.1 Stoicism in Classical Latin Literature*, (Leiden: E. J. Brill, 1990, 2nd.)

Colish, M. L., *The Stoic Tradition: From Antiquity to the Early Middle Ages. Vol.2 Stoicism in Christian Latin Thought through the Sixth Century*, (Leiden: E. J. Brill, 1990, 2nd.)

Copleston, F., *A History of Philosophy VII Fichte to Nietzsche*, (London: Search Press, 1963)

Cross, F. L., *The Study of St. Athanasius*, (Oxford: The Clarendon Press, 1945)

Cyprian, *Ante-Nicene Christian Library Translations of the Writings of the Fathers Down to A.D.325 Vol.VIII The Writings of Cyprian Vol.I*, ed. by Roberts, A. & Donaldson, J., tr. by Wallis, R. E., (Edinburgh: T & T Clark, MDCCCLXVIII)

Cyprian, *Ante-Nicene Christian Library Translations of the Writings of the Fathers Down to A.D.325 Vol.XIII The Writings of Cyprian, Etc. Vol.II*, ed. by Roberts, A. & Donaldson, J., tr. by Wallis, R. E., (Edinburgh: T & T Clark, MDCCCLXIX)

Cyprian, "The Unity of the Catholic Churuch," *Early Latin Theology Selections from Tertullian, Cyprian, Ambrose and Jerome*, [The Library of Christian Classics Volume V], ed. & tr. by Greenslade, S. L., (London: SCM Press, 1956), pp.124-142.

Cyprian, *Cyprian De Lapsis and De Ecclesiae Catholicae Unitate*, ed. & tr. by Bévenot, M., (Oxford: The Clarendon Press, 1971)

Cyprian, *Sancti Cypriani Episcopi Opera*, [Corpvs Christianorvm Series Latina III Pars I], ed. by Weber, R. & Bévenot, M., (Tvrnholt: Typographi Brepols Editores Pontificii, MCMLXXII)

Cyprian, *Sancti Cypriani Episcopi Opera*, [Corpvs Christianorvm Series Latina IIIA Pars II], ed. by Simonetti, M. & Moreshini, C., (Tvrnholt: Typographi Brepols Editores Pontificii, MCMLXXVI)

Dahl, A., *Augustin und Plotin Philosophische Untersuchungen zum Trinitätsproblem und Nuslehre*, (Lund: Lindstedts Univ. - Bokhandel, 1945)

Daniélou, J., *The Origins of Latin Christianity A History of Early Christian Doctrine Before the Council of Nicaea Volume Three*, tr. by Smith, D. & Baker, J. A., ed. & a postscript by Baker, J. A., (London: Darton, Longman & Todd, 1977)

DeSimone R. J., *The Treatise of Novatian the Roman Presbyter on the Trinity A Study of the Text and the Doctrine*, [Studia Ephemeridis Augustinianum 4], (Roma: Institutum Partisticum 《Augustinianum》, 1970)

Dillon, J., "Logos and Trinity: Patterns of Platonist Influence on Early Christianity," Vesey, G. (ed.), *The Philosophy in Christianity*, (Cambridge: Cambridge University Press, 1989), pp.1-13.

Division of Christian Education of the National Council of the Churches of Christ in the United States of America, *The Holy Bible containing the Old and New Testaments with the Apocryphal / Deuterocanonical Books New Revised Standard Version*, (Oxford: Oxford University Press, 1989) = *Novum Testamentum Graece*, ed. by Nestle, E. & Aland, K. et al., (Stuttgart: Deutsche Bibelgesellschaft, 1979, 26th.) = 『聖書　新改訳』（日本聖書刊行会, 1970/1991, 2nd.）=『聖書　新共同訳』（日本聖書協会, 1987）

Dodd, C. H., *The Interpretation of the Fourth Gospel*, (Cambridge: Cambridge University Press, 1963)

Dragas, G. D., "Enanthrōpēsis or Egeneto Anthrōpos A Neglected Aspect of Athanasius' Christology," Livingstone, E. A. (ed.), *Studia Patristica Vol.XVI Part II*, (Berlin: Akademie - Verlag, 1985), pp.281-294.

Dragas, G. D., "St Athanasius on Christ's Sacrifice," Sykes, S. W. (ed.), *Sacrifice and Redemption*, [Durham Essays in Theology], (Cambridge: Cambridge University Press, 1991), pp.73-100.

Evans, E. (ed. & tr.), *Tertullian's Treatise Against Praxeas*, (London: SPCK, 1948)

Evans, E. (ed. & tr.), *Tertullian's Homily on Baptism*, (London: SPCK, 1964)

Evans, R. F., *One and Holy The Church in Latin Patristic Thought*, (London: SPCK,

1972)

Farrer, A., *Saving Faith A Discussion of Essentials*, (London: Hodder & Stoughton, 1964)

Ferguson, E., *Backgrounds of Early Christianity*, (Grand Rapids, MI: Wm. B. Eerdmans Publishing Company, 1993, 2nd.)

Florovsky, G., "The Concept of Creation in Saint Athanasius," Cross, F. L. (ed.), *Studia Patristica Vol.VI Part IV*, (Berlin: Akademie - Verlag, 1962), pp.36-57.

Ford, J. M., "The Ray, the Root and the River A Note on the Jewish Origin of Trinitarian Images," Cross, F. L. (ed.), *Studia Patristica Vol.XI Part II*, (Berlin; Akademie-Verlag, 1972), pp.158-165.

Fortman, E. J., *The Triune God A Historical Study of the Doctrine of the Trinity*, (Grand Rapids, MI: Baker Book House, 1982)

Gilson, E., *Being and Some Philosophers*, (Toronto: Pontifical Institute of Mediaeval Studies, 1952, 2nd.)

Gilson, E., *The Christian Philosophy of Saint Augustine*, tr. by Lynch, L. E. M., (London: Victor Gollancz Ltd, 1961)

Gilson, E., *History of Christian Philosophy in the Middle Ages*, (London: Sheed and Ward, 1980)

Glare, P. G. W. (ed.), *Oxford Latin Dictionary*, (Oxford: The Clarendon Press, 1982)

Grabowski, S. J., *The All-Present God A Study in St. Augustine*, (London: B. Herden Book Co., 1954)

Greenslade, S. L. (ed. & tr.), *Early Latin Theology Selections from Tertullian, Cyprian, Ambrose and Jerome*, [The Library of Christian Classics Volume V], (London: SCM Press, 1956)

Gregory of Nazianzus, "The Theological Orations," *Christology of the Later Fathers*, [The Library of Christian Classics Vol.III], ed. by Hardy, E. R., tr. by Browne, G. G. & Swallow, J. E., (London: SCM Press, 1954), pp.128-214.

Gregory of Nazianzus, *Grégoire De Nazianze Discours 27-31 (Discours Théologiques)*, ed. & tr., by Gallay, P., [Sources Chrétiennes No.250], (Paris: Les Éditions Du Cerf, 1978)

Gregory of Nazianzus, *Faith Gives Fullness to Reasoning The Five Theological Orations of Gregory of Nazianzen Introduction and Commentary*, by Norris, F. W. with a translation by Wickham, L., & Williams, F., (Leiden: E. J. Brill, 1991)

Grillmeier, A., *Christ in Christian Tradition Vol.1 From the Apostolic Age to Chalcedon (AD 451)*, tr. by Bowden, J., (London; Mowbrays, 1975, 2nd.)

Gruenler, R. G., *The Trinity in the Gospel of John A Thematic Commentary on the Fourth Gospel*, (Grand Rapids, MI: Baker Book House, 1986)

Gunton, C. E., *Becoming and Being The Doctrine of God in Charles Hartshorne and Karl Barth*, (Oxford: Oxford University Press, 1978)

Gunton, C. E., *The Promise of Trinitarian Theology*, (Edinburgh: T. & T. Clark, 1991)

Gunton, C. E., *The One, The Three and The Many God, Creation and the Culture of Modernity*, [The 1992 Bampton Lectures], (Cambridge: Cambridge University Press, 1993)

Hall, S. G., *Doctrine and Practice in the Early Church*, (London: SPCK, 1991)

Hamer, J., *Karl Barth*, tr. by Maruca, D. M., (London: Sands & Co., 1962)

Hanson, R. P. C., *The Search for the Christian Doctrine of God The Arian Controversy 318-381*, (Edinburgh: T. & T. Clark, 1988)

Harnack, A. v., *History of Dogma Vol.2*, (New York: Russell and Russell, 1958)

Harnack, A. v., *History of Dogma Vol.3*, (New York: Russell and Russell, 1958)

Harnack, A. v., *History of Dogma Vol.4*, (New York: Russell and Russell, 1958)

Harnack, A. v., *History of Dogma Vol.5*, (New York: Russell and Russell, 1958)

Hartwell, H., *Theology of Karl Barth An Introduction*, (London: Gerald Duckworth, 1964)

Hegel, G. W. F., *Lectures on the Philosophy of Religion Vol.I Introduction and the Concept of Religion*, ed. by Hodgson, P. C., tr. by Brown, R. F., Hodgson, P. C., Stewart, J. M. with the assistance of Fitzer, J. P., Harris, H. S., (Berkeley, CA: University of California Press, 1984)

Hegel, G. W. F., *Lectures on the Philosophy of Religion Vol.II Determinate Religion*, ed. by Hodgson, P. C., tr. by Brown, R. F., Hodgson, P. C., Stewart, J. M. with the assistance of Harris, H. S., (Berkeley, CA: University of California Press, 1987)

Hegel, G. W. F., *Lectures on the Philosophy of Religion Vol.III The Consummate Religion*, ed. by Hodgson, P. C., tr. by Brown, R. F., Hodgson, P. C., Stewart, J. M. with the assistance of Harris, H. S., (Berkeley, CA: University of California Press, 1985)

Hendry, G. S., "The Freedom of God in the Theology of Karl Barth," *Scottish Journal of Theology Vol.31 No.3*, (Edinburgh: Scottish Academic Press, 1978), pp.229-244.

Henry, P., *Saint Augustine on Personality*, [The Saint Augustine Lecture 1959], (New York: The Macmillan Company, 1960)

Hess, H., "The Place of Divinization in Athanasian Soteriology," Livingsotne, E. A. (ed.), *Studia Patristica Vol.XXVI*, (Leuven: Peeters Press, 1993), pp.369-374.

Hilberath, B. J., *Der Personbegriff der Trinitätstheologie in Rückfrage von Karl Rahner zu Tertullians Adversus Praxean*, [Innsbrucker Theologische Studien 17], (Innsbruck, Wien: Tyrolia Verlag, 1986)

Hill, E., "St. Augustine's De Trinitate The Doctrinal Significance of its Structure,"

Revue des études Augustiniennes XIX 3-4, (Paris: Centre National de la Recherche Scientifique, 1973), pp.277-286.

Hill, W. J., *The Three-Personed God The Trinity as a Mystery of Salvation*, (Washington, D.C.: The Catholic University of America Press, 1982)

Hinchliff, P., *Cyprian of Carthage and the Unity of the Christian Church*, (London: Geoffrey Chapman, 1974)

Hodgson, L., *The Doctrine of the Trinity*, [Croall Lectures 1942-1943], (London: Nisbet & Co., 1943)

Hodgson, P. C., "Georg Wilhelm Friedrich Hegel," Smart, N. et al. (eds.), *Nineteenth Century Religious Thought in the West Vol.1*, (Cambridge: Cambridge University Press, 1985), pp.81-121.

Hodgson, P. C., *God in History Shapes of Freedom*, (Nashville, TN: Abingdon Press, 1989)

Hölscher, L., *The Reality of the Mind Augustine's Philosophical Arguments for the Human Soul as a Spiritual Substance*, (London: Routledge & Kegan Paul, 1986)

Holl, K., *Amphilochius von Ikonium in seinem Verhältnis zu dem Grossen Kappadoziern*, (Tübingen: J. C. B. Mohr [Paul Siebeck], 1904)

Hunsinger, G., *How to Read Karl Barth The Shape of his Theology*, (Oxford: Oxford University Press, 1991)

Inwood, M., *A Hegel Dictionary*, [The Blackwell Philosopher Dictionaries], (Oxford: Basil Blackwell, 1992)

Jaeger, W., *Early Christianity and Greek Paideia*, (Cambridge, MA: The Belknap Press of Harvard University Press, 1962)

Jaeschke, W., *Reason in Religion The Foundations of Hegel's Philosophy of Religion*, tr. by Stewart, J. M. & Hodgson, P. C., (Berkeley, CA: University of California Press, 1990)

Jenson, R. W., *The Triune Identity God According to the Gospel*, (Philadelphia, PA: Fortress Press, 1982)

Jenson, R. W., "Karl Barth," Ford. D. F. (ed.), *The Modern Theologians An Introduction to Christian Theology in the Twentieth Century Vol.I*, (Oxford: Basil Blackwell, 1989), pp.23-49.

Jones, L. G., *Transformed Judgment Toward a Trinitarian Account of the Moral Life*, (Notre Dame, IN: University of Notre Dame Press, 1990)

Jordan, H., *Die Theologie der neuentdeckten Predigten Novatians Eine dogmengeschichtliche Untersuchung*, (Leipzig: Deichert'sche Verlagsbuchhandlung, 1902)

Jüngel, E., *The Doctrine of the Trinity God's Being is in Becoming*, tr. by Harris, H.,

(Edinburgh: Scottish Academic Press, 1976)

Jüngel, E., *Karl Barth A Theological Legacy*, tr. by Paul, G. E., (Philadelphia, PA: The Westminster Press, 1980)

Jüngel, E., *Barth-Studien*, (Zürich-Köln: Benziger Verlag; Gütersloh: Gütersloher Verlagshaus Gerd Mohn, 1982)

Jüngel, E., *God as the Mystery of the World On the Foundation of the Theology of the Crucified One in the Dispute between Theism and Atheism*, tr. by Guder, D. L., (Edinburgh: T. & T. Clark, 1983)

Käsemann, E., *The Testament of Jesus A Study of the Gospel of John in the light of Chapter 17*, tr. by Krodel, G., (London: SCM Press, 1968)

Kasper, W., *The God of Jesus Christ*, tr. by O'Connell, M. J., (London: SCM Press, 1982)

Kaufman, G. D., *Theology for a Nuclear Age*, (Philadelphia, PA: The Westminster Press, 1985)

Kaufmann, W., *Hegel Reinterpretation, Texts and Commentary*, (New York: Doubleday & Company, 1965)

Kelly, J. N. D., *Early Christian Creeds*, (Essex: Longman, 1972, 3rd.)

Kelly, J. N. D., *Early Christian Doctrines*, (London: A & C Black, 1977, 5th.)

Kitamori, K., *Theology of the Pain of God*, (London, SCM Press, 1966)

Knight, G. A. F., *A Biblical Approach to the Doctrine of the Trinity*, [Scottish Journal of Theology Occasional Papers No.1], (Edinburgh: Oliver & Boyd, 1953)

Koch, H., *Cyprian und der Römische Primat Eine Kirchen- und Dogmengeschichtliche Studie*, (Leipzig: J. C. Hinrichs'sche Buchhandlung, 1910)

Koch, H., *Cyprianische Untersuchungen*, (Bonn: A. Marcus und E. Weber's Verlag, 1926)

Koch, H., *Cathedra Petri Neue Untersuchungen über die Anfänge der Primatslehre*, (Gießen: Verlag von Alfred Töpelmann, 1930)

Kraft, C. H., *Christianity in Culture A Study in Dynamic Biblical Theologizing in Cross-Cultural Perspective*, (New York: Orbis Books, 1984)

Kretschmar, G., *Studien Zur Frühchristlichen Trinitätstheologie*, [Beiträge Zur Historischen Theologie 21], (Tübingen: J. C. B. Mohr [Paul Siebeck], 1956)

LaCugna, C. M., *God For Us The Trinity and Christian Life*, (New York: Harper Collins, 1991)

Ladner, G. B., "St. Augustine's Reformation of Man to the Image of God," *Augustinus Magister Congrès International Augustinien Paris 21-24 Septembre 1954*, (Paris: Centre National de la Recherche Scientifique, 1954), pp.867-878.

Ladner, G. B., *The Idea of Reform Its Impact on Christian Thought and Action in the*

Age of the Fathers, (Cambridge, MA: Harvard University Press, 1959)

Lauer, Q., *Hegel's Concept of God*, (New York: State University of New York Press, 1982)

Leslie, B. C., *Trinitarian Hermeneutics The Hermeneutical Significance of Karl Barth's Doctrine of the Trinity*, (London: Peter Lang, 1991)

Liddell, H.G. & Scott, R., Jones, H.S. & McKenzie, R. (eds.), *A Greek-English Lexicon New Edition*, (Oxford: The Clarendon Press, 1968)

Lindars, B., *John*, [New Testaments Studies], (Sheffield: Sheffield Academic Press, 1990)

Long, A. A., *Hellenistic Philosophy Stoics, Epicureans, Sceptics*, (London: Duckworth, 1986, 2nd.)

Lossky, V., *The Mystical Theology of the Eastern Church*, tr. by the Fellowship of St Albans & St Sergius, (Cambridge: James Clarke & Co. Ltd., 1957)

Louth, A., "Athanasius' Understanding of the Humanity of Christ," Livingstone, E. A. (ed.), *Studia Patristica Vol.XVI Part II*, (Berlin: Akamedie - Verlag, 1985), pp.309-318.

McFadyen, A. I., *The Call to Personhood A Christian Theory of the Individual in Social Relationships*, (Cambridge: Cambridge University Press, 1990)

McGowan, R. J., "Augustine's Spiritual Equality: The Allegory of Man and Woman with regard to Imago Dei," *Revue des études Augustiniennes XXXIII 2*, (Paris: Centre National de la Recherche Scientifique, 1987), pp.255-264.

McGrath, A. E., "Karl Barth als Aufklärer?," *Kerygma und Dogma 30.Jahrgang · 1984/4 · Okt./Dez.*, (Göttingen: Vandenhoeck & Ruprecht, 1984), pp.273-283.

McGrath, A. E., *Understanding the Trinity*, (Grand Rapids, MI: Zondervan, 1988)

McGrath, A. E. (ed.), *The Blackwell Encyclopedia of Modern Christian Thought*, (Oxford: Blackwell, 1993)

McGrath, A. E., *Christian Theology An Introduction*, (Oxford: Blackwell, 1994)

Macken, J., *Autonomy Theme in the Church Dogmatics Karl Barth and his Critics*, (Cambridge: Cambridge University Press, 1990)

Mackey, J. P., *The Christian Experience of God as Trinity*, (London: SCM Press, 1983)

Macquarrie, J., *Principles of Christian Theology*, (London: SCM Press, 1977, 2nd.)

Markus, R. A., "《Imago》and《Similitudo》in Augustine," *Revue des études Augustiniennes X*, (Paris: Centre National de la Recherche Scientifique, 1964), pp.125-143.

Marshall, I. H., "Culture and the New Testament," Stott, J. R. W. & Coote, R. (eds.), *Down to Earth Studies in Christianity and Culture The Papers of the Lausanne Consultation on Gospel and Culture*, (London: Hodder & Stoughton, 1980), pp.17-

31.

Masselink, W. M., *General Revelation and Common Grace A Defence of the Historic Reformed Faith over against the Theology and Philosophy of the so-called "Reconstructionist" Movement*, (Grand Rapids, MI: Wm. B. Eerdmans, 1953)

Mates, B., *Stoic Logic*, (Berkeley, CA: University of California Press, 1953)

Meeks, M. D., *God the Economist The Doctrine of God and Political Economy*, (Minneapolis, MN: Fortress Press, 1989)

Meijering, E. P., *Orthodoxy and Platonism in Athanasius Synthesis or Antithesis?*, (Leiden: E. J. Brill, 1968)

Meijering, E. P., *God Being History Studies in Patristic Philosophy*, (Amsterdam: North-Holland Publishing Company, 1975)

Messinger, H. (ed.), *Langenscheidt's Condensed Muret-Sanders German Dictionary German-English*, (London: Hodder and Stoughton, 1982)

Meyendorff, J., *Byzantine Theology Historical Trends and Doctrinal Themes*, (New York: Fordham University Press, 1979)

宮平望「カルヴァンの三位一体論 ―『キリスト教綱要』を中心として」『基督教研究 第53巻第1号 1991/12』(同志社大学神学部基督教研究会, 1991), 18-42頁

Moltmann, J., *The Trinity and the Kingdom of God The Doctrine of God*, tr. by Kohl, M., (London: SCM Press, 1981)

Moltmann, J., "Knowing and Community," Rouner, L. S. (ed.), *On Community*, [Boston University Studies in Philosophy and Religion, General Editor: Leroy S. Rouner, Vol.12], (Notre Dame, IN: University of Notre Dame Press, 1991), pp.162-176.

Morgan, J., *The Importance of Tertullian in the Development of Christian Dogma*, (London: Kegan Paul, Trench, Trubner, 1928)

Morgan, J., The *Psychological Teaching of St. Augustine*, (London: Elliot Stock Publisher, 1932)

Morris, T. V., "The Metaphysics of God Incarnate," Feenstra, R. J. & Plantinga, C. Jr. (eds.), *Trinity, Incarnation, and Atonement Philosophical and Theological Essays*, [Library of Religious Philosophy Vol.1], (Notre Dome, IN: University of Notre Dome Press, 1989), pp.110-127.

James A. H. Murray et al (eds.), *Oxford English Dictionary Vol.II*, (Oxford: The Clarendon Press, 1989, 2nd.)

James A. H. Murray et al (eds.), *Oxford English Dictionary Vol.III*, (Oxford: The Clarendon Press, 1989, 2nd.)

Niebuhr, H. R., *Christ and Culture*, (London: Faber and Faber, 1952)

Noble, T. A., "Paradox in Gregory Nazianzen's Doctrine of the Trinity," Livingstone, E. A. (ed.), *Studia Patristica Vol.XXVII*, (Leuven: Peeters, 1993), pp.94-99.

Norris, F. W., *Faith Gives Fullness to Reasoning The Five Theological Orations of Gregory of Nazianzen Introduction and Commentary*, with a translation by Wickham, L., & Williams, F., (Leiden: E. J. Brill, 1991)

Norris, Jr., R. A., *God and World in Early Christian Theology*, (New York: The Seabury Press, 1965)

Novatian, *Translations of Christian Literature The Treatise of Novatian On the Trinity*, ed. & tr. by Moore, H., (London: SPCK, 1919)

Novatian, *Novatian The Trinity The Spectacles Jewish Foods In Praise of Purity Letters*, [The Fathers of the Church A New Translation, Vol.67], ed. & tr. by DeSimone, R. J., (Washington, D.C.: The Catholic University of America Press, 1972)

Novatian, *Novatiani Opera*, [Corpvs Christianorvm Series Latina IV], ed. by Diercks, G. F., (Tvrnholt: Typographi Brepols Editores Pontificii, MCMLXXII)

O'Connell, R. J., *St. Augustine's Early Theory of Man, A.D.386-391*, (Cambridge, MA: The Belknap Press of Harvard University Press, 1968)

O'Donovan, O., *The Problem of Self-Love in St. Augustine*, (London: Yale University Press, 1980)

Oeing-Hanhoff, L., "Hegel's Trinitätslehre. zur Aufgabe ihrer Kritik und Rezeption," *Theologie und Philosophie Vierteljahresschrift 52 Jahrgang*, (Freiburg: Verlag Herder, 1977), pp.387-407.

O'Meara, J. J., "The Neoplatonism of Saint Augustine," O'Meara, D. J. (ed.), *Neoplatonism and Christian Thought*, (New York: State University of New York Press, 1982), pp.34-41.

Origen, *Contra Celsum*, tr. by Chadwick, H., (Cambridge: Cambridge University Press, 1953)

Osborne, C. O., "The Nexus Amoris in Augustine's Trinity," Livingstone, E. A. (ed.), *Studia Patristica Vol.XXII*, (Leuven: Peters Press, 1989), pp.309-314.

Otto, H., "Das Gedanke der Souveränität Gottes in der Theologie Karl Barths," Theologische Fakultät der Universität Basel (ed.), *Theologische Zeitschrift Jahrgang 12 Heft 3 Mai-Juni 1956*, (Basel: Verlag Friedrich Reinhardt AG, 1956), pp.409-424.

Otto, S., *"Natura" und "dispositio" Untersuchung zum Naturbegriff und zur Denkform Tertullians*, [Pascher, J., Mörsdorf, K. & Tüchle, H. (eds.), Münchener Theologische Studien im Auftrag der Theologischen Fakultäts München II. Systematische Abteilung 19 Band], (München: Max Hueber Verlag, 1960)

Padilla, C. R., "Hermeneutics and Culture - A Theological Perspective," Stott, J. R. W. & Coote, R. (eds.), *Down to Earth Studies in Christianity and Culture The*

文献表 一

Papers of the Lausanne Consultation on Gospel and Culture, (London: Hodder & Stoughton, 1980), pp.63-78.

Palma, R. J., *Karl Barth's Theology of Culture The Freedom of Culture for the Praise of God*, (Allison Park, PA: Pickwick Publications, 1983)

Pannenberg, W., "Die Subjectivität Gottes und die Trinitätslehre Ein Beitrag zur Beziehen zwischen Karl Barth und der Philosophie Hegels," *Kerygma und Dogma Zeitschrift für Theologische Forschung und Kirchliche Lehre 1/1977 23*, (Göttingen: Vandenhoeck & Ruprecht, 1977), pp.25-40.

Parker, T. H. L., "Barth on Revelation," *Scottish Journal of Theology Vol.13 No.4*, (Edinburgh: Oliver & Boyd Ltd, 1960), pp.366-382.

Pelikan, J., *The Emergence of the Catholic Tradition (100-600)*, [The Christian Tradition A History of the Development of Doctrine Vol.1], (Chicago: Chicago University Press, 1971)

Pelikan, J., *The Mystery of Continuity Time and History, Memory and Eternity in the Thought of Saint Augustine*, (Charlottesville, VA: University Press of Virginia, 1986)

Pelikan, J., *Christianity and Classic Culture The Metamorphosis of Natural Theology in the Christian Encounter with Hellenism*, [Gifford Lectures at Aberdeen, 1992-1993], (New Haven: Yale University Press, 1993)

Pétré, H., *Caritas Étude sur le Vocabulaire Latin de la Charité Chrétienne*, [Spicilegium Sacrum Louvaiense Études et Documents Fascicule 22], (Louvain: 《Spicilegium Sacrum Louvaiense》 administration, 1948)

Pettersen, A., *Athanasius and the Human Body*, (Bristol: The Bristol Press, 1990)

Plummer, A., *The Gospel according to S. John, with Maps, Notes and Introduction*, [Cambridge Greek Testament for Schools], (Cambridge: Cambridge University Press, 1893)

Plumpe, J. C., *Mater Ecclesia An Inquiry into the Concept of the Church as Mother in Early Christianity*, (Washington, D. C.: The Catholic University of America Press, 1943)

Pöhlmann, H. G., *Analogia Entis oder Analogia Fidei? Die Frage der Analogie bei Karl Barth*, (Göttingen: Vandenhoeck & Ruprecht, 1965)

Pollard, T. E., "Logos and Son in Origen, Arius and Athanasius," Aland, K. & Cross, F. L. (ed.), *Studia Patristica Vol.II Part II*, (Berlin: Akademie - Verlag, 1957), pp.282-287.

Pollard, T. E., "The Exegesis of John X.30 in the Early Trinitarian Controversy," *New Testament Studies Vol.3 1956-1957*, (Cambridge: The University Press, 1957), pp.334-349.

Portalié, E., *A Guide to the Thought of Saint Augustine*, tr. by Bastian, R. J., (London: Burns & Oates, 1960)

Poschmann. B., *Die Sichtbarkeit der Kirche nach der Lehre des hl. Cyprian Eine dogmengeschichtliche Untersuchung*, (Paderborn; Druck und Verlag von Ferdinand Schöningen, 1908)

Prestige, G. L., *God in Patristic Thought*, (London: SPCK, 1959)

Principe, W. H., "The Dynamism of Augustine's Terms for Describing the Highest Trinitarian Image in the Human Person," Livingstone, E. A. (ed.), *Studia Patristica Vol.XVII Part III*, (Oxford: Pergamon Press, 1982), pp.1291-1299.

Quasten, J., *Patrology Vol.II The Ante-Nicene Literature After Irenaeus*, (Westminster, MD: Christian Classics, 1986)

Quasten, J., *Patrology Vol.III The Golden Age of Greek Patristic literature From the Council of Nicaea to the Council of Chalcedon*, (Westminster, MD: Christian Classics, 1986)

Rahner, K., *The Trinity*, tr. by Donceel, J., (London: Burns & Oates, 1970)

Rahner, K., "On the Theology of the Incarnation," *Theological Investigation Vol. IV More Recent Writings*, tr. by Smyth, K., (London: Darton, Longman & Todd, 1974), pp.105-120.

Reardon, B. M. G., *Hegel's Philosophy of Religion*, (London; Macmillan, 1977)

Ritschl, D., *Athanasius Versuch einer Interpretation*, [Theologische Studien Eine Schriftenreihe Herausgegeben von Karl Barth und Max Geiger Heft 76], (Zürich: Evz-Verlag, 1964)

Ritschl, O., *Cyprian von Karthago und die Verfassung der Kirche Eine kirchengeschichtliche und kirchenrechtliche Untersuchung*, (Göttingen: Vandenhoeck & Ruprecht, 1885)

Roberts, R. E., *The Theology of Tertullian*, (London: Epworth Press, 1924)

Roberts, R. H., *A Theology on its Way Essays on Karl Barth*, (Edinburgh: T. & T. Clark, 1991)

Robinson, J. A. T., *The Twelve New Testament Studies*, (London: SCM Press, 1984)

Sage, M. M., *Cyprian*, [Patristic Monograph Series, No.1], (Cambridge, MA: Philadelphia Patristic Foundation, Ltd., 1975)

Sandbach, F. H., *The Stoics*, (Bristol: The Bristol Press, 1989, 2nd.)

Schindler, A., *Wort und Analogie in Augustins Trinitätslehre*, (Tübingen: J. C. B. Mohr [Paul Siebeck], 1965)

Schlitt, D. M., *Hegel's Trinitarian Claim A Critical Reflection*, (Leiden: E. J. Brill, 1984)

Schlitt, D. M., *Divine Subjectivity Understanding of Hegel's Philosophy of Religion*,

(London: University of Scranton Press, 1990)

Schmaus, M., *Die Psychologische Trinitätslehre des Heiligen Augustins*, (Münster Westfalen: Aschendorffsche Verlagsbuchhandlung, 1927/1967)

Schmaus, M., "Die Spannung von Metaphysik und Heilsgeschichte in der Trinitätslehre Augustins," Cross., F. L. (ed.), *Studia Patristica Vol.VI Part IV*, (Berlin: Akademie - Verlag, 1962), pp.503-518.

Schmid, F., *Verkündigung und Dogmatik in der Theologie Karl Barths Hermeneutik und Ontologie in einer Theologie des Wortes Gottes*, (München: Chr. Kaiser Verlag, 1964)

Schmidt, E., *Hegels Lehre von Gott Eine kritische Darstellung*, (Gütersloh: C. Bertelsmann Verlag, 1952)

Schmidt, E., "Hegel und die kirchliche Trinitätslehre," Ratschow, C. H. (ed.), *Neue Zeitschrift für Systematische Theologie und Religionsphilosophie 24*, (Berlin: Walter de Gruyter, 1982), pp.241-260.

Schnackenburg, R., *The Gospel according to St. John Vol.One Introduction and Commentary on Chapters 1-4*, [Herder's Theological Commentary on the New Testament], tr. by Smyth, K., (Kent: Burns & Oates, 1968)

Schnackenburg, R., *The Gospel according to St. John Vol.Two Commentary on Chapters 5-12*, [Herder's Theological Commentary on the New Testament], tr. by Hastings, C., McDonagh, F., Smith, D. & Foley, R., (Kent: Burns & Oates, 1980)

Schnackenburg, R., *The Gospel according to St. John Vol.Three Commentary on Chapters 13-21*, [Herder's Theological Commentary on the New Testament], tr. by Smith, D. & Kon, G. A., (Kent: Burns & Oates, 1982)

Segovia, F. F., *Love Relationships in the Johannine Tradition Agapē / Agapan in I John and the Fourth Gospel*, [Society of Biblical Literature Dissertation Series No.58], (Chico, CA: Scholars Press, 1982)

Shortt, C. De. L., *The Influence of Philosophy on the Mind of Tertullian*, (London: Elliot Stock, 1933)

Singer, P., *Hegel*, (Oxford: Oxford University Press, 1983)

Smith, D. M., *The Theology of the Gospel of John*, [New Testament Theology], (Cambridge: Cambridge University Press, 1955)

Söhngen, G., "Analogia Entis in Analogia Fidei," Wolf, E. (ed.), *Antwort Karl Barth zum Siebzigsten Geburtstag am 10. Mai 1956*, (Zollikin-Zürich: Evangelischer Verlag, 1956), pp.266-271.

Splett, J., *Die Trinitätslehre G. W. F. Hegels*, [Symposion 20 Philosophische Schriftenreihe, ed. by Müller, M., Welte, B., & Wolf, E.], (München: Verlag Karl Alber Freiburg, 1965)

Stead, C., *Divine Substance*, (Oxford: The Clarendon Press, 1977)

Stead, C., "Divine Substance in Tertullian," *The Journal of Theological Studies New Series Vol.14*, (Oxford: The Clarendon Press, 1963) pp.46-66.

Stead, C., "Augustine's Philosophy of Being," Vesey, G. (ed.), *The Philosophy in Christianity*, (Cambridge: Cambridge University Press, 1989), pp.71-84.

Strange, C. R., "Athanasius on Divinization," Livingstone, E. A. (ed.), *Studia Patristica Vol.XVI Part II*, (Berlin: Akademie- Verlag, 1985), pp.342-346.

Studer, B., *Trinity and Incarnation*, ed. by Louth, A., tr. by Westhoff, M., (Edinburgh: T. & T. Clark, 1993)

Sullivan, J. E., *The Image of God The Doctrine of St. Augustine and its Influence*, (London: The Priory Press, 1963)

Sykes, S. W. (ed.), *Karl Barth Studies of his theological Method*, (Oxford: The Clarendon Press, 1979)

Sykes, S. W. (ed.), *Karl Barth Centenary Essays*, (Cambridge: Cambridge University Press, 1989)

Takenaka, M., *God is Rice Asian culture and Christian faith*, [The Risk Book Series], (Geneva: World Council of Churches, 1988)

Tertullian, *Ante-Nicene Christian Library Translations of the Writings of the Fathers Down to A.D.325 Vol.XI The Writings of Tertullian Vol.I*, ed. by Roberts, A. & Donaldson, J., tr. by Thelwall, S., (Edinburgh: T. & T. Clark, MDCCCLXIX)

Tertullian, *Ante-Nicene Christian Library Translations of the Writings of the Fathers Down to A.D.325 Vol.XV The Writings of Tertullian Vol.II*, ed. by Robetrt, A. & Donaldson, J., tr. by Holmes, P., (Edinburgh: T. & T. Clark, MDCCCLXX)

Tertullian, *Tertullian's Treatise Against Praxeas*, ed. & tr. by Evans, E., (London: SPCK, 1948) ＝ テルトゥリアヌス『キリスト教教父著作集 13 テルトゥリアヌス 1 － プラクセアス反論 ／パッリウムについて』土岐正策訳 (教文館, 1987)

Tertullian, *Tertullian's Homily on Baptism*, ed. & tr. by Evans, E., (London: SPCK, 1964)

TeSelle, E., *Augustine The Theologian*, (London: Burns & Oates, 1970)

Thompson, J., *Christ in Perspective Christological Perspectives in the Theology of Karl Barth*, (Edinburgh: The Saint Andrew Press, 1978)

Thompson, J. (ed.), *Theology Beyond Christendom Essays on the Centenary of the Birth of Karl Barth May 10, 1886*, (Allison Park, PA: Pickwick Publications, 1986)

Tillich, P., *Theology of Culture*, ed. by Kimball, R. C., (New York: Oxford University Press, 1959)

Torrance, J. B., "Barth, Karl," Eliade, M. (ed.), *The Encyclopedia of Religion Vol.2*,

(New York: Macmillan, 1987), pp.68-71.

Torrance, T. F., *Karl Barth An Introduction of his Early Theology 1910-1931*, (London: SCM Press, 1962)

Torrance, T. F., *Theology in Reconciliation Essays towards Evangelical and Catholic Unity in East and West*, (London: Geoffrey Chapman, 1975)

Torrance, T. F., *The Trinitarian Faith The Evangelical Theology of the Ancient Catholic Church*, (Edinburgh: T. & T. Clark, 1988)

Torrance, T. F., *Karl Barth Biblical and Evangelical Theologian*, (Edinburgh: T. & T. Clark, 1990)

Torrance, T. F., *Trinitarian Perspective Toward Doctrinal Agreement*, (Edinburgh: T. & T. Clark, 1994)

Turner, H. E. W., *The Patristic Doctrine of Redemption A Study of the Development of Doctrine during the First Five Centuries*, (London: A. R. Mowbray, 1952)

Wainwright, A. W., *The Trinity in the New Testament*, (London: SPCK, 1962)

Walker, G. S. M., *The Churchmanship of St. Cyprian*, [Ecumenical Studies in History No.9], (London: Lutterworth Press, 1968)

Wassmer, T. A., "The Trinitarian Theology of Augustine and his Debt to Plotinus," *Scottish Journal of Theology Vol.14, No.3*, (Edinburgh: Oliver & Boyd Ltd., 1961), pp.248-255.

Welch, C., *The Trinity in Contemporary Theology*, (London: SCM Press, 1953)

Welker, M., "Barth und Hegel. zur Erkentnis eines methodischen Verfahrens bei Barth," *Evangelische Theologie JULI/AUGUST 1983 4 Barth-Interpretationen 43 Jahrgang*, (München: Chr. Kaiser Verlag, 1983), pp.307-28.

Westcott, B. F., *The Gospel According to St. John The Authorised Version with Introduction and Notes*, (London: John Murray, 1882)

Wildi, H. M., *Bibliographie Karl Barth*, (Zürich: Theologischer Verlag, 1984)

Wiles, M., *Working Papers in Doctrine*, (London: SCM Press, 1976)

Williamson, R. K., *Introduction to Hegel's Philosophy of Religion*, (New York: State University of New York Press, 1984)

Winslow, D. F., *The Dynamics of Salvation A Study in Gregory of Nazianzus*, [Patristic Monograph Series, No.7], (Cambridge, MA: The Philadelphia Patristic Foundation, 1979)

Wolfson, H. A., *The Philosophy of the Church Fathers Faith • Trinity • Incarnation*, (Cambridge, MA: Harvard University Press, 1970, 3rd.)

Yu, C. T., *Being and Relation A Theological Critique of Western Dualism and Individualism*, [Theology and Science at the Frontiers of Knowledge, Number Eight], (Edinburgh: Scottish Academic Press, 1987)

Zeller, E., *Stoics, Epicureans and Sceptics*, tr. by Reichel, O. J., (London: Longmans, Green, & Co., 1892, 2nd.)

Zizioulas, J. D., *Being As Communion Studies in Personhood and the Church*, (New York: St. Vladimir's Seminary Press, 1985)

文献表　二

（主として第四章で利用）

荒木博之『日本人の行動様式 他律と集団の論理』［講談社現代新書 320］（講談社，1973）
荒木博之『日本語から日本を考える』（朝日新聞社，1980）
ルース・ベネディクト『菊と刀 日本文化の型（全）』［現代教養文庫 500］長谷川松治訳（社会思想社，1967）
Brown, D. M. (ed.), *The Cambridge History of Japan Vol.1 Ancient Japan*, (Cambridge: Cambridge University Press, 1993)
Buber, M., *Between Man and Man*, [The Fontana Library], tr. & intro. by Smith, G., (London: Collins, 1961)
Buber, M., *I and Thou*, tr. & intro. by Kaufmann, W., (New York: Charles Scribner's Sons, 1970)
土居健郎『「甘え」の構造』［弘文堂選書］（弘文堂，1971）
古田紹欽他編『仏教大事典』（小学館，1988）
浜口恵俊『「日本らしさ」の再発見』［講談社学術文庫 828］（講談社，1988 / 日本経済出版社，1977）
浜口恵俊『間人主義の社会 日本』［東経選書］（東洋経済新報社，1982）
Hamaguchi Eshun, "A Contextual Model of the Japanese: Toward a Methodological Innovation in Japan Studies," Pyle, K. B. (ed.), *The Journal of Japanese Studies Vol.2 No.2 Summer 1985*, (Seattle: WA, Society for Japanese Studies, 1985), pp.289-321.
浜口恵俊『日本型モデルとは何か 国際化時代におけるメリットとデメリット』（国際日本文化研究センター，1993）
埴原和郎編『日本人と日本文化の形成』（朝倉書店，1993）
早坂泰次郎編著『〈関係性〉の人間学 良心的エゴイズムの心理学』（川島書店，1975）
家永三郎他編『日本思想体系 2 聖徳太子集』（岩波書店，1975）
井上忠司『「世間体」の構造 社会心理史への試み』［NHK ブックス 280］（日本放送出版協会，1977）
石田英一郎『石田英一郎全集 4 人間を求めて』（筑摩書房，1970）

石田英一郎『日本文化論』(筑摩書房, 1969)
石川弘義他編『大衆文化事典』(弘文堂, 1991)
板坂元『日本人の論理構造』[講談社現代新書258](講談社, 1971)
唐木順三「和辻哲郎の人と思想」唐木順三編『和辻哲郎』[現代日本思想大系28]
　　(筑摩書房, 1963), 7-52頁
加藤周一『日本の内と外』[人と思想](文藝春秋, 1969)
加藤周一『日本人とは何か』[講談社学術文庫51](講談社, 1976)
加藤周一他(武田清子編)『日本文化のかくれた形』[同時代ライブラリー84](岩波
　　書店, 1991)
勝部真長『日本思想の分水嶺』(勁草書房, 1978)
木村敏『人と人との間 精神病理学的日本論』[弘文堂選書](弘文堂, 1972)
木村敏『あいだ』[弘文堂思想選書](弘文堂, 1988)
Kumon Shumpei, "Some Principles Governing the Thought and Behavior of Japanists (Contextualists)," Pyle, K. B. (ed.), *The Journal of Japanese Studies Vol.8 No.1 Winter 1982*, (Seattle: WA, Society for Japanese Studies, 1982), pp.5-28.
Lukes S., *Individualism*, [Key Concepts of the Social Sciences], (Oxford: Blackwell, 1973)
Macmurray, J., *Persons in Relation being the Gifford Lectures delivered in the University of Glasgow in 1954*, (London: Faber & Faber Limited, 1961)
丸山真男『日本の思想』[岩波新書434](岩波書店, 1961)
南博『日本人の心理』[岩波新書149](岩波書店, 1953)
南博編『日本人の人間関係事典』(講談社, 1970)
南博『日本的自我』[岩波新書241](岩波書店, 1983)
源了圓『義理と人情 日本的心情の一考察』[中公新書191](中央公論社, 1969)
峰島旭雄編／梶芳光運監修『東西思惟形態の比較研究』(東京書籍, 1977)
宮本常一『日本文化の形成 上』[ちくま学芸文庫](筑摩書房, 1994)
宮本常一『日本文化の形成 中』[ちくま学芸文庫](筑摩書房, 1994)
宮本常一『日本文化の形成 下』[ちくま学芸文庫](筑摩書房, 1994)
Moore, C. A. (ed.), *The Japanese Mind Essentials of Japanese Philosophy and Culture*, (Honolulu, HI: University of Hawaii Press, 1967)
森有正『森有正全集 第12巻 経験と思想 雑纂』(筑摩書房, 1979)
宗谷周三郎「和辻哲郎の『転向』について － とくに個人主義の問題をめぐって －」
　　家永三郎他編『哲学と日本社会』(弘文堂, 1978), 91-122頁
村上重良『神と日本人 日本宗教史探訪』(東海大学出版会, 1984)
村岡典嗣『日本思想史上の諸問題』[日本思想史研究第II巻](創文社, 1957)
村岡典嗣『日本思想史概説』[日本思想史研究第IV巻](創文社, 1961)
Nakamura Hajime, *The Ways of Thinking of Eastern Peoples*, (Tokyo: Printing Bureau,

Japanese Government, 1960)

中村元編『新仏教辞典』（誠信書房，1962）

中根千枝『タテ社会の人間関係 単一社会の理論』［講談社現代新書 105］（講談社，1967）

中根千枝『タテ社会の力学』［講談社現代新書 500］（講談社，1978）

NHK 世論調査部編『現代日本人の意識構造［第三版］』［NHK ブックス 614］（日本放送出版協会，1991, 3 版）

日本国語大事典刊行会編『日本国語大事典 第十五巻』（小学館，1975）

日本国語大事典刊行会編『日本国語大事典 第十九巻』（小学館，1976）

日本国語大事典刊行会編『日本国語大事典 第二十巻』（小学館，1976）

旺文社編『成語林 故事 ことわざ 慣用句』（旺文社，1992）

大野晋『日本語をさかのぼる』［岩波新書 C92］（岩波書店，1974）

大野達之助『聖徳太子の研究』（吉川弘文館，1970）

大島健彦他編『日本を知る事典』（社会思想社，1971）

Piovesana, G. K., "Watsuji Tetsurō," Edwards, P. (ed.), *The Encyclopedia of Philosophy Vol.8*, (New York: Macmillan Publishing Company, 1967), p.280.

マルコ・ポーロ『東方見聞録』［現代教養文庫 656］青木富太郎訳（社会思想社，1969）

Reischauer, E. O., *Japan Past & Present*, (London: Gerald Duckworth, 1964, 3rd.)

Reischauer, E. O., *Japan The Story of A Nation*, (New York: Alfred A. Knopf, 1981, 3rd.)

Reischauer, E. O., *The Japanese Today Change and Continuity*, (Cambridge, MA: The Belknap Press of Harvard University Press, 1988)

堺屋太一『日本とは何か』［講談社文庫 さ 45 2］（講談社，1994）

向坂寛『和の構造 ― ギリシア思想との比較において ― 』（北樹出版，1979）

佐古純一郎『人間〈Jinkan〉の思想』（朝文社，1994）

佐々木高明『日本文化の基層を探る ナラ林文化と照葉樹林文化』［NHK ブックス 667］（日本放送出版協会，1993）

佐藤一郎「中国古典における『和』と十七条憲法」『比較思想研究 第 11 号』（比較思想学会，1984），38-44 頁

信太正三「和辻哲郎《近代と伝統の接ぎ木》」朝日ジャーナル編『新版 日本の思想家 下』［朝日選書 46］（朝日新聞社，1975），19-210 頁

下中弘編『日本史大事典 第五巻』（平凡社，1993）

下中弘編『日本史大事典 第六巻』（平凡社，1994）

下中邦彦編『平凡社 大百科事典 第十一巻』（平凡社，1985）

下中邦彦編『平凡社 大百科事典 第十四巻』（平凡社，1985）

下中邦彦編『平凡社 大百科事典 第十五巻』（平凡社，1985）

新村出編『広辞苑』（岩波書店，1991, 4 版）
鈴木秀夫『森林の思考・砂漠の思考』［NHK ブックス 312］（日本放送出版協会，1978）
鈴木秀夫『風土の構造』［講談社学術文庫 819］（講談社，1988）
鈴木孝夫『ことばと文化』［岩波新書 C98］（岩波書店，1973）
鈴木孝夫『閉ざされた言語・日本語の世界』［新潮選書］（新潮社，1975）
多田富雄『免疫の意味論』（青土社，1993）
Takenaka Masao, *God is Rice Asian culture and Christian faith*, [The Risk Book Series], (Geneva: World Council of Churches, 1988)
玉城哲他『風土 大地と人間の歴史』［平凡社選書 30］（平凡社，1974）
玉城哲他編『水利の社会構造』（国際連合大学，1984）
田村芳朗「日本における『和』の思想——憲法十七条を基盤にして」『比較思想研究 第 11 号』（比較思想学会，1984），45-50 頁
富山和子『日本の米 環境と文化はかく作られた』［中公新書 1156］（中央公論社，1993）
筑波常治『米食・肉食の文明』［NHK ブックス 85］（日本放送出版協会，1969）
Tsunoda Ryūsaku et al. (eds.), *Sources of Japanese Tradition*, [Introduction of Oriental Civilisations], (New York: Columbia University Press, 1958)
上山春平『照葉樹林文化 日本文化の深層』［中公新書 201］（中央公論社，1969）
上山春平他『続・照葉樹林文化 東アジア文化の源流』［中公新書 438］（中央公論社，1976）
上山春平他編『稲作文化 照葉樹林文化の展開』［中公新書 752］（中央公論社，1985）
梅原猛編『日本とは何か 国際化のただなかで』［NHK ブックス 600］（日本放送出版協会，1990）
和辻哲郎『風土 人間学的考察』（岩波書店，1935）
和辻哲郎『和辻哲郎全集 第四巻 続日本精神史研究』（岩波書店，1962），273-551 頁
和辻哲郎『和辻哲郎全集 第九巻 人間の学としての倫理学』（岩波書店，1962），1-192 頁
和辻哲郎『和辻哲郎全集 第十巻 倫理学 上』（岩波書店，1962）
和辻哲郎『和辻哲郎全集 第十一巻 倫理学 下』（岩波書店，1962）
和辻哲郎『和辻哲郎全集 第十二巻 日本倫理思想史 上』（岩波書店，1962）
山縣三千雄『日本人と思想』（創文社，1974）
Yamamura Kozo (ed.), *The Cambridge History of Japan Vol.3 Medieval Japan*, (Cambridge: Cambridge University Press, 1990)
柳父章『翻訳語の論理 言語にみる日本文化の構造』［教養選書 80］（法政大学出版局，1972）

柳父章『翻訳語成立事情』［岩波新書 189］（岩波書店，1982）
安田喜憲『日本文化の風土』（朝倉書店，1992）
湯浅泰雄『和辻哲郎 近代日本哲学の運命』（ミネルヴァ書房，1981）

後　書

　本書は、オックスフォード・ウィクリフホール神学大学で、A. E. マグラス博士を指導教官として書いた博士論文（コベントリー大学に提出）の日本版である。この日本版の殆どの部分は、すでに何らかの形で発表されており、今回それらを一冊の本として上梓するにあたり、まず、同志社大学神学部基督教研究会、新教出版社、西南学院大学学術研究所に謝辞を表したい。初出と本書との関連は以下の通りである。

- 「テルトゥリアヌスの三位一体論と『所有』概念 ―『プラクセアス反論』を中心として」『基督教研究 第55巻第1号 1993/12』（同志社大学神学部基督教研究会）一部を省略、修正し、本書の第一章とした。
- 「アウグスティヌスの三位一体論と『存在』概念 ―『三位一体論』を中心として」『基督教研究 第55巻第2号 1994/3』（同志社大学神学部基督教研究会）極一部を修正し、本書の第二章とした。
- 「バルトの三位一体論と『生成』概念 ―『教会教義学 I/1』を中心として」『西南学院大学　国際文化論集 第12巻　第1号 1997/9』（西南学院大学学術研究所）ほぼそのままの形で、本書の第三章とした。
- 「神の和の神学入門 1～7 －日本的精神風土の福音的変革のために」『福音と世界 1995/8～12, 1996/2～3』（新教出版社）これは、元の英文の博士論文から注を除いた本文のみを約三分の一に縮小しながら、邦訳したもので、本書の第四、五、六章は、その縮小前の本文と注を若干修正し、邦訳したものである。
- 「ノヴァティアヌスとキプリアヌスにおける『和』の概念 ―『三位一体論』と『公同教会一致論』を中心として」土肥昭夫教授退職記念論文集編集委員会編『キリスト教と歴史』（新教出版社，1997）この論

文の前半部分、ノヴァティアヌスの「和」の概念を扱った部分は、本書第五章第四節にほぼ相当する。

また、本書ができあがるまで、実に多くの方々が種々の形でかかわってくださった。特に、次の方々に、心から感謝の辞を申し上げたい。

本書は、一般には「三位一体論」と呼ばれるキリスト教の教理に関する研究書であるが、この教理に対する私の興味が顕在化したのは、同志社大学の神学部で勉強していた頃のことである。とりわけ私は、石井裕二教授による「神学概論」で神学の概略を学びながら、三位一体論に興味を持っていることを初めて自覚した。同志社大学の大学院神学研究科では、土肥昭夫教授の下で、主としてカルヴァンの三位一体論を研究し、同時に、土肥教授による種々の講義によって、特に古代のキリスト教神学思想に対する興味を深めた。その後、私は留学生活を続けることになるが、アメリカでは、ハーバード大学の神学大学院でアメリカの代表的神学者の一人、G. D. カウフマンの下で神学方法論を中心に研究し、現代社会で現実に起こっていることが、神学に対して極めて強力なインパクトを与えることを実感した。

イギリスでは、オックスフォードのウィクリフホール神学大学でA. E. マクグラス博士の指導を受けることになり、三位一体論に関する著作をできる限り多く検討し、そこに見られる諸原則をまとめるつもりでいた。しかし、マクグラス博士は当初から日本の文化と三位一体論との関係を論じるようにと強く勧め、結局は、そのような論文に仕上がった。最初のマクグラス博士の助言がいかに重要であったか、今になって十分納得できる。ウィクリフホールにいた頃は、副指導教官であったD. フランス博士（当時ウィクリフホール神学大学学長）、外部指導教官のR. ボーカム教授（セント・アンドリューズ大学）、C. ガントン教授（ロンドン大学キングス学寮）、宇田進教授（東京基督教大学）にも、種々の形で論文の指導をしていただいた。また、個人的には、D. ウェナム博士（ウィクリフホール神学大学）、G. ヘガティー氏（ウィクリフホール神学大学、オックスフォー

ド大学・セント・エドマンド学寮)、D. ライト上級講師(エジンバラ大学神学部)、マーク・エリオット博士(当時オックスフォード・ホウィットフィールド神学研究所副所長)が、論文を部分的に、または全体的に読み、丁寧なコメントをくださった。この間、私はオックスフォード・ホウィットフィールド研究所の給費研究生として研究生のセミナーに参加し、そこで、建設的かつ有益なコメントに大変励まされた。博士論文提出後は、最終口頭試問のための試験官となったJ. マッコーリー名誉教授(オックスフォード大学)とS. N. ウィリアムズ教授(ベルファスト・ユニオン神学大学)が論文を丹念に読み、最終口頭試問当日は、今後の神の和の神学のための種々の貴重な助言までくださった。特に、マッコーリー名誉教授が、日本の人間論において、自己と他者を区別する差異化の概念を確立することが重要である旨を指摘してくださったことが、印象に残っている。これは、今後の日本の思想一般の重要課題でもあると言えよう。

　ウィクリフホールでの四年間の研究の後、私はオックスフォード大学グリーン学寮の客員研究員となり、研究者としての第一歩を踏み出した。この研究職には義務が一切なく、D. クック博士の下でキリスト教倫理を学ぶと同時に、本書の英語版と日本語版での出版の準備をした。また、当時グリーン学寮の学寮長であったクリスピン・ティッケル卿は、種々の紹介状を書いてくださり、フランス、スイス、ドイツ、イタリアへの学術旅行を極めて有意義なものとしてくださった。ドイツでは、J. モルトマン教授に会い、三位一体論などについて詳しく話すことができたが、それによって神の和の神学の今後の方向性も明確に示された。

　若い研究者にとって、このように配慮してくださる方が一人でも多くいることは、何ものにも代え難い励みであり、恵みである。特に、留学中は一層そうである。ハーバード大学のジム・ショー名誉教授、同大学のR. R. ニーバー教授、米国インター・ヴァーシティ・フェロウシップのC. ハンメル博士、英国ユニヴァーシティーズ・アンド・コレッジズ・クリスチャン・フェロウシップのO. バークレー博士は、そうした心ある方々である。

現在、日本の地にあって、また日本に関する種々の書物に触れることによって、日本においては人間相互の結び付きを深める「和」の精神が、相互を区別する「間」本来の精神を過度に圧倒していることを、前より、すなわちイギリスにいた頃よりも、当然のことであろうが一層強く感じる。これをキリスト教的にいかに変革しうるかが、今後の継続的な課題である。そのためにも今後はさらに、聖書神学に関して言えば、ヨハネによる福音書だけではなく、共観福音書やパウロ書簡、ひいては旧約聖書をも検討する必要があることは言うまでもない。例えば、先の者が後になり、後の者が先になる（マタイによる福音書一九章三〇節）という趣旨の句は、御父、御子、聖霊の序列化の解消と結び付けて考察することができるし、霊による交わりにおいて、相互にへりくだり、相手を自分より優れた者と考えるようにとの勧め（フィリピの信徒への手紙二章三節）は、まさしく三間一和の神の中の同等相互従属関係の反映として理解することができるであろう（cf. ローマの信徒への手紙一二章一〇節）。また、旧約聖書にまで溯る「集まる」という聖書の思想も、神の和の地上的現実化の観点から明示することができるであろう。こうした共同体論的三位一体論は歴史神学的にも、組織神学的にも十分支持されうるもので、本書で検討した神学者たち以外にも、多くの歴史上の神学者たちが、御父、御子、聖霊の明確な区別に基づく神の共同性、一致性、調和性を説いている。このようなキリスト教の伝統を日本風土においてどのように発展させうるかも、今後の課題の一つである。

　本書は、特に第四章で日本の思想を取り扱う際、文献の収集に困難を極めたことや、元々欧米のコンテキストにある人々を想定して英文で書き進めていったこともあって、まだまだ足りない部分、逆に余計な部分もあると思われるが、それはそれで意味のあることなので、当時の私の模索をほぼそのままの形で日本語にして著した。現代の三位一体論のリバイバルの中で、この教理に関する種々の本が出版され、また、日本でも神学の洋書が次々と訳出されているが、文献表には当時利用できたもののみを掲載した。

最後に、本書の出版を引き受けてくださったすぐ書房社主、有賀寿先生に心から感謝を申し上げたい。有賀先生は、私の研究に必要な良書や論文を慧眼をもって厳選し、日本から送ってくださっただけでなく、生活面においても多々ご指導くださった。時宜にかなって与えてくださった知的、霊的刺激と激励は、私の受けた最良の賜物であることは、私にとって確かに疑いえないことである。

　　　　　　　　　　　　　　　　　　　　　　　一九九七年九月
　　　　　　　　　　　　　　　　　　　　　　　　　宮平　望

著者紹介　宮平 望（みやひら のぞむ）

1966 年　神戸市生まれ
1989 年　同志社大学神学部卒業（神学士）
1991 年　同志社大学大学院神学研究科前期博士課程歴史神学専攻終了（神学修士）
1992 年　ハーバード大学神学大学院修士課程修了（神学修士号［ThM］受領）
1996 年　オックスフォード・ウィクリフホール神学大学研究科終了（コベントリー大学より神学博士号［PhD in Theology］受領）
1996 年 8 月－1997 年 3 月　オックスフォード大学グリーン学寮客員研究員
1997 年　西南学院大学文学部国際文化学科講師（キリスト教学・アメリカ思想）
1998 年　西南学院大学文学部国際文化学科助教授
2002 年 8 月－2003 年 8 月　ケンブリッジ大学神学部・宗教学神学高等研究所客員研究員
2002 年 8 月－2003 年 8 月　ケンブリッジ・ティンダルハウス聖書学研究所客員研究員
2002 年 10 月－2003 年 8 月　ケンブリッジ大学セント・エドマンズ学寮客員研究員
2004 年　西南学院大学文学部国際文化学科教授
2006 年以後　西南学院大学国際文化学部国際文化学科教授

著書

『神の和の神学へ向けて　三位一体から三間一和の神論へ』（すぐ書房，1997）
Towards a Theology of the Concord of God　A Japanese Perspective on the Trinity, (Carlisle, Cumbria: Paternoster, 2000)
『責任を取り、意味を与える神　21 世紀日本のキリスト教 1』（一麦出版社，2000）
『苦難を担い、救いへ導く神　21 世紀日本のキリスト教 2』（一麦出版社，2003）
『戦争を鎮め、平和を築く神　21 世紀日本のキリスト教 3』（一麦出版社，2005）
『現代アメリカ神学思想　平和・人権・環境の理念』（新教出版社，2004）
『ゴスペルエッセンス　君に贈る 5 つの話』（新教出版社，2004）
『ゴスペルフォーラム　君に贈る 5 つの話』（新教出版社，2007）
『ゴスペルスピリット　君に贈る 5 つの話』（新教出版社，2008）
『神の和の神学入門　21 世紀日本の神学』（新教出版社，2005）
『マタイによる福音書　私訳と解説』（新教出版社，2006）
『マルコによる福音書　私訳と解説』（新教出版社，2008）
『ルカによる福音書　私訳と解説』（新教出版社，2009）
『ヨハネによる福音書　私訳と解説』（新教出版社，2010）
『使徒言行録　私訳と解説』（新教出版社，2011）
『ローマ人への手紙　私訳と解説』（新教出版社，2011）
『コリント人への手紙　私訳と解説』（新教出版社，2012）

『ガラテヤ人・エフェソ人・フィリピ人・コロサイ人への手紙　私訳と解説』（新教出版社，2013）

『テサロニケ人・テモテ・テトス・フィレモンへの手紙　私訳と解説』（新教出版社，2014）

『ヘブライ人への手紙　私訳と解説』（新教出版社，2014）

『ヤコブ・ペトロ・ヨハネ・ユダの手紙　私訳と解説』（新教出版社，2015）

『ヨハネの黙示録　私訳と解説』（新教出版社，2015）

訳書

クラス・ルーニア『使徒信条の歴史と信仰』（いのちのことば社，1992）

ボブ・ハウツワールト『繁栄という名の「偶像」』（いのちのことば社，1993）

D. ブローシュ『キリスト教信仰　真の信仰をめざして』（一麦出版社，1998）

アーサー F. ホームズ『知と信の対話　キリスト教教育の理念』（一麦出版社，1999）

本書への推薦の言葉

「西洋と東洋の人々の真剣な対話は、今後ますます重要な課題となることであろう。本書において宮平博士は、キリスト教と日本の思想の中心的諸概念を突き合わせることによって、この対話に対して深遠な貢献をしている。広く研究されるべき書として本書を推薦する。」
　　　　　（オックスフォード大学神学名誉教授ジョン・マッコーリー）

「本書において宮平博士は、極めて重要な課題を巧みに取り扱っている。キリスト教の主要な教理を日本のコンテキストにおいて再構築し、この再構築が、聖書のデータと西洋のキリスト教の伝統の両方から逸脱することなく、なされうることを示している。本書は、日本の神学に対する貴重な貢献であると同時に、西洋のコンテキストにいる人々に対しても教えるところが多い。」
　　　　（ベルファスト・ユニオン神学大学教授スティーブン・ウィリアムズ）

神の和の神学へ向けて
三位一体から三間一和の神論へ

●

2017 年 5 月 25 日　第 1 版第 1 刷発行

著　者……宮平　望
発行者……小林　望
発行所……株式会社新教出版社
〒 162-0814 東京都新宿区新小川町 9-1
電話（代表）03 (3260) 6148
振替 00180-1-9991

印刷製本……モリモト印刷株式会社

ISBN 978-4-400-32764-6　C3016
Nozomu Miyahira 2017 ©

新教出版社

宮平望の本

マタイによる福音書
　私訳と解説　4000 円

マルコによる福音書
　私訳と解説　2400 円

ルカによる福音書
　私訳と解説　4000 円

ヨハネによる福音書
　私訳と解説　2500 円

使徒言行録
　私訳と解説　2500 円

ローマ人への手紙
　私訳と解説　2000 円

コリント人への手紙
　私訳と解説　2500 円

ガラテヤ人・エフェソ人・フィリピ人・コロサイ人への手紙
　私訳と解説　2500 円

テサロニケ人・テモテ・テトス・フィレモンへの手紙
　私訳と解説　2400 円

ヘブライ人への手紙
　私訳と解説　2200 円

ヨハネの黙示録
　私訳と解説　2300 円

＊

現代アメリカ神学思想
　平和・人権・環境の理念　2800 円

表示は税抜き本体価格です。